Friedrich Stein

Das private Wissen des Richters

Untersuchungen zum Beweisrecht beider Prozesse

Elibron Classics
www.elibron.com

Elibron Classics series.

ISBN 0-543-90644-2 (paperback)
ISBN 0-543-90643-4 (hardcover)

This Elibron Classics Replica Edition is an unabridged facsimile of the edition published in 1893 by C. L. Hirschfeld, Leipzig.

Das

private Wissen des Richters.

Untersuchungen
zum Beweisrecht beider Prozesse.

Von

Dr. Friedrich Stein,
ao. Professor der Rechte in Leipzig.

Leipzig,
Verlag von C. L. Hirschfeld.
1893.

Vorwort.

Die Fragen, welche auf den folgenden Blättern behandelt werden, gehören zum grössten Theile der Jurisprudenz des täglichen Lebens an, und vielleicht liegt gerade darin der Grund, dass die meisten von ihnen bisher noch nie bearbeitet worden sind. Ich hebe das hervor, um zu verhüten, dass meine Leser sich durch eine zunächst ungewohnte Einkleidung alltäglicher Dinge und namentlich durch die im Interesse der Sache unvermeidlichen logisch-abstracten Ausführungen der ersten Seiten abschrecken lassen. Das Ziel, welches ich vor Augen hatte, war eine gründliche Prüfung dessen, was in unseren Gerichten thatsächlich geübt wird, und aus der Praxis ist das Beste von dem geschöpft, was hier für die Praxis dargestellt wird.

Wenn ich dabei trotz des Strebens nach möglichster Vollständigkeit das reiche Material von Entscheidungen des Reichsgerichts unberücksichtigt liess, welches die Juristische Wochenschrift und die Sammlung von Bolze bieten, so geschah es in der Erwägung, dass die dort gebotenen Auszüge für wissenschaftliche Zwecke werthlos sind. Die zustimmende Entscheidung ist nur dann eine willkommene Stütze der eignen Ansicht, wenn sie auf denselben Gründen beruht; die abweichende aber ohne Kenntniss ihrer Gründe zu bekämpfen, widerspräche der Würde des höchsten Gerichtshofes. Wer dem deutschen Reichsgericht entgegentritt, muss auch in der Wahl seiner Waffen das Bewusstsein der ernsten Verantwortlichkeit seines Beginnens erkennen lassen. —

Die Natur des Gegenstandes stellte von selbst die praktischen Gesichtspunkte in den Vordergrund. Rechtsgeschichtliche Betrachtungen sind überall da ohne Werth, wo sie keine lebendige Entwicklung, sondern nur überwundene Irrthümer zu berichten haben. Wo jedoch vergangene Anschauungen noch bis in die Gegenwart hinein Vertreter gefunden haben, ist mit ihnen abgerechnet.

Zum Zwecke der Rechtsvergleichung ist dagegen die französische und die angloamerikanische Literatur mit Maass herangezogen. Freilich bekenne ich weder aus der weltmännischen Oberflächlichkeit der einen noch aus der kläglichen Hilflosigkeit der anderen Etwas Wesentliches gelernt zu haben. In Bezug auf das Beweisrecht können jene Völker getrost bei uns in die Schule gehen.

Durch die gleichzeitige Behandlung derselben Fragen für Civil- und Strafprozess hoffe ich, bei aller Betonung der inneren Verschiedenheit Beider, doch auch die Ausnutzung der auf dem einen Gebiete gewonnenen wissenschaftlichen und praktischen Ergebnisse für das andere, die noch sehr im Rückstande ist, ein Wenig gefördert zu haben.

So unterbreite ich denn meine Arbeit der wohlwollenden Prüfung vor Allem der deutschen Richter, für welche dieses Buch gegenüber der misstrauischen Engherzigkeit früherer Auffassungen eine freiere Bethätigung der Individualität in Anspruch nimmt. Wenn bei der Erprobung meiner Sätze auch sicherlich Manches mir lieb Gewordene nicht Stand halten wird, so bescheide ich mich gern damit, die Aufmerksamkeit auf Punkte gelenkt zu haben, deren tiefere Erfassung m. E. unter allen Umständen der Rechtsprechung zum Guten gereichen muss.

Leipzig, im Mai 1893.

Friedrich Stein.

Inhalt.

Verzeichniss der abgekürzten Citate.

(Die Stichwörter sind gesperrt gedruckt.)

Bennecke, Lehrbuch des Strafprozessrechts, Freiburg 1888 ff.
Best, The principles of the law of evidence, 7th ed., London 1883.
Binding, Grundriss des Strafprozessrechts, 3. Aufl., Leipzig 1893.
Bolze, Ueber Auslegung durch den Revisionsrichter. Ztschr. f. dtsch. Civilprozess Bd. 14 S. 415 ff. (1890).
Bonnier, Traité des preuves, 5me éd., Paris 1888.
Von Canstein, Die Grundlagen des Beweisrechts. Ztschr. f. dtsch. Civilprozess Bd. 2 S. 297 ff. (1880).
Faustin-Hélie, Traité de l'instruction criminelle, 4 vol., 2me éd., Paris 1866.
Fitting, Lehrbuch des deutschen Civilprozessrechts, 7. Aufl., Berlin 1890.
Fitting, Die Grundlagen der Beweislast. Ztschr. für deutschen Civilprozess Bd. 13 S. 1 ff. (1889).
Garsonnet, Traité de procédure, 4 vol., Paris 1882 ss.
Gaupp, Commentar zur C. P. O., 2. Aufl., Freiburg 1889 f.
Geyer, Lehrbuch des deutschen Strafprozessrechts, Leipzig 1880.
Glaser, Handbuch des Strafprozesses, 2 Bde., Leipzig 1883 f.
Glaser, Beiträge zur Lehre vom Beweise, Leipzig 1883.
Greenleaf, A treatise on the law of evidence, 3 vol., 14th ed., Boston 1883.
Gross, Die Beweistheorie im canonischen Prozess, 2 Bde., Wien 1867. 1880.
Hellmann, Lehrbuch des Civilprozessrechts, München 1885.
Heusler, Die Grundlagen des Beweisrechts. Archiv f. d. civ. Praxis Bd. 62 S. 209 ff. (1879).
John, Commentar zur St. P. O., 3 Bde., Erlangen 1884 ff.
Kleinfeller, Die geschichtliche Entwicklung des Thatsacheneides, Berlin 1891.
Von Kries, Lehrbuch des deutschen Strafprozessrechts, Freiburg 1892.
Langenbeck, Die Beweisführung in bürgerl. Rechtsstreitigkeiten, Leipzig 1858.
Langenbeck, Das Wesen der Notorietät. Zeitschr. für dtsch. Civilprozess Bd. 4 S. 470 ff. (1882).
Löwe, Commentar zur St. P. O., 7. Aufl., Berlin 1892.
Planck, Lehrbuch des deutschen Civilprozessrechts, 2 Bde., München 1887. 91.
Pollak, Gerichtliches Geständniss im Civilprozesse, Berlin 1893.
Obermeyer, Die Lehre von den Sachverständigen, München 1880.
Renaud, Lehrbuch des gemeinen dtsch. Civilprozesses, 2. Aufl., Leipzig 1873.
Rupp, Der Beweis im Strafverfahren, Freiburg 1884.
Schaper, Die Grundzüge der Beweistheorie in Strafsachen. Goltdammers Archiv Bd. 14 S. 180 ff. (1866).

Rich. Schmidt, Die aussergerichtlichen Wahrnehmungen des Prozessrichters, Sächs. Archiv f. bürgerl. R. und Prozess Bd. 2 S. 265 ff. (1892).
Seuffert, Commentar zur C. P. O., 5. Aufl., München 1890. (Die 6. erschien erst während des Druckes.)
Sirey, Code de procédure, 3me éd., Paris 1889—92.
Stahl, Zur Lehre von der Revision. Archiv für civilistische Praxis Bd. 67 S. 94 ff. (1884).
Staub, Die Grenze zwischen Thatsache und Urtheil. Jurist. Wochenschrift 1886 S. 131 ff.
Stephen, A digest of the law of evidence, 4th ed., London 1881.
Strippelmann, Die Sachverständigen, Cassel 1858.
Struckmann-Koch, Commentar zur C. P. O., 5. Aufl, Berlin 1887.
Ullmann, Lehrbuch des Strafprozessrechts, München 1893.
Wach, Handbuch des Civilprozessrechts, Leipzig 1885.
Wach, Vorträge über die C. P. O., Bonn 1879.
Wendt, Beweis und Beweismittel. Arch. für die civ. Praxis Bd. 63 S. 254 ff. (1880).
Wetzell, System des ordentlichen Civilprozesses, 3. Aufl., Leipzig 1878.
Von Wilmowski-Levy, Commentar zur C. P. O., 6. Aufl., Berlin 1892.

Einleitung.

Der Aufsatz, welchen Richard Schmidt vor Kurzem über „Die aussergerichtlichen Wahrnehmungen des Prozessrichters" veröffentlicht hat[1]), sollte die Angriffe abwehren, die der Satz: „iudex iudicet secundum allegata et probata partium" in neuerer Zeit mehrfach erfahren hat. Mit mehr Temperament als Gründlichkeit und wissenschaftlichem Sinn ist man gegen die „Unnatur" zu Felde gezogen, dass der Richter nicht solle wissen dürfen, was er thatsächlich wisse, und wenn der Satz selbst nur zu deutlich als Inhalt des geltenden Rechts hervortrat, so suchte man doch seine Berechtigung vom Standpunkte der Gesetzgebung zu bestreiten. Schmidt hat nun mit seinen tief eindringenden Erörterungen nicht nur die innere Nothwendigkeit des Satzes nachgewiesen, sondern auch einen grossen und bedeutsamen Schritt über die bisherige Art seiner Begründung hinaus gethan. Vor Allem dadurch, dass er der herkömmlichen Werthschätzung der prozessualischen Maximen, die übrigens m. E. bei den Meisten wenigstens für den Civilprozess längst nicht mehr ganz ernst gemeint ist, eine klarere Absage zu Theil werden liess, als es bisher irgendwo geschehen war, und sie als abgeleitete Sätze auf den ihnen gebührenden sehr bescheidenen Platz des schulmässigen Hilfsmittels verwies.[2]) Diesen methodischen Fortschritt gilt es festzuhalten und zu vertiefen.[3]) Sodann aber hat Schmidt den Satz: Der Richter darf seine aussergerichtlichen Wahrnehmungen streitiger Thatsachen nicht zum Ausschlusse des Beweises verwerthen, als einen Satz des Be-

1) Im Sächsischen Archiv für bürgerliches Recht und Prozess Bd. 2 S. 265 ff. (Juli 1892). Auch als Sonderabdruck, Leipzig 1892.

2) Aehnlich schon früher in gelegentlichen Aeusserungen Heusler S. 251 Anm. 10, Wendt S. 264, vgl. auch Planck Bd. 1 S. 198. Nur dass diese Schriftsteller von ihrer Erkenntniss noch nicht den vollen Gebrauch gemacht haben.

3) Das später öfter zu erwähnende Buch von Pollak, Gerichtliches Geständniss im C. Pr., Berlin 1892, hat sehr zu seinem Schaden wieder den alten Weg betreten.

weisrechts erwiesen, der von der sog. Verhandlungsmaxime ganz und gar unabhängig ist und folgeweise auch keinen Theil derselben (die frühere Ausdrucksweise würde sagen: keinen Folgesatz derselben) bilden kann. Der unwiderlegliche Beweis dafür liegt in der Geltung desselben Satzes auch im Strafprozesse[4]), der anerkannter Massen unter der „Herrschaft" des Offizialprinzips, der Wahrheitsprüfung von Amts wegen, steht.

Der wahre Grund des Verbotes, der es, unabhängig von den Gründen seiner Entstehung, auch für unsere Zeit als ein Bedürfniss erscheinen lässt, liegt zunächst in der psychologischen Unmöglichkeit bei eigner Zeugenstellung unparteiisch zu richten, in der Unfähigkeit des Menschen, ausser sich selbst zu treten und den Werth oder Unwerth der eignen Wahrnehmung auch nur annähernd so objectiv und unbefangen zu beurtheilen, wie der Richter angesichts der Erfahrungsthatsache, dass Jeder als Zeuge unbewusst Partei ergreift, denjenigen der Zeugenaussage würdigen soll und muss.[5]) Zum Anderen aber ist es die erfahrungsmässige Unvollkommenheit der menschlichen Sinneswahrnehmung, die verhindert, dass jemals das Ergebniss der Wahrnehmung des Einzelnen unbedingten Glauben verdiente.[6]) Die Fähigkeit des Zeugen wahrzunehmen hängt von individuellen Eigenschaften, von der Schärfe der Sinne und der Auffassung, ebensosehr ab, wie die Fähigkeit den gewonnenen Eindruck im Gedächtniss unverändert festzuhalten und, ganz abgesehen von der erwähnten parteiischen Färbung, getreulich wiederzugeben. Wer aus praktischer Anschauung weiss, wie absolut unzuverlässig der Zeugenbeweis ist, wie dringend er überall der nüchternen Controle des unparteiischen Richters bedarf, dem wird für immer die dünkelhafte Lust vergehen, sich als Richter

---

4) Schmidt S. 304 Anm. 68 und RG. II. Str. S. 15. XI. 87 Strafs. Bd. 16 S. 336, sowie Ullmann S. 327 Anm. 2. Auch im französischen und angloamerikanischen Rechte ist der Satz für beide Prozesse anerkannt, vgl. Bonnier Nr. 101 p. 82, Cass. Hof 8. VII. 85 bei Dalloz 1886 I p. 204 und die dort sowie bei Sirey, Code de procéd. Art. 255 Nr. 8 angeführten zahlreichen älteren Entscheidungen, ferner Best § 88 p. 82 u. § 188 p. 195, Greenleaf P. III Ch. II § 364 (vol. I p. 456). Die Begründung bei den Letzteren ist z. Th. sehr äusserlich (Unmöglichkeit sich selbst zu vereidigen u. dgl.).

5) Schmidt weist mit Recht darauf hin, dass eine ähnliche Unvereinbarkeit der prozessualen Aufgaben die Aufstellung einer selbständigen Anklagebehörde zu einem inneren Bedürfniss des Prozesses macht.

6) Das wird bei denen Anstoss erregen, welche uns glauben machen wollen, dass eigene Sinneswahrnehmung „absolute Gewissheit" gebe. Darauf ist unten S. 28 f. näher einzugehen.

zum alleinigen, jeden Gegenbeweis ausschliessenden Zeugen machen zu wollen. Allerdings giebt es Fälle, wo die Wahrnehmung so einfache Gegenstände betrifft, dass die Gefahr des Irrens gering ist, aber schon darin, dass der Richter selbst die Grenze zu bestimmen hätte, läge die eben abzuwendende Entscheidung über sein eigenes Zeugniss; er würde geneigt sein jeden Fall, wo er eine feste Ueberzeugung hat, zu diesen einfachen zu rechnen.

So stimme ich dem Ergebniss Schmidt's wie seiner Begründung in allen Punkten zu.[7]) Die folgenden Untersuchungen wollen auf seiner Grundlage weiterbauen, indem sie die Grenzen und Beschränkungen jenes Verbotes zu bestimmen suchen und damit praktischen Fragen näher treten, über die vielfach offener, zum Theil noch unausgesprochener Gegensatz der Meinungen herrscht.

Schmidt hat bereits hervorgehoben, dass sein Satz eine bedeutungsvolle Ausnahme erleidet: der Richter darf nach § 264 C.P.O. und — wenn hier auch ein ausdrücklicher Satz fehlt — ebenso nach der St.P.O.[8]) sein Wissen von offenkundigen Thatsachen verwerthen. Aber ganz abgesehen davon, ob diese Ausnahme die einzige ist, wird damit ein Begriff zur praktischen Anwendung verstellt, über dessen Schwierigkeit und Unklarheit heut ebenso geklagt wird wie vor 500 Jahren.[9])

Wer ein solches Gebiet zu bearbeiten wagt, muss sich ernstlich prüfen, ob er ihm eine neue Seite abzugewinnen vermag.

Ich meine nun, dass die bisherige Arbeit auf diesem Gebiete den Fehler begangen hat, von dem Begriffe der notorischen Thatsachen auszugehen, anstatt eine Analyse des Beweisgegenstandes bei ihm zu beenden, und dass man weiter Alles in diesen Begriff hinein-

7) Einen Vorbehalt, der mehr die Darstellung als den Inhalt betrifft, möchte ich doch machen. Schmidt betont m. E. nicht scharf genug, dass der Satz iudex iudicet etc. zwei Verbote enthält. Einmal das zu dem Complex von Rechtssätzen, die man Verhandlungsmaxime nennt, gehörige: ‹nicht selbst die Initiative zur Stoffsammlung zu ergreifen, nicht Thatsachen und Beweismittel in den Prozess einzuführen.› Dieses Verbot erleidet schon im Civilprozesse starke Ausnahmen (worüber unten in § 6) und gilt im Strafprozesse gar nicht. Daneben steht das rein beweisrechtliche, oben im Texte besprochene.

8) Vgl. einstweilen RG. II. Str. S. 15. XI. 87 Strafs. Bd. 16 S. 327ff., IV. Str. S. 4. XII. 91, 5. I. 92, Goltd. Archiv Bd. 39 S. 342f. und von Kries S. 339f.

9) Vgl. Wach in der Dtsch. Ztschr. für Kirchenrecht Bd. 2 S. 187 Anm. 1 (1892): „. . Die ganze Lehre . . von der Notorietät . . liegt im Argen“, und dazu Vocabularius iuris (ed. Venet. 1508 fol. 48) s. v. Notorium: „ . . materia notorii, quae est ita intricata quod dicunt Joannes de Lignano et dominus Antonius de Butrio quod multi loquuntur de notorio, quid sit notorium ignorantes.“

stopfte, was nicht unter das Verbot der Verwerthung eignen Wissens fiel. Hat doch in allerneuester Zeit ein angesehener Schriftsteller die Behauptung aufgestellt, der Satz iura novit curia sei nur ein besonderer Fall des allgemeinen notoria non egent probatione.[10])

Die folgenden Untersuchungen wollen also den umgekehrten Weg gehen und dabei versuchen, innerhalb derjenigen Dinge, die unter die Ausnahme fallen und bisher als Einheit behandelt worden sind, zu unterscheiden. Wie jede neu aufgestellte Trennung wird auch die hier vorgeschlagene zunächst auf den Widerstand derer stossen, welchen die sich dabei unvermeidlich ergebende Vermehrung der Arbeit unbequem ist. Wenn aber der Gedanke, wie ich zu hoffen wage, nicht nur richtig, sondern auch praktisch brauchbar ist, so darf er schon den geringen Aufwand von Mühe beanspruchen, welchen eine schärfere Analyse des eigenen Gedankenprozesses dem Richter verursacht.

10) Von Kries S. 341. Er befindet sich damit in voller Uebereinstimmung mit den Engländern. Vgl. unten § 12.

§ 1. A. Der Gegenstand des Beweises im Allgemeinen.

Der im Prozesse zu führende Beweis ist nicht ein dialektischer, logischer, der lediglich von gegebenen Voraussetzungen zu Schlussfolgerungen fortschreitet, sondern ein historischer, der in dem Beweisempfänger (Richter) durch Sinneswahrnehmungen die Vorstellung des zu Beweisenden erwecken will.[1]) Den Gegenstand des prozessualen Beweises aber können, da der Richter überall die Aufgabe hat Thatbestände, d. h. Gesammtheiten von Thatsachen, unter Rechtssätze zu subsumiren, um das Zutreffen der gesetzlichen Folgen des Thatbestandes zu bejahen oder zu verneinen, nur die Rechtssätze und die Thatsachen bilden.

Den Beweis der Ersteren hat das positive Recht unzweideutig vom Thatsachenbeweise abgetrennt, und zwar so energisch, dass Manche die Beweisfähigkeit der Rechtssätze überhaupt geleugnet haben, und wir jedenfalls, wo vom Beweise schlechthin die Rede ist, von demjenigen der Rechtssätze vorläufig ganz absehen und seine Behandlung einem besonderen Abschnitte vorbehalten dürfen. In unseren Gesetzen wird, wenn man von § 265 C.P.O. absieht, überall nur von Thatsachen oder Zuständen[2]), seltener von thatsächlichen Behauptungen oder Umständen[3]) als dem Gegenstande des Beweises gesprochen, und nur Ein Mal, freilich an bemerkenswerther Stelle, ist der allgemeinere Ausdruck „Punkte" in § 368 C.P.O. verwendet.

---

1) Vgl. statt Aller Heusler S. 217 ff., Fitting S. 340, Bonnier p. 9 ss.

2) Vgl. z. B. C. P. O. § 255, 259, 261, 555, 558; 324 Nr. 1, 338, 342 Abs. 2, 379, 389 Abs. 2, 390, 395 f., 410, 424 und weitere §§ bei Kleinfeller S. 1. Aus der St. P. O. vgl. § 85, 266, 245, 249, 252; 65, 136 u. s. w.

3) So in § 300 Nr. 1 C. P. O., öfter in der St. P. O., z. B. § 264, 266, 53. Hier ist der Sprachbrauch des St. G. B. § 59 und 50 (Thatumstände) von Bedeutung gewesen.

Für die im Folgenden zu erörternden Fragen ist es ohne Bedeutung, ob eine Thatsache als „erhebliche" i. e. S., d. h. als Theil des abzuurtheilenden materiellen oder prozessualen Thatbestandes[4]), oder als Indiz dafür in Betracht kommt[5]), und ebensowenig, ob sie unmittelbare Beziehung zu dem abzuurtheilenden Thatbestande hat oder, wie die Echtheit von Beweisurkunden oder das Vorleben eines Zeugen, nur Hilfsthatsache des Beweises bezw., wie die Echtheit der Vergleichsschriften bei der Schriftvergleichung, Indiz für eine solche ist.[6]) In allen Fällen handelt es sich um diejenigen Dinge, die der Richter bei seiner Entscheidung als Untersatz, propositio minor, unter den Rechtssatz als die propositio maior zu subsumiren hat.[7])

Dieser negativ bestimmte Begriff ist in Bezug auf seine prozessuale Stellung zunächst ein einheitlicher, was dadurch nicht verneint wird, dass man bei dem Versuche, ihm einen positiven Inhalt zu geben, Veranlassung hat ihn gegen eine ganze Reihe von benachbarten Begriffen abzugrenzen, die bald hier bald dort seinen Gegensatz bilden. „Ein brauner Hengst" ist ein Begriff, obwohl er bald zum Rappen, bald zur Stute, bald zum Esel in Gegensatz gebracht werden kann.[8]) Man ist nun zunächst darüber einig, dass das Zukünftige, als „noch nicht zur Thatsache geworden", ausgeschlossen bleiben muss, aber schon darüber besteht Meinungsverschiedenheit, ob die „Begebenheiten oder Zustände der Vergangenheit und Gegenwart" sämmtlich[9]) oder nur dann Thatsachen sind, wenn sie Gegenstand unmittelbarer sinnlicher Wahrnehmung waren oder doch sein konnten.[10]) Die Kategorie der sog. inneren Thatsachen dürfte gegen diese Beschränkung den Ausschlag geben, die wohl nur dem Bestreben, einen scharfen Gegensatz zum Urtheil aufzustellen, ihren Ursprung verdankt. Jedenfalls ist die Nothwendigkeit Seelenvorgänge durch Indizien, nämlich ihren sinnlich wahr-

---

4) Im weiteren Sinne sind natürlich auch die Indizien erheblich, vgl. C.P.O. § 390, 396.

5) Vgl. dazu Heusler S. 226, gegen dessen Dreitheilung (Rechtsakt, Geständniss, Indiz) Wendt S. 294ff. mit Recht die Indizien-Natur des aussergerichtlichen Geständnisses betont. Vgl. dazu auch unten S. 32 u. 49.

6) Diese Hilfsthatsachen sind bisher nicht genügend beachtet. S. aber jetzt von Kries S. 333.

7) Vgl. die ähnliche Bestimmung bei Kleinfeller S. 252.

8) A. M. Weismann, Ztschr. f. C. Pr. Bd. 18 S. 285.

9) So z. B. Heusler S. 217.

10) So z. B. Wetzell S. 187; RG. III. Str. S. 8. III. 82 Rspr. Bd. 4 S. 233; IV. Str. S. 13. X. 91 Strafs. Bd. 22 S. 159 u. A. m.

nehmbaren äusseren Ausdruck oder Aehnliches, zu beweisen kein Grund, sie von den Thatsachen auszuschliessen: sonst fiele aus dem gleichen Grunde auch die Erzeugung eines Menschen durch den anderen aus dem Thatsachenbegriffe heraus.[11])

Die beiden wichtigsten anderen Gegensätze zur Thatsache bilden einerseits das Rechtsverhältniss und andererseits das Urtheil, sei es das „reine" oder das juristische, die Rechtsbehauptung. Der erste Gegensatz ist für das moderne Beweisrecht kaum noch von Bedeutung. Um so mehr der zweite.[12])

Die Eideslehre ist gegenwärtig der Ort, wo die Bestimmung des Gegensatzes zur Thatsache, den das Gesetz offenbar verlangt (C.P.O. § 410, 415, 437), versucht wird[13]), wobei nur zu bedauern ist, dass durch diese Einseitigkeit in Vergessenheit geräth, dass auch bei allen anderen Beweismitteln nur die Thatsache Beweisgegenstand ist.[14])

In früherer Zeit beschäftigte man sich mit derselben Frage, nur dass meist nicht das juristische Urtheil, sondern das „reine" Urtheil den Gegensatz bildete, bei der Abgrenzung der Zeugen von den Sachverständigen: jene sollten schlechterdings nur Thatsachen berichten, ohne zu urtheilen, diese nur urtheilen, ohne zu berichten.[15])

Eine dritte Stelle endlich, freilich ausserhalb des Beweisrechts gelegen, ist die Behandlung derjenigen strafrechtlichen Thatbestände, welche, wie § 131, 186, 263 St.G.B., § 11 des Pressgesetzes, die Behauptung, Vorspiegelung u. s. w. von Thatsachen in scharfen Gegensatz zu der von anderen Dingen, insbesondere zum Ausspruch eines „blossen Urtheils", bringen wollen.[16])

---

11) Das zuletzt erwähnte Urtheil des IV. Str. S. will die inneren Thatsachen als solche gelten lassen, weil sie „dargethan und damit wahrnehmbar gemacht" werden können. Das ist ungenau. Der Indizienbeweis macht die indizirte Thatsache nicht zum Wahrnehmungsobject.

12) Dass Kleinfeller diese Mehrheit der Gegensätze nicht genügend beachtet hat, ist schon von Weismann (Anm. 8) hervorgehoben worden. Weiteres darüber unten S. 60 f. und § 12 z. A.

13) Locus ordinarius in den Commentaren ist die erste Anmerkung zu § 410.

14) Staub S. 133 bringt sogar einen Unterschied zwischen der Thatsache im Eide und der im Zeugniss heraus. Einseitig auch Schuppe in Gruchots Beiträgen Bd. 30 S. 233 f. Besser Fitting S. 451, Planck Bd. 2 S. 301 f., Gaupp zu § 410 Anm. Ib, Kleinfeller S. 294.

15) So z. B. Strippelmann S. 56 f., 549, Wetzell S. 529, Wedemeyer, Ztschr. f. hann. Recht Bd. 2 S. 284 u. A.

16) Vgl. z. B. die Urtheile des RG. III. Str. S. 8. III. 82 Rspr. Bd. 4 S. 233; II. Str. S. 1. VI. 83 Rspr. Bd. 5 S. 395; IV. Str. S. 9. II. 86 Rspr. Bd. 8 S. 109 (112). Merkwürdig ist, dass man den Gegensatz bisher nicht in die Lehre von der Re-

Die dürre Unerquicklichkeit aller dieser Erörterungen glaube ich meinen Lesern ersparen zu dürfen. Man wand sich in spitzfindiger Casuistik, in stetem Schwanken von Fall zu Fall[17]) ungeduldig hin und her, bis endlich in nicht gar zu ferner Vergangenheit mit mehr oder weniger Klarheit erkannt wurde, dass man ein unerreichbares Ziel suchte: Thatsache und (logisches) Urtheil sind gar keine Gegensätze.[18])

Denn wenn auch die Thatsachen und nicht ihre Behauptung den Gegenstand des Beweises bilden[19]), so hat doch der Richter im Prozesse nur bei der Einnahme eines Augenscheins mit den Thatsachen selbst zu thun. In allen anderen Fällen treten sie ihm als Behauptungen der Parteien[20]), als Erklärungen des Staatsanwalts oder des Angeklagten[21]), als Aussagen Dritter (Zeugniss) entgegen, immer und überall als das Urtheil eines Menschen über die Thatsachen. Sie sind der Gegenstand seiner prüfenden und entscheidenden Thätigkeit nur als fremder und eigner Bewusstseinsinhalt. Insbesondere muss auch die einfachste Sinneswahrnehmung des gewöhnlichsten Zeugen erst zum Urtheil über den Sinneseindruck verarbeitet sein, ehe sie für die praktischen Zwecke des Prozesses brauchbar wird.[22]) Dabei ist immer eine Gedankenarbeit zu leisten, die zwar zuweilen sehr gering sein mag („Ich sah den Angeklagten schnell

vision hineingetragen hat, obwohl es doch auch hier (vgl. C.P.O. § 524) gilt einen Gegensatz zu den Thatsachen aufzufinden.

17) Dies gilt namentlich von den zuletzt erwähnten strafrechtlichen Erkenntnissen, denen schon das RG. selbst, II. Str. S. 29. X. 86 Rspr. Bd. 8 S. 649, bezeugt, dass sie einer unlösbaren Aufgabe gegenüberstehen.

18) Vgl. hierzu bes. Schuppe a. O. S. 234; Staub a. O.; von Wilmowski-Levy Bem. 1 zu § 410; Bähr, Jur. Wschr. 1886 S. 175 ff.; RG. II. Str. S. 1. VI. 83 Rspr. Bd. 5 S. 395: jede thatsächliche Behauptung schliesst ein Urtheil in sich.

19) Heusler S. 217.

20) Die Parteibehauptung will Staub S. 132 nicht als logisches Urtheil i. e. S. gelten lassen, weil sie nicht von der Ueberzeugung objectiver Giltigkeit getragen sei. Selbst wenn das Letztere richtig wäre, was doch mindestens für den Regelfall zu bestreiten ist, würde es für den Prozess gleichgiltig sein. Denn die Parteibehauptung tritt stets in der Form des logischen Urtheils und mit der Forderung auf als objectiv giltig behandelt zu werden.

21) Zur Wahrung meines Gewissens merke ich an, dass ich diese Personen im Folgenden zwar auch kurz als Parteien bezeichne. Daraus bitte ich aber nicht zu folgern, dass ich ihnen eine dem Civilprozess auch nur vergleichbare Parteistellung beimesse.

22) Dies schildert in drastischer Ausführlichkeit besonders Rupp S. 5—20. Vgl. dazu Sigwart, Logik, Bd. 1 S. 32 ff. und Kleinfeller S. 284. Unzulänglich Ullmann S. 345 „zuweilen“.

laufen[22]) und uns dann kaum zum Bewusstsein kommt, die aber nie ganz zu entbehren ist, und deren verschiedener Umfang in den einzelnen Fällen nur einen quantitativen, nie einen specifischen Unterschied erzeugt.[23])

Diese Erkenntniss hat sich zuerst bei der Bestimmung und Begrenzung des Zeugenbegriffes Bahn gebrochen.[24]) Es scheint jetzt allseitig anerkannt zu werden, dass die Schlussfolgerung, welche in jedem Zeugniss enthalten ist, auch bei der scheinbar einfachsten Thatsachenbehauptung, Nichts daran ändert, dass der Zeuge doch nur über seine Wahrnehmungen berichtet. Ein Menschengehirn giebt eben die Eindrücke nicht automatisch und ohne eigene Mitarbeit wieder, wie etwa die photographische Platte oder der Wachscylinder im Phonographen. So lange aber die Aufgabe, die Jemand im Prozesse zu erfüllen hat, wesentlich darin besteht, dass er seine Wahrnehmungen überliefert, bleibt er Zeuge.[25])

Das ist denn auch indirect vom geltenden Rechte dadurch anerkannt, dass der sachverständige Zeuge schlechthin Zeuge bleibt, § 379 C.P.O., § 85 St.P.O. Abgesehen von der später zu besprechenden, für die Sache selbst unerheblichen Möglichkeit, dass er neben seiner Zeugenstellung oft auch die des Sachverständigen übernehmen wird, was er unbestritten kann[26]), wie nach § 371 C.P.O. und § 74 St.P.O. jeder andere Zeuge auch[27]), aber natürlich nicht muss[28]), unterscheidet ihn als Zeugen von anderen Seinesgleichen vielleicht, aber nicht nothwendig, die durch „besondere Sachkunde" geschärfte Fähigkeit seiner Sinne, die ihm Dinge wahrnehmbar machte, die Andere nicht gesehen oder gehört haben würden, auch wenn sie

23) Vortrefflich darüber Planck Bd. 2 S. 179; vgl. weiter Stenglein, Ztschr. f. Strafr.Wiss. Bd. 10 S. 478, a. M. Obermeyer S. 57 f., Wedemeyer a. O. S. 280 ff.

24) Schon in der gemeinrechtlichen Praxis findet sie sich; vgl. z. B. OAG. Lübeck, Seufferts Archiv Bd. 7 Nr. 119, Bd. 16 Nr. 85. S. noch RG. VI. C.S. 8. VII. 89 ebenda Bd. 45 Nr. 226. A. M. aus neuerer Zeit wohl nur Heusler S. 262.

25) Ueber die Frage, ob ein Sachverständiger dadurch zum Zeugen wird, dass er über die zum Zwecke des Gutachtens gemachten Wahrnehmungen berichtet, ist erst in anderem Zusammenhange zu handeln. Vgl. unten S. 61 ff.

26) Obermeyer S. 62, von Wilmowski-Levy Bem. 1, Seuffert Bem. 2 zu § 379, RG. I. CS. 16. XI. 81 u. 10. II. 86, Civils. Bd. 6 S. 1 f., Gruchot Bd. 30 S. 1135 f.

27) RG. III. Str. S. 4. VI. 83 Strafs. Bd. 8 S. 361.

28) So auch Gensel, Sächs. Archiv f. bürgerl. Recht Bd. 2 S. 564 f. A. M. Langenbeck S. 565 f. und von Kries S. 382 f. Die Gründe dieses Irrthums sind später (S. 56 f.) aufzudecken. In RG. V. C.S. 14. I. 88 Civils. Bd. 20 S. 395 findet sich derselbe Satz nur der Form nach. In der Sache ist die Entscheidung mit den oben angeführten einig.

in seiner Lage gewesen wären. In jedem Falle aber ist es seine Fähigkeit, kraft besonderer Sachkunde das Wahrgenommene zu einem Urtheil zu verarbeiten und als solches wiederzugeben, wo Andere nicht mehr als den nackten Sinneseindruck berichten könnten. Der gewöhnliche Zeuge sieht und berichtet die Symptome, der sachverständige Zeuge das Ergebniss seiner Diagnose.[29]) Dasselbe thut aber auch der nicht-sachverständige Zeuge überall da, wo die Verarbeitung der Wahrnehmung einer „besonderen Sachkunde" nicht bedarf[30]), und man hat deshalb nicht mit Unrecht die Heraushebung dieser Unterart des Zeugen, die ja obendrein keinerlei praktische Bedeutung durch abweichende Grundsätze des Verfahrens aufweist, als vollständig überflüssig bezeichnet.[31])

Auch für die Eideslehre beginnt die Erkenntniss fruchtbar zu werden, dass Thatsache und Urtheil keine Gegensätze sind. Man lässt mehr und mehr Eidesformeln zu, welche bewusstermassen an die Urtheilsthätigkeit und -fähigkeit des Schwörenden ebenso grosse Anforderungen stellen, wie an seine Wahrnehmungsfähigkeit, da ja doch eine völlige Ausschaltung des erstgenannten Elementes niemals zu erreichen wäre.[32])

Am Wenigsten in der Lage, die neuerkannte Wahrheit auszunutzen, ist die strafrechtliche Wissenschaft und Praxis[33]), obwohl auch hier die unbedingte Nothwendigkeit besteht, den Gegensatz anders als bisher zu formuliren.

Aus dem Vorhergehenden ergiebt sich beiläufig, dass es eine kleine aber leicht erträgliche Ungenauigkeit des Gesetzes und damit

---

29) Vortreffliche Beispiele bei John Bd. 1 S. 695. Ebenso, nur vielleicht zu schroff formulirt, RG. VI. C.S. 17. XII. 88, Seufferts Archiv Bd. 45 Nr. 143. A. M. Heusler S. 246: Die Verschiedenheit liege in der wahrgenommenen Thatsache. Ebenso OAG. Lübeck in Seufferts Archiv Bd. 3 Nr. 320. Als ob nicht über den Tod eines Menschen der Laie ebensogut berichten könnte, wie der Arzt! Der Bericht lautet nur anders.

30) Vgl. OAG. Lübeck, Seufferts Archiv Bd. 1 Nr. 139, Bd. 3 Nr. 213, RG. II. Str. S. 9. VII. 86 Bd. 14 S. 276 und Obermeyer S. 59.

31) Binding, Grundriss S. 123.

32) Vgl. schon die Urtheile der OAG. Jena, Oldenburg und Wolfenbüttel in Seufferts Archiv Bd. 18 Nr. 278, Bd. 19 Nr. 276, Bd. 31 Nr. 290; Protokolle der Reichs-Justiz-Commission S. 167; ferner RG. I. C.S. 26. X. 81 Civils. Bd. 7 S. 1 f., 12. XI. 84 Bd. 15 S. 336 f. S. auch Staub S. 136. Weitere Belege bei Gaupp I S. 762 Anm. 9 und Kleinfeller S. 270 f., 301 ff. Dagegen Seuffert Bem. 3 zu § 410. Wegen der Unzulässigkeit des Eides über „reine Urtheile", Gaupp a. O. Anm. 8, Obermeyer S. 206, vgl. unten S. 52.

33) Vgl. indessen das citirte RG. II. Str. S. 29. X. 86 Rspr. Bd. 8 S. 649.

des auf dem Gesetze fussenden Sprachgebrauchs der Juristen ist, wenn bei der Bezeichnung des Beweisgegenstandes Thatsache und thatsächliche Behauptung gleichwerthig für einander gebraucht und Thatsachen ebenso wie Behauptungen für „wahr“ erklärt werden[34]), ja wenn man von erdichteten oder falschen Thatsachen spricht, wie unsere Gesetzgebung selbst gar nicht selten thut.[35]) Auch im Folgenden wird dieser Gebrauch beibehalten und das Thatsachenurtheil meist in bequemer Kürze als Thatsache bezeichnet werden.

Wenn aber ein Gegensatz zwischen Thatsache und Urtheil nicht besteht, sondern alle Thatsachen(behauptungen) Urtheile sind, wenn es andererseits gewisslich Gegenstände giebt, die nicht zum Eide verstellt werden dürfen und die „kein Zeuge beweist“, so muss die Unterscheidung zwischen der Thatsache und ihrem Gegensatz innerhalb der Urtheile gesucht werden. Denn wenn auch alle Thatsachen Urtheile sind, — die Umkehrung gilt nicht.

Dazu ist es nothwendig, vorläufig unter Beiseitelassung der juristischen Urtheile, den thatsächlichen Stoff, der sich dem Richter im Prozesse darbietet, und die Art, wie er ihn verarbeitet, näher ins Auge zu fassen.

Die Thatsachen treten an den Richter als Urtheile heran, Urtheile aber sind stets das Ergebniss einer Schlussfolgerung, die sich besten Falles uns unbewusst abspielen, nie ganz fehlen kann. Mindestens ist die Kenntniss des sprachlichen Ausdruckes für den empfangenen Sinneseindruck in jedem Falle der Obersatz, den wir heranziehen müssen, um auch nur zu dem Ausspruche zu gelangen: Ich sah ein weisses Pferd. Die Afrikaner, welche vor einigen Jahren in Berlin den ersten Schneefall erlebten, waren mangels Obersatzes schlechthin unfähig zu dem Urtheil: Es schneit. Also ist jedes Urtheil eine conclusio aus Ober- und Untersatz.[36])

34) Kloeppel, Einrede der Rechtskraft, Berlin 1882, S. 61 f. erhebt Einspruch dagegen, dass die Juristen den Begriff der Wahrheit, der nur der Erkenntniss des Allgemeinen zukomme, auf die Beurtheilung des Einzelnen anwenden, und meint, dass sich hierin wie sonst die Geringschätzung der Philosophie „bitter räche“. Ich bekenne, dass ich von dieser Bitterkeit Nichts empfinde, dagegen glaube ich den Versuch der Philosophen, einen in Leben und Sprache für bestimmte Begriffe verwendeten Ausdruck für ihre Sonderzwecke mit Beschlag zu belegen, als eine Geringschätzung des Thatsächlichen zurückweisen zu müssen.

35) Vgl. St. G. B. § 130, 138, 187, 263 u. s. w. und dazu Olshausen, Anm. 3 zu § 130.

36) A. M. Staub S. 133 f.: Wahrnehmungsurtheile liessen sich nicht mehr analysiren. Dies zu widerlegen, genügt der Hinweis auf die Ausführungen von

Der Richter aber, der den Prozessstoff von den Parteien oder von Zeugen als Urtheil empfängt oder sich beim Augenschein selbst das Wahrnehmungsurtheil bildet, steht damit erst am allerersten Anfange seiner Thätigkeit. Er hat damit nur den Rohstoff, der der Verarbeitung im Urtheil harrt. Diese Thätigkeit, die sich in einer langen Kette von Subsumtionen bewegt, ist oft genug analysirt und geschildert worden[37]; sie setzt sich zusammen aus der Würdigung der Beweise, der Verknüpfung der erwiesenen Thatsachen zu Thatbeständen, der Vergleichung des Thatbestandes, der festgestellt ist, mit dem hypothetischen Thatbestande des Gesetzes. Alle diese Schlussfolgerungen müssen nun nach den elementarsten Gesetzen der Logik dreitheilig sein. Der Ausspruch des Richters ist stets ein Schluss aus einem Untersatz, der immer ein Thatsachenurtheil ist, und einem Obersatz, der bald ein juristischer, bald ein rein thatsächlicher ist.[38]

Es ist nun eine Erscheinung, die meiner Ansicht nach sehr viele Unklarheiten der Beweislehre verursacht, dass alle Welt sich um die Untersätze dieser Schlussfolgerungen und die Schlüsse selbst kümmert, dass die thatsächlichen Obersätze aber zwar zuweilen — durchaus nicht immer[39] — miterwähnt werden[40], dass sich jedoch bisher noch Niemand ihrer ernstlich angenommen, sie analysirt und beschrieben, ihre Schicksale im Prozess, ihren Beweis und ihre Verwerthung aus eigener Kenntniss des Gerichts untersucht hat.[41] Die Erklärung für diese Erscheinung liegt wohl darin, dass die Obersätze nur selten ausdrücklich ausgesprochen werden und deshalb für unser Be-

---

Rupp S. 5ff. Nur der nicht zum Urtheil verarbeitete Sinneseindruck („von Etwas Weissem") ist unmittelbar gegeben.

37) Ich verweise statt Aller auf Rupp S. 80ff., 100. S. auch Wach, That- und Rechtsfrage, Berlin 1881, S. 7f.

38) Vgl. auch Bolze S. 447.

39) Geradezu überraschend ist die Vernachlässigung der Obersätze bei allen denen, die sich mit der logischen Analyse der richterlichen Thätigkeit beschäftigt haben, z. B. Staub, Heusler u. A.

40) Als besonderer Gegenstand des Beweises neben den Thatsachen werden sie genannt bei Schaper S. 182f., Heusler S. 217, von Canstein S. 305, Fitting, Ztschr. S. 65ff. und Lehrbuch S. 339f.; nicht ganz deutlich bei Langenbeck, Ztschr. S. 476 und bei Wendt S. 279. RG. I. C. S. 12. I. 81 Civils. Bd. 3 S. 428 erwähnt die Obersätze der richterlichen Denkthätigkeit als „Mittel der Belebung und Vertiefung des Nachdenkens" (?).

41) Am Meisten hat dafür Schaper a. O. gethan. Aber seine Anregungen sind leider fast gar nicht beachtet worden, und die Schriftsteller des Civilprozessrechts kennen seinen Aufsatz meistens gar nicht.

wusstsein zurücktreten. Erst eine nachträgliche Auflösung belehrt uns, dass in dem Satze: Dieser Zeuge ist wegen seiner Verwandtschaft mit der Partei unglaubwürdig, der Schluss mittels des Obersatzes: Verwandte pflegen nicht wahrheitsgetreu, sondern zu Gunsten des Verwandten auszusagen, erhalten ist. Die Folge aber ist, dass die Obersätze nach Bedarf und Laune bald mit den Rechtssätzen zusammengebracht[42]), bald unter die Thatsachen, d. h. die concreten Geschehnisse des einzelnen Thatbestandes, gestellt werden. Am Häufigsten schieben sie sich dann in die Kategorie der notorischen Thatsachen ein, dort Unheil und Verwirrung stiftend.[43])

Ganz ebenso wird in den Fällen, wo man sich, besonders bei der Zeugenaussage und beim Eide, mit dem sog. juristischen Urtheil zu beschäftigen hat, meistens vollkommen vernachlässigt, dass jedes solche Urtheil ein Schluss aus dem Rechtssatz als Obersatz und der nackten Thatsache als Untersatz ist. Die Aussage des täglichen Lebens: ich habe mir ein Theaterbillet „gekauft", und der richterliche Ausspruch: A hat das Buch von B gekauft, unterscheiden sich, abgesehen von der autoritativen Wirkung des Letzteren, nur dadurch, dass dort der vulgäre Begriff des Kaufes den Obersatz bildet, hier dagegen der Rechtssatz, welcher den Thatbestand des Kaufes gegen andere Rechtsgeschäfte abgrenzt.[44]) Die sog. juristischen Urtheile sind also Thatsachenurtheile mit dem identischen Untersatz, aber mit besonders geartetem Obersatz, und die Frage, wie weit sie im Prozesse verwerthbar sind, muss daher ganz ausschliesslich von dem Verhältniss des Urtheilenden zum Obersatz abhängen.[45]) Genau

42) So u. v. A. Stein, Der Urkunden- und Wechselprozess, Leipzig 1887, S. 135 Anm. 32; Planck Bd. 1 S. 446; von Wilmowski-Levy vor § 367; Glaser, Beiträge S. 36 u. s. w. Vgl. auch Greenleaf P. I Ch. II p. 6—13.

43) Die näheren Nachweisungen darüber behalte ich mir für die weiter unten folgende Behandlung der offenkundigen Thatsachen vor. Vgl. einstweilen Kohler, Der Prozess als Rechtsverhältniss, Mannheim 1888, S. 26: „Die notorische Thatsache, dass das Wasser abwärts fliesst"; dieselbe auch bei dem Anonymus im Gerichtssaal Bd. 43 S. 306, von Canstein, Lehrbuch, Bd. 1 S. 472 u. A. m. Ganz besonders tritt dieser Fehler bei englischen Schriftstellern hervor.

44) Sachlich übereinstimmend sagt Staub S. 135f.: Die sog. Rechtsbegriffe (d. h. die Conclusionen) sind keine besondere Art der Begriffe, sondern Begriffe unter besonderem Gesichtspunkte.

45) Daher denn die Praxis sowohl das Zeugniss als das Geständniss oder den Eid über Rechtsbegriffe verwirft. Vgl. u. v. A. OAG. Lübeck und OAG. Dresden in Seuff. Arch. Bd. 8 Nr. 317, Bd. 13 Nr. 139 a. E., RG. II. C. S. 29. V. 83 Bd. 10 S. 364. Dass dies nicht allgemein durchführbar ist, wird allseitig erkannt, vgl. z. B. Wach, Vorträge, S. 170, RG. I. C. S. 26. X. 81 Bd. 7 S. 2 und die Nach-

ebenso liegt der Sachverhalt bei dem sogenannten technischen Urtheil.[46])

Die zunächst folgenden Untersuchungen wollen nun die bisherige Vernachlässigung wieder gut machen. Sie sind den thatsächlichen Obersätzen gewidmet. Es gilt deshalb einen gemeinsamen Namen für dieselben vorzuschlagen. Ein solcher hat freilich, wenn man sich über den Begriff selbst, wie dies im Folgenden geschehen wird, deutlich ausspricht, nur den Werth einer Abkürzung. Es liegt mir deshalb fern mich auf einen bestimmten zu steifen, aber ich halte es doch für praktisch, dass man sich über irgend einen Namen einigt.

Am Liebsten würde ich kurzweg von den Obersätzen sprechen[47]), aber damit wäre nicht das Wesen dieser Sätze, sondern nur ihre gelegentliche Function im Prozesse bezeichnet, während sie eine ebenso grosse Rolle in der Gesetzgebung spielen, wo sie gebraucht werden, um den Kreis der voraussichtlich eintretenden Lebenserscheinungen abzustecken, die der gesetzlichen Regelung unterzogen werden sollen, und eine noch unendlich viel grössere Bedeutung natürlich in den Lebensgebieten haben, aus denen sie erwachsen und in denen sie in ununterbrochener lebendiger Geltung sind. Andere Namen, die in der Literatur gebraucht werden: Sätze[48]), Argumente[49]), sind völlig nichtssagend. Am besten erscheinen die Bezeichnungen: Regeln des Lebens[50]) und Erfahrungssätze.[51]) Gegen die erstere spricht indessen, dass sie für Naturgesetze wenig passt, und dass man sie allgemein als Bezeichnung der ohne besondere Sachkunde in Kunst und Wissenschaft erworbenen Erfahrungen ver-

---

weise bei Kleinfeller S. 267 ff., 300 ff. Der richtige Gesichtspunkt liegt aber nicht darin, ob der Rechtsbegriff ein allgemein bekannter ist, wie meistens gelehrt wird, vgl. z. B. RG. VI. C.S. 3. XII. 91 Gruchot Bd. 37 S. 389, sondern ausschliesslich darin, ob der rechtliche Obersatz ausser Streit (Kleinfeller S. 269, 301 u. RG. a. O.) und dem Urtheilenden bekannt und geläufig ist. So bes. Staub S. 135 f., Kleinfeller S. 267 ff., vgl. S. 301 Anm. 459. S. auch unten S. 60.

46) Vgl. die Urtheile oben Anm. 32.

47) So gelegentlich Planck Bd. 1 S. 435 u. 446: Die auf allgemeiner Erfahrung beruhenden Obersätze. Bei den Angloamerikanern heissen sie ganz einseitig presumptions of fact, s. Greenleaf I p. 45 ff., 60.

48) Bei Heusler S. 217 ff.

49) Bei von Canstein S. 305 u. oft und Lehrbuch des Oesterr. C. Pr., 2. Aufl., Berlin 1892, Bd. 1 S. 451.

50) Diesen Namen braucht bes. Fitting, Ztschr. S. 66 u. im Lehrbuch, auch Schaper spricht von Regeln.

51) So u. A. RG. I. C.S. 8. I. 83 u. 7. I. 88 Civils. Bd. 9 S. 417 und Bd. 20 S. 95; V. C.S. 18. V. 87 Gruchot Bd. 32 S. 421; Motive zur C. P. O. S. 208.

wendet, während sich der Name Erfahrungssätze dadurch empfiehlt, dass er, wie sogleich zu zeigen, das Wesen der Entstehung dieser Sätze kenntlich macht.[52]) Freilich wird auch er zuweilen in der Beschränkung auf die kunstlose Erfahrung gebraucht.[53])

Endlich wäre an sich Nichts einzuwenden, wenn man den Namen Thatsachen auch für die Obersätze gebrauchte, da man doch einmal gewöhnt ist, damit den ganzen nichtjuristischen Prozessstoff zu bezeichnen. Allein es wäre schleppend, jedesmal das Beiwort: „allgemeine" Thatsache oder „Erfahrungs"thatsache[54]) hinzuzufügen, und ohne dieses wäre der althergebrachten Verwechselung und Verwirrung der Ober- und der Untersätze, der allgemeinen und der dem concreten Einzelfalle angehörigen Thatsachen, deren Trennung die Hauptaufgabe dieser Arbeit ist, Thür und Thor geöffnet. Aber auch noch ein Anderes spricht dagegen. Der Sprachbrauch pflegt Etwas sehr Sicheres als Thatsache[55]) zu bezeichnen, um die Wirklichkeit gegen das blos Vermuthete oder Erlogene scharf abzuheben. Dabei wird nicht unterschieden, welcher Art das so zu bezeichnende Urtheil ist: es ist Thatsache, sagt man, dass Kaiser Wilhelm der Erste mehr als 90 Jahre alt wurde; Thatsache, dass Aluminium aus Thonerde gewonnen wird; Thatsache, dass an der Börse zu X Creditactien vom 15. des letzten Quartalsmonates an ohne den nächstfälligen Coupon gehandelt werden. Gerade die letzte Wendung zeigt, dass es gefährlich wäre, von der „Thatsache" eines solchen Handelsgebrauches zu sprechen: die Existenz eines Handelsgebrauches ist eben gerade, wie unten zu beweisen ist, keine Thatsache, sondern ein auf Erfahrung beruhendes allgemeines Urtheil, — ein Erfahrungssatz.

Bleiben wir also einstweilen bei diesem Namen. Er ist nicht einwandsfrei, — ich weiss es und bin bereit, ihn für einen besseren aufzugeben.

52) Vgl. die Betonung der Erfahrung z. B. in RG. I. C.S. 28. X. 91 Gruchot Bd. 36 S. 1231 f.

53) So u. A. bei Strippelmann S. 100 ff., von Canstein a. O.

54) Von ihr spricht RG. VI. C.S. 29. II. 92 Gruchot Bd. 36 S. 1127.

55) Von der Thatsache, dass ein Argument (Satz der Wissenschaft) besteht oder nicht besteht, spricht auch von Canstein, Lehrbuch, Bd. 1 S. 467.

B. Die Erfahrungssätze.

§ 2. I. Natur und Arten.

Man sagt oft im Scherz, dass der Mensch von seiner Empfängniss an bis über den Tod hinaus in all' den vielgestaltigen Wendungen und Wandelungen seines Daseins, in jeder Regung seines Thuns und Denkens von dem Juristen begleitet, bald sorglich geschützt, bald strafend verfolgt werde, dass es keinen Punkt gebe, bei dem der Jurist nicht hineinzureden habe.

Ist dies nun auch eine starke Uebertreibung, so enthält sie doch einen richtigen Kern, nämlich den, dass die Thätigkeit des Juristen ihrem Gegenstande nach das ganze Leben des Menschen und der Menschen umfasst, ja dass es überhaupt keine Thatsache, weder Ereigniss noch Zustand, giebt, die nicht dem Juristen unterbreitet werden könnte, um auf die Rechtsfolgen geprüft zu werden, die sie direct oder indirect nach sich zog. Die Weltausstellung in Chicago, zu der Millionen hinpilgern, und das geflüsterte Gespräch zweier Wanderer auf einsamem Pfade, der Ausbruch eines Vulcans, das Wüthen einer Epidemie ebenso wie der Riss im Rocke eines einfachen Arbeiters, — sie alle können im Gerichtssaal an den Richter herantreten, um von ihm als Untersätze den von der Rechtsordnung aufgestellten Thatbeständen subsumirt zu werden. Damit ist aber immer auch die Nothwendigkeit gegeben, sie den thatsächlichen Obersätzen, den Erfahrungssätzen, zu subsumiren, und zugleich gezeigt, dass die Letzteren jedem denkbaren Gebiete des Naturlebens und des Menschenlebens angehören können. Die tödtliche Wirkung eines Schusses durch das Herz, die ansteckende Natur mancher Krankheiten, die Regelerscheinungen auf dem Gebiete des menschlichen Seelenlebens, die uns die Psychologie offenbart, und die wir zur

Aufdeckung der Verschuldung bei strafbaren und anderen Handlungen, des guten und bösen Glaubens, und wie oft noch! brauchen, sie stehen als Obersätze für die concreten Einzelthatsachen auf einer Stufe mit der unendlichen Fülle von Erfahrungen, welche unsere Kenntniss des Verkehrslebens wie des rechtsfeindlichen Verbrecherthums bilden und deren Besitz den „erfahrenen" Richter vor dem Neuling auszeichnet, der manchmal vielleicht ein ebenso guter Jurist ist, aber nie ein ebenso praktischer sein kann.[1]) Was die Verkehrssitte bei gewissen Rechtsgeschäften erfordert, welchen Sinn bestimmte Ausdrücke haben, wie sich ein bonus pater familias zu verhalten pflegt[2]), wie schnell die Postverbindung von Berlin nach New-York ist, welche Grundsätze der kaufmännischen Buchführung zu Grunde liegen, wie viel an Preis eine bestimmte Sache erzielt haben würde oder erfahrungsgemäss zu erzielen pflegt, und auf der anderen Seite die Bedeutung der Wörter in der Gaunersprache, die „Regeln" über gemeinsame Einbrüche, die Kniffe und Pfiffe geriebener Industrieritter, — das sind Stichproben aus der unerschöpflichen Masse dessen, was der Richter täglich an Wissen von nichtjuristischen Dingen verwerthen muss und verwerthet.

Es wäre vergebliches Bemühen, auch nur nach Kategorien die Lebensgebiete abschliessend aufzählen zu wollen, aus denen diese Sätze stammen[3]), oder gar ihre Zahl und ihren Inhalt auch nur für einzelne Punkte zu schildern und zu bestimmen.[4]) So hübsch solche

---

1) Dabei erlaube ich mir die höchstpersönliche Anmerkung, dass ich praktisch nicht dasjenige zu nennen vermag, was dem Richter bequem ist und Mühe spart, sondern das, was in genauer Kenntniss der abzuurtheilenden Lebensverhältnisse wurzelt und ihren eigensten Bedürfnissen gerecht wird. Für den einzelnen Richter ist das oft sehr „unpraktisch".

2) Vgl. die von den römischen Juristen darüber aufgestellten Sätze bei Fitting, Ztschr. S. 70 ff.

3) So zählt z. B. Schaper S. 183 auf: Naturgesetze, psychologische Sätze oder Erfahrungen aus Verkehr und Sitte.

4) In älteren Lehrbüchern des Strafprozesses wird es öfters unternommen, die Regeln aufzustellen, welche für den Werth eines Geständnisses oder einer Zeugenaussage oder von Indizien massgebend sein sollen. Vgl. z. B. noch Glaser Bd. 1 S. 602 u. 737 u. s. w. Mir scheint das ganz zwecklos. Gross in seinem Handbuch für Untersuchungsrichter u. s. w., Graz 1893, versucht sogar das ganze Gebiet der dem Strafrichter nöthigen Erfahrungen, sammt Gaunerpraktiken und Zigeuneraberglauben, darzustellen. Best § 336 p. 320 zählt eine Masse davon als „presumptions" auf. Mit besserem Erfolge stellt Weingart im Gerichtssaal Bd. 45 S. 217—229 Erfahrungen über die Aufdeckung von Urkundenfälschungen zusammen.

Versuche sind: wer aus praktischer Anschauung das Leben selbst kennt, wird die Unzulänglichkeit auch der reichhaltigsten Sammlung auf den ersten Blick erkennen. Die stets sich neu erzeugende Unendlichkeit der Lebensbeziehungen ist der Katalogisirung, der Bannung in Maass und Zahl, ebenso unzugänglich als die fliessende Welle im Bache der Unterwerfung unter Herrschaft und Recht.

Aber nach zwei anderen Richtungen ist es doch möglich, dieser unbegrenzbaren Masse Regel und Ordnung abzugewinnen: wir können nämlich einerseits die Erfahrungssätze als logische Urtheile auf ihren Inhalt und ihre Entstehung untersuchen, andererseits die Stellen im Prozesse, in der richterlichen Thätigkeit, ermitteln, wo sie ihre Rolle zu spielen haben. Ist das Erste von Bedeutung, um in Zweifelsfällen die Grenzlinie zwischen dem Erfahrungssatz und der concreten Einzelthatsache mit Sicherheit ziehen zu können, so wird sich das Letztere (vgl. darüber den folgenden §) fruchtbar erweisen, wenn es sich darum handeln wird, die Stellung des Richters zu den Erfahrungssätzen, besonders in den oberen Instanzen, aufzuklären.

Vom logischen Standpunkte aus ergiebt sich als eine Anforderung an die Erfahrungssätze zunächst das negative Moment, dass sie nicht einfache Aussagen über concrete Einzelgeschehnisse, auch nicht plurale Urtheile über eine durch Zählen entstandene Mehrheit von solchen sein können. Sie müssen inhaltlich zu den Aussagen über die Thatsachen des concreten Falles im Gegensatze stehen, denn sie sollen ja im richterlichen Urtheile als Obersätze für diese Thatsachen dienen, und logisch führt von einer Thatsache zur anderen immer nur die Brücke des allgemeinen Satzes, — ebenso wie umgekehrt zur Feststellung einer Thatsache durch Schlussfolgerungen nicht nur allgemeine, sondern auch concrete Einzel-Urtheile gegeben sein müssen. Sie sind also niemals Wahrnehmungsurtheile: es entspricht ihnen kein concretes sinnlich wahrnehmbares Ereigniss.[5]) Sie können also auch nie durch blosse Mittheilung von Wahrnehmungen bewiesen werden.

Als allgemeine Sätze, im Gegensatz zum erzählenden Urtheile, lassen sie sich aber auf zwei Grundformen zurückführen. Sie sind entweder Definitionen, erklärende Urtheile, welche ein Wort, einen Begriff

---

5) Staub S. 132 glaubt, dass jedes Urtheil eine Thatsache zum Gegenstande habe. Wenn das nicht nur ein schiefer Ausdruck ist, ist es ein falscher Gedanke. Man denke an das Urtheil, dass die Winkel eines Dreiecks 180° betragen.

in seine Merkmale zerlegen, oder sie sind hypothetische Sätze, welche die unter gewissen Voraussetzungen zu erwartenden Folgen aussprechen.[6])

In die erste Kategorie fällt nur eine kleine Minderzahl von ihnen, nämlich die Erfahrungssätze über den Sprachgebrauch, sei es den allgemeinen oder den speciellen einzelner Kreise: der Kaufleute, gewisser Klassen von Gewerbtreibenden, der gewerbsmässigen Verbrecher u. s. w.; sowie die örtlich beschränkten, dialektmässigen Bedeutungen der Wörter.

In die zweite gehörte die gesammte übrige Masse der Erfahrungssätze. Ihnen allen ist der Gedanke gemeinsam, dass sich unter gewissen Bedingungen dieselben Folgeerscheinungen wiederholen werden, eine Erwartung, zu der wir schlechthin nur auf dem Wege der Induction[7]) gelangen können, d. h. indem wir von der Erfahrung ausgehen, dass sich früher in einer Reihe von Fällen Bedingung und Folge, Subject und Prädicat des logischen Urtheils, in bestimmter Weise verbunden haben, also von einer Mehrheit concreter Einzelthatsachen, von den „Beobachtungsfällen".[8])

Das gilt selbst von den mathematischen Sätzen, deren wir im Prozesse gelegentlich bedürfen, also von denen des Rechnens, der Erdmessung u. s. w. Denn wenngleich sie in der uns geläufigen Form als durch strengste Deduction gewonnen erscheinen[9]), so führt doch diese im letzten Ende auf die sog. Axiome zurück, die, wie etwa der Satz, dass die gerade Linie die kürzeste zwischen zwei Punkten ist, nicht mehr bewiesen, d. h. durch Deduction abgeleitet, werden können, sondern durch die Erfahrung gegeben sind. Das Abweichende von anderen Fällen besteht hier nur in den weitausgedehnten Folgerungen aus den ersten Erfahrungssätzen und darin, dass wir Abweichungen von den mathematischen Erfahrungen noch nie erlebt haben, so dass sie uns schlechthin denknothwendig erscheinen, worauf weiter unten (S. 30) zurückzukommen ist.

Aber die Aussage einer Erfahrung über eine Mehrheit von Fällen

6) Dass im letzten Grunde auch die Definitionen hypothetische Urtheile sind, verkenne ich nicht. Aber es handelt sich hier um die Form, in der sie sich dem praktischen Gebrauche darbieten.

7) Ueber das Wesen der Induction vgl. die Ausführungen von Sigwart Logik, Bd. 2 S. 357—387.

8) A. M. Heusler S. 218, welcher glaubt, dass man zu „abstracten" Sätzen, wie dem, dass ein Schuss ins Herz tödte, durch „erfindenden Gedankengang" gelange. Auch Fitting, Zeitschr. S. 65, weist dem gesunden Menschenverstand neben der Lebenserfahrung eine Rolle bei der Bildung der „Regeln des Lebens" zu.

9) Vgl. Bonnier p. 14.

ist noch lange kein zur Verwendung als Obersatz geeigneter Erfahrungssatz. Mit dem Urtheile, dass A und B und C und noch 20 Andere sich in einer bestimmten Lage in bestimmter Weise benommen, etwa als Verwandte des Angeklagten ihr Zeugniss bewusst oder unbewusst zu Gunsten desselben abgegeben haben, ist an sich noch gar nichts gewonnen, als das „plurale" Urtheil über diese 23 Menschen, und selbst die unbestimmte Wendung desselben, dass „Viele" so gehandelt haben, giebt dem Urtheil noch keinen andern Charakter.[10]) Erst indem wir diese Fälle als Anwendungen einer Regel denken und diese selbst aufstellen, die dann neben den einzelnen Beobachtungsfällen und über ihnen ein selbständiges Dasein führt und uns zu der Erwartung berechtigt, dass künftige noch nicht beobachtete Fälle mit den beobachteten gleich verlaufen werden, — erst damit gelangen wir zu dem allgemeinen Satze, dass „Menschen" in bestimmter Lage sich in bestimmter Weise verhalten. Stellen wir nun fest, dass A sich in der vorher bestimmten Lage befand oder befindet oder befinden würde,[11]) als Verwandter des Angeklagten Zeugniss ablegen zu müssen, so führt uns jetzt der gewonnene Obersatz weiter: also wird er sich auch so benommen haben oder wird er oder würde er — je nachdem — sich so benehmen.

In gleicher Weise durch Induction entstehen die Definitionen. Daraus, dass tausend Mal ein Wort in bestimmtem Sinne gebraucht worden ist, schliessen wir, dass es auch in anderen Fällen so gebraucht werde. Ein Blick auf die Methode eines der grossen Wörterbücher irgend einer Sprache zeigt dieses Verfahren aufs Deutlichste. —

Aus dieser Entstehung der Erfahrungssätze ergiebt sich nun, dass der einzelne Beobachtungsfall sofort unerheblich wird, wenn wir uns über das einfach plurale Urtheil erheben, und ferner, dass für das Wesen des Erfahrungssatzes gleichgiltig ist, wie gross die

---

10) Ueber das plurale Urtheil s. Sigwart Bd. 1 S. 170 ff.

11) Der blos hypothetische Verlauf spielt bekanntlich im Recht eine grosse Rolle. Ich erinnere an die Begriffe der Fahrlässigkeit (was ein Vorsichtiger vermieden haben würde), der Gefahr u. s. w. Vgl. auch Rupp S. 46 ff. und St. P. O. § 86: welche Spuren und Merkmale, deren Vorhandensein nach der Beschaffenheit des Falles vermuthet werden durfte, gefehlt haben. S. noch RG. I. C. S. 1. VI. 92 Gruchot Bd. 36 S. 1119 ff., wo von dem Gericht verlangt wird, sich darüber auszusprechen, wie die Entscheidung eines (nicht angerufenen) Verwaltungsgerichtes — von der Prämisse aus, dass dasselbe pflichtmässig urtheilt, — gelautet haben würde.

Zahl der zu seiner Aufstellung nöthigen Beobachtungsfälle war. Manche Erfahrungssätze sind trotz Millionen von Beobachtungen nicht über den Werth unzuverlässiger Hypothesen und Vermuthungen herausgekommen[12]), andere sind durch Einen Beobachtungsfall zum Range wissenschaftlicher Wahrheiten erhoben worden[13]), die meisten sind das Ergebniss unablässiger, immer von Neuem controlirter und berichtigter Beobachtung[14]), — nie aber ist, wenn die allgemeine Regel ausgesagt wird, darin zugleich eine Aussage über die ihr zu Grunde liegenden Beobachtungfälle enthalten.

Die concreten Einzelthatsachen, — das ist für den Prozess von entscheidender Bedeutung, — sind für den Erfahrungssatz als solchen ganz unerheblich, nicht in ihm enthalten. Wer den Erfahrungssatz bekundet, ist also nicht Zeuge für die Beobachtungsfälle, und es ist demgemäss gleichgiltig, ob er sie aus eigner Wahrnehmung kennt oder nicht. —

Diese rein logischen Erwägungen sind naturgemäss schlechthin unabhängig davon, welchem Lebensgebiete etwa der einzelne Erfahrungssatz angehört, ob er ein Naturgesetz oder eine Regel des kaufmännischen Verkehrs, ob eine tiefgründige wissenschaftliche Erkenntniss oder die alltäglichste Trivialität ist.

In Beziehung auf Inhalt und Entstehung bilden die Erfahrungssätze eine innerlich durchaus einheitliche Masse, in welcher scharf unterschiedene Arten mindestens logischer Natur nicht bestehen.

Wir können sonach ihr Wesen folgendermassen bestimmen:

> sie sind Definitionen oder hypothetische Urtheile allgemeinen Inhaltes, vom concreten in diesem Prozesse abzuurtheilenden Falle und seinen einzelnen Thatsachen unabhängig, aus der Erfahrung gewonnen, aber selbständig gegenüber den Einzel-

---

12) Als Beispiele mögen dienen der bei Recognitionen oft so verhängnissvolle Satz von der durchgängigen Verschiedenheit der Individuen („Singularität der individuellen Gestaltung" sagt Rupp S. 85 f.), und der bei der Schriftvergleichung gebrauchte, dass jede Handschrift in ihrer Eigenart nur Ein Mal existirt, vgl. Henze im Gerichtssaal Bd. 45 S. 221 und dazu die treffende Kritik von Weingart ebenda S. 222. Wer einmal die Handschriften mehrerer Leute, die in der Dorfschule bei einem und demselben Lehrer schreiben lernten, neben einander sah, ist von dem Vertrauen auf diesen Satz für immer geheilt.

13) So die im Wege des Experimentes gefundenen Sätze der modernen Chemie und Physik, etwa der Hertz'sche Satz von der Fortpflanzung der Electricität in Schwingungen. Vgl. auch Sigwart Bd. 2 S. 385.

14) Etwa, dass das Alter des Pferdes am Gebisse zu erkennen ist, dass ein Wattebausch ein Gefäss „keimsicher" verschliesst u. s. w.

fällen, aus deren Beobachtung sie abgezogen sind, und über die hinaus sie für neue Fälle Geltung beanspruchen.

Diese Betrachtung giebt uns das Mittel, eine Reihe von Thatsachenurtheilen zu analysiren, die sich ganz besonders und zum Theil aus besonderen Gründen haben gefallen lassen müssen als „Thatsachen", d. h. als Aussagen über concrete Einzelgeschehnisse, zu gelten, während sie allgemeine Urtheile sind.

In erster Linie sind hier die Handelsgebräuche zu erwähnen, und zwar, — da wir ja für jetzt alle Rechtssätze noch aus dem Spiele lassen, — diejenigen, welche nicht zum Handelsgewohnheitsrecht werden können, weil sie keine Uebung von rechtlich bedeutsamen Handlungen sind (etwa die Art der Buchführung oder Berechnung, der Verpackung von Waaren oder dgl.), und diejenigen, welche noch nicht dazu geworden sind, die also ein erst werdendes Gewohnheitsrecht darstellen.[15]) Der leidige Umstand, dass beide als Usance bezeichnet werden, und dass auch der Versuch sie, wie es im Folgenden durchgeführt wird, als Handelsbrauch und Handelsgewohnheitsrecht zu unterscheiden, schon unter den Juristen nicht genügenden Anklang gefunden hat und den betheiligten Kaufleuten völlig fremd ist[16]), hat dazu geführt, dass bei den „thatsächlichen" Handelsgebräuchen die „Thatsachen"-Natur im Gegensatz zur„ Rechtssatz"-Eigenschaft des Handelsgewohnheitsrechtes übermässig schroff betont worden ist. So lange nur dieser Gegensatz gedacht wird, ist es auch an sich unverfänglich von der „thatsächlich bestehenden Handelssitte" zu sprechen[17]) oder zu fordern, dass die blosse Verkehrssitte „prozessualisch als Thatsache zu behandeln" sei.[18])

Sowie man aber an den prozessualen Gegensatz der Thatsache i. e. S. und des allgemeinen Urtheils denkt, wird die Bezeichnung

---

15) Vgl. über sie bes. Goldschmidt, Handelsrecht, 2. Aufl., Bd. 1 § 35. Die im Text gemachte Unterscheidung s. das. Anm. 24 und S. 333. Ich möchte übrigens nicht verschweigen, dass ich den Zweifel hege, ob nicht jeder Handelsbrauch dadurch zum Handelsgewohnheitsrecht werden kann, dass ein bestimmtes thatsächliches Verhalten zum rechtlich geforderten wird. Auch in Bezug auf die Buchführung giebt es doch Rechtsregeln. Vgl. neustens Braune, Sächs. Arch. Bd. 3 S. 204ff. Den Zweifel zu lösen fühle ich mich nicht berufen.

16) Vgl. Goldschmidt a. O. Anm. 23a.

17) RG. I. C. S. 20. IV. 87 Civils. Bd. 17 S. 98.

18) Goldschmidt a. O. Anm. 38. Die prozessualische Behandlung des Handelsgebrauches wird sehr vernachlässigt. Behrend, Lehrb. Bd. 1 S. 84 u. v. A. erwähnen sie gar nicht.

und noch mehr die Behandlung des Handelsgebrauches als Thatsache geradezu verhängnissvoll.[19])

Zwar scheint es ein gesundes und natürliches Empfinden, dass Jeder von uns, wenn er hört, dass in Hamburg die Selbsthilfeverkäufe acht Tage vorher angekündigt werden müssen, zunächst denkt: das ist doch offenbar eine Thatsache! Und wenn der Kaufmann X vor uns hintritt und aussagt, er wisse aus eigner Anschauung, dass das seit 30 Jahren so sei, — ist er nicht Zeuge für diese Thatsache?

Leider trügt hier, wie so oft, der vielgerühmte gesunde Menschenverstand völlig. Dass in zehn oder zwanzig oder tausend einzelnen Fällen die Frist thatsächlich innegehalten worden ist, wäre freilich eine Aussage über Thatsachen, ein Zeugniss; aber dann wäre eben dem Richter die Denkoperation überlassen, von dem pluralen Urtheil zum allgemeinen aufzusteigen. Es kann also in der That ein Handelsgebrauch durch Zeugen bewiesen werden, worüber unten des Näheren zu handeln sein wird. Aber wenn der Kaufmann sagt oder der Richter urtheilt, die vorherige Ankündigung sei das Uebliche, Gewöhnliche, Gebräuchliche, so zieht er damit den Inductionsschluss und spricht einen Erfahrungssatz mit der Erwartung für neue Fälle aus. Dieser allein aber vermag Obersatz im Sinne des a. 279 H. G. B. und sonst zu werden, eben weil er von den einzelnen Uebungsfällen ganz absieht.

Kaum mehr als des Hinweises bedarf es danach auf die ähnlich gebildeten Aussagen, wie „der ortsübliche Tagelohn eines Maurers beträgt 3,50 Mark; der ortsübliche Alimentensatz beträgt für Kinder unter 7 Jahren 12 Mark; der Durchschnittspreis für Roggen in Berlin am 25. Juli war 180 Mark“ und unzählige ähnliche, die sämmtlich im Prozesse als Obersätze zur Anwendung kommen, um den Tagelohn dieses Maurers, den Werth dieses Roggens u. s. w. zu bestimmen. Sie alle sind gleichfalls durch Beobachtung der Einzelfälle und Inductionsschluss entstandene Erfahrungssätze.[20])

In ganz derselben Weise entstehen aber auch alle Obersätze für die Schätzung des Werthes einzelner Sachen. Die Aussage: dieses Pferd ist 500 Mark werth, ist natürlich ein erzählendes Urtheil und von dem anderen: dieses Pferd ist braun oder lahm, nur da-

---

19) Das zeigt sich nirgends klarer als in dem unsäglich oft citirten Urtheil des RG. I. C. S. 22. IX. 80 Civils. Bd. 2 S. 383, das vollen Ernst damit macht, den § 264 auf Handelsgebräuche anzuwenden.

20) In sehr anschaulicher Weise ist dies für den Durchschnittspreis dargestellt vom ROHG. in Seuff. Arch. Bd. 25 Nr. 189.

durch unterschieden, dass sein Zustandekommen nicht so einfach ist. Es ist nämlich entstanden durch die Subsumtion der wesentlichen, vom Urtheilenden erkannten Eigenschaften des Pferdes unter einen Obersatz, der etwa so lautet: Fünfjährige gesunde Reitpferde pflegen in dieser Stadt einen Verkaufspreis von 500 Mark zu erzielen. Die Schätzung ist dann Nichts als die Schlussfolgerung daraus, und der Obersatz zeigt schon in seiner Form, dass er ein Erfahrungssatz ist, entstanden durch die Beobachtung von zahlreichen Einzelverkäufen von Pferden dieser oder ähnlicher Art.[21])

Endlich sei noch ein letzter Fall erwähnt, der an sich nicht besonders wichtig, aber für eine ganze Reihe von anderen typisch ist, in denen, wie hier, erst eine scharfe Analyse die Thatsache und den Erfahrungssatz zu trennen vermag.

Es handelt sich um die besondere Erschwerung des Erscheinens eines Zeugen in der Hauptverhandlung wegen grosser Entfernung (§ 222 St.P.O.).[22]) Dabei ist es nun zunächst eine Thatsache, ein erzählendes Urtheil ohne jede Besonderheit, dass zwei Orte eine bestimmte Entfernung von einander haben: es ist ohne Bedenken eine „notorische Thatsache", dass Eberswalde sechs Meilen von Berlin liegt. Aber ist es auch eine Thatsache, dass täglich sieben Züge zwischen diesen Städten verkehren, und dass sie eine Fahrtdauer von 56—81 Minuten haben? Sieht man zu, weshalb uns diese „Thatsache" im Prozesse interessirt, so zeigt sich alsbald, dass wir nur zu fragen haben: mit welcher Leichtigkeit oder Schwierigkeit würde oder wird der Zeuge am Terminstage zu dem Prozessgericht gelangen können? Die Antwort giebt uns ein Erfahrungssatz, der in der Erwartung besteht, dass die Eisenbahn an diesem Tage ebenso wie an allen vorhergehenden die Ankündigungen ihres Fahrplans erfüllen, die Beamten ihre Pflicht thun werden, eine Erwartung, die sich im Laufe der Jahrzehnte seit Einführung der Eisenbahnen bis auf verschwindend wenige Ausnahmefälle bewährt hat. Also ein echter In-

---

21) Vgl. von Wilmowski-Levy Vorbem. vor § 367: „Auch der Werth einer Sache reducirt sich auf die Thatsache (lies Erfahrung), für welchen Preis eine solche Sache unter den vorliegenden Umständen verkauft oder gekauft wird." S. auch Strippelmann S. 100f. u. OAG. Wolfenbüttel Seuff. Arch. Bd. 23 Nr. 13. — Auch in den Norddeutschen Protokollen S. 683 wird hervorgehoben, dass der (jetzige) § 260 C.P.O. gerade die Heranziehung der Erfahrung über frühere Fälle ermöglichen solle.

22) Vgl. die Entscheidungen des RG. II. Str.S. v. 13. V. 81 und 3. II. 82 Rechtsprechung Bd. 3 S. 301, Bd. 4 S. 120 f.

ductionsschluss, ein Erfahrungssatz.[23]) Bestände der Fahrplan nicht, so müsste — wie bei Wagenfahrten, Ritten oder Märschen — die voraussichtliche Dauer durch Sachverständige festgestellt werden. —

Man hat nun versucht innerhalb der Erfahrungssätze, wenn nicht logische, so doch praktische Gegensätze aufzufinden, welche eine verschiedene rechtliche Behandlung zur Folge haben sollen.

Ziemlich weit verbreitet ist die Unterscheidung der allgemeinbekannten von denen, die als Sätze einer Kunst oder Wissenschaft nur in engeren Kreisen kraft „besonderer Sachkunde" bekannt sind.[24]) Diese Unterscheidung wird besonders dazu verwerthet, die „notorischen" Erfahrungssätze als notorische Thatsachen anzusehen[25]) oder doch einer gleichen Behandlung Beider das Wort zu reden. Es ist deshalb für alle folgenden Erörterungen von grundlegender Bedeutung, ob jene Unterscheidung haltbar ist oder nicht. Ich muss es aufs Entschiedenste verneinen.

Freilich kann ich den Grund, der gewöhnlich dagegen angeführt wird, so wenig ich sein Gewicht verkenne, nicht für zwingend erachten. Man macht nämlich geltend, dass es schlechthin unmöglich sei eine Grenzlinie zwischen der besonderen Sachkunde des Fachmannes und den notorischen d. h. allgemein bekannten Wahrheiten zu finden.[26]) Es ist freilich richtig, dass jede Wissenschaft mindestens einige Sätze zählt, die jedem Gebildeten geläufig sind, neben anderen, die nur der Fachmann kennt, und dass der Uebergang unmerklich ist. Von den banalen Wahrheiten des Alltages bis zu jenen Höhen mathematischer, chemischer oder physikalischer Sätze, deren blosses Erfassen schon tief eindringende Kenntnisse verlangt, vollzieht sich der Uebergang ohne jeden Sprung und jede Möglichkeit der Ein-

---

23) So auch Schaper S. 183f., der freilich darin ein Naturgesetz erblicken will. Er stellt die voraussichtliche Dauer einer Eisenbahnfahrt oder eines Marsches zwischen zwei Orten sehr treffend in Parallele zu der Frage, wie weit ein Zeuge hören oder sehen kann. Vgl. auch Sigwart Bd. 2 S. 445 f. über das Gesetz, dass sich die Erde in 24 Stunden dreht, und RG. IV. C. S. 2. XI. 91 Gruchot Bd. 36 S. 469 f., wo in ähnlicher Weise, wie in den Urtheilen Anm. 22, die Posteinrichtungen herangezogen werden. In diesem Punkte sind die Amerikaner noch vertrauensvoller zu ihrer Post. Greenleaf vol. I § 40 p. 55.

24) So u. A. Plank Bd. 1 S. 445; Strippelmann S. 100ff., von Canstein S. 305 und oft.

25) Vgl. oben S. 13 Anm. 43.

26) Darauf legen das entscheidende Gewicht Schaper S. 183, der Anonymus im Ger.-Saal Bd. 43 S. 306, vgl. auch Wedemayer, Ztschr. f. hannöv. R. Bd. 2 S. 286 und Bennecke S. 350, von Wilmowski-Levy vor § 367 u. A.

zeichnung einer scharfen Grenze. Und es ist weiter richtig, dass Fachkenntniss und allgemeine Bildung nach Zeiten und Völkern schwanken, ja von Tag zu Tag und von Person zu Person verschieden sind. Was heut noch Besitzthum der Fachwissenschaft ist, lernt morgen jeder Bube auf der Schulbank: vor zwanzig Jahren wusste nur der Chemiker, dass Aluminium aus Thonerde gewonnen wird, in weiteren zwanzig Jahren weiss vielleicht Jedermann, wie Germanium oder Gallium hergestellt werden.[27]) Dass die Beimischung von Margarine zur Butter durch blosses Schmelzen festzustellen ist, wurde nach der Entdeckung dieses Satzes im Herbst 1892 binnen kurzer Frist derart Gemeingut der betheiligten Kreise, dass die Berliner Gerichte es schon im April 1893 als Fahrlässigkeit ansahen, wenn ein Händler diese Probe unterlassen hatte.

Wer also mit dem Begriffe der „besonderen Sachkunde“ als des nicht-notorischen Wissens arbeitet, der baut sich das Bild eines Normalmenschen auf, der nie und nimmer gefunden werden kann. Der Eine bringt aus ländlichen Verhältnissen Kenntnisse der Landwirthschaft als selbstverständlich mit, die dem in der Stadt Aufgewachsenen als staunenswerthe „besondere Sachkunde“ erscheinen, und der Andere ist vielleicht dafür vom Elternhause her in den Verhältnissen des Handels oder eines bestimmten Industriezweiges „besonders sachkundig“.[28])

Aber das Alles beweist nur die alte Wahrheit, dass noch Niemand hat sagen können, ob der Pferdeschwanz bei 30 oder 50 oder wie viel Haaren sonst beginne. Auch bei den notorischen Thatsachen im eigentlichen Sinne, d. h. — vorbehaltlich späterer genauer Bestimmung — bei den allgemeinbekannten Einzelgeschehnissen, besteht genau dieselbe Schwierigkeit der Grenzbestimmung. Das sind Fragen des praktischen Taktes, deren theoretische Unlösbarkeit gar Nichts gegen die Existenz und Berechtigung des Unterschiedes beweist.

Der entscheidende Gesichtspunkt liegt vielmehr in Folgendem. Zwischen der notorischen Thatsache und der nicht-notorischen besteht der Unterschied, dass die erstere durch Wahrnehmung oder Ueberlieferung allgemeinkundig ist, d. h. einer unbestimmten Zahl von Personen, dem Publikum, wie immer es jeweils zu begrenzen sein mag, bekannt ist, die letztere dagegen im Rechtssinne bekannt, d. h. aus eigner Wahrnehmung kundig, nur einer beschränkten Zahl von Individuen ist. Denn der Zeuge vom Hörensagen bezeugt ja nur den

27) Vgl. auch Greenleaf vol. 3 p. 255.

28) Aehnlich von Wilmowski-Levy vor § 367.

Empfang des Berichts, und nur indirect als dessen Inhalt die Thatsache selbst.[29]) Gerade die Unerheblichkeit individueller Kenntnissnahme ist das, was das Wesen der notorischen Thatsache ausmacht. Vgl. unten § 8.

In diesem Sinne genommen, giebt es nun überhaupt keine nichtnotorischen Erfahrungssätze. Da sie nie Gegenstand der Sinneswahrnehmung sind, so sind sie in gleichem Masse und mit vollkommen gleichem Werthe allen denen bekannt, die sich mit ihrer Ueberlieferung befasst oder die Wahrheit des Satzes erprobt und nachgeprüft haben. Die Zahl der Kundigen kann sich in jedem gegebenen Momente beliebig vermehren.

Wir „wissen" in Kunst und Wissenschaft eben auch das Ueberlieferte. Selbst dann also, wenn es sich um die allerintimsten Einzelheiten der Specialwissenschaften handelt, bleibt immer noch wahr, dass eine unbestimmte Zahl nicht individuell bestimmter Personen sie wissen! Also handelt es sich auch bei der besonderen Sachkunde nie um eine rein individuelle, sondern stets um eine allgemeine, fungible Kenntniss: die erstere giebt es hier nur, wenn ein Pionier der Wissenschaft neue Sätze entdeckt, aber noch nicht veröffentlicht hat. Diese Möglichkeit spielt aber im Prozesse naturgemäss keine Rolle, und hat in keinem Falle Etwas mit der hier bekämpften Ausscheidung der besonderen Sachkunde gemein.

Wenn also z. B. mit besonderem Nachdrucke betont wird, es sei „notorisch", dass Eisenbahnen mittels Electricität getrieben werden können, so meint man damit nur eine Allgemeinbekanntschaft in sehr weiten Kreisen und denkt als Gegensatz dazu nicht die Nicht-Notorietät, die individuelle Kenntniss, sondern die Notorietät in engeren, speciell Fachkreisen.

Damit aber wird ein rein quantitativer Unterschied betont, der vollkommen ungeeignet ist mit dem qualitativen zwischen notorischen und nicht-notorischen Thatsachen auf eine Linie gestellt zu werden.

Ebenso unmöglich ist es natürlich die Erfahrungssätze nach ihrem „Geltungsgebiet" in allgemein oder nur local „giltige" zu scheiden. Hier spielt zweierlei herein, was den Irrthum verursacht: einmal die falsche Parallele mit den Rechtssätzen, die allerdings ein Geltungsgebiet haben, aber nur, weil sie und soweit sie Befehle sind, wogegen einem blossen logischen Urtheil eine Geltung in diesem Sinne nie zukommt, und sodann die an sich richtige Erwägung, dass alle in-

29) Vgl. Heusler S. 277 f. und unten S. 62.

ductiv gewonnenen Wahrheiten nur für das beobachtete Gebiet „gelten“, d. h. dass die Beobachtungsfälle die Grenze bestimmen, innerhalb deren ein allgemeiner Satz als Erwartung aufgestellt werden darf: ein Handelsgebrauch, der aus der Kenntniss der Uebungen im Grosshandel oder in einer bestimmten Stadt gewonnen ist, berechtigt nicht zur Annahme, dass derselbe Brauch ebenso im Kleinverkehr oder in der Nachbarstadt bestehe. Haben wir aber einmal einen Erfahrungssatz auf welchem Gebiete immer durch Induction gewonnen, so ist er eine von Zeit und Raum unabhängige Wahrheit, wenn auch sein Inhalt ein noch so eng begrenzter ist. „Dass Schnee weiss ist, gilt auch im Sommer.“[30]) — Ich würde diesen selbstverständlichen Punkt nicht berührt haben, wenn nicht neuerdings die arge Verlegenheit des Reichsgerichts bei der Behandlung der Erfahrungssätze in der Revisionsinstanz zu dem vorläufig noch schüchternen Versuche geführt hätte, in analoger Anwendung des § 511 C.P.O. wissenschaftliche Wahrheiten zu construiren, die nur im Bezirke des Berufungsgerichtes gelten.[31])

Endlich besteht auch kein juristisch fassbarer und brauchbarer Unterschied zwischen den mehr oder weniger sicheren, da wir keine gesetzliche Tarifirung des Beweiswerthes mehr besitzen.[32]) Wie unter der Herrschaft der freien Beweiswürdigung jede Art von Beweismitteln einheitlich zu behandeln ist und zwischen dem Ehrenmann und dem wiederholt als Verleumder bestraften Zeugen kein Unterschied der rechtlichen Stellung besteht, so ist auch bei den Erfahrungssätzen die Sicherheit rechtlich unerheblich. Nur bei der Würdigung kommt der verschiedene Werth zur Geltung, der sonach ein rein thatsächlicher ist.[33])

Es ist also für die rechtliche Behandlung schlechthin gleichgiltig, ob ein Erfahrungssatz so sicher ist, wie etwa der Obersatz des Alibibeweises, dass Niemand an zwei Orten zugleich sein kann, oder der, dass vom Manne gezeugt sein muss, wer vom Weibe geboren ist,

30) Sigwart, Logik, Bd. 1 S. 95 Anm.

31) RG. IV. C.S. 10. III. 87 Civils. Bd. 17 S. 271. Die Wunderlichkeit dieser Idee wird freilich dadurch verdeckt, dass das RG. die wissenschaftlichen Wahrheiten als offenkundige Thatsachen ansieht.

32) A. M. Strippelmann a. O. S. 51f. — Wenn von Wilmowski-Levy Bem. 1 zu § 410 die Erfahrungssätze in „Urtheile, Vermuthungen und Schlussfolgerungen“ zerlegen wollen, so vermag ich einen Werth dieser durchaus unlogischen Eintheilung nicht zu erkennen. Auch die Vermuthung ist ein Urtheil, und jedes Urtheil ergiebt sich durch Schlüsse. S. oben S. 11.

33) Anders wenn es sich um gesetzliche Bewerthung handelt, wie in § 16 Nr. 1 u. § 14 Nr. 3 EG. z. C.P.O. Vgl. dazu unten § 4.

oder ob es sich um Sätze handelt, wie die von der Individualität der Handschriften oder von der absoluten Unterscheidbarkeit der Menschen, Sätze, deren Allgemeingiltigkeit täglich durch neue Erfahrung widerlegt wird.[34]) Von den einen zu den andern führt auch hier der Weg in unmerklicher Steigung über alle Grade der Denkbarkeit, Möglichkeit und Wahrscheinlichkeit, aber hier mit lediglich quantitativem Fortschreiten. Es ist eine Verkennung der Grenzen, die der menschlichen Erkenntniss gezogen sind, wenn einzelne Schriftsteller auch noch jenseits der Ueberzeugung von der Wahrheit eines Satzes eine Gewissheit annehmen wollen, die Etwas innerlich Anderes als die höchste Wahrscheinlichkeit bedeuten soll.[35]) Den absoluten Ausschluss des Zweifels behaupten zu wollen, verbietet sich Jedem von selbst, der die Geschichte des menschlichen Erkennens verfolgt hat. Am Wenigsten aber wird den jugendfrischen Glauben an die „Gewissheit", die durch eignen Augenschein entstehen soll, derjenige theilen, dem auch nur die elementarsten Sätze aus der Physiologie der Sinne — auch ohne „besondere Sachkunde" — geläufig sind. Keine Stütze ist schwächer als die der eignen Sinneswahrnehmung[36]), und wenn man selbst auf dem Gebiete des Denkens „Gewissheit" als mögliches Ergebniss hinnehmen wollte[37]), auf dem der Wahrnehmung, des historischen Beweises, existirt sie schlechthin nicht.[38])

Die Erfahrungssätze aber entbehren, wie alle durch den kühnen Sprung der Induction gewonnenen Sätze, auch jener logischen Ge-

34) Wie hier Glaser, Beiträge S. 133 ff. Vgl. oben Anm. 12.

35) So von Neueren bes. von Canstein S. 297 ff., der diesen Satz zur Grundlage seiner ganzen Beweistheorie und damit diese selbst werthlos macht, Fitting S. 344 f. Gelegentlich auch RG. III. C.S. 21. III. 81 Civils. Bd. 4 S. 377. Ein Anklang daran findet sich auch in II. Str. S. 16. XII. 90 Strafs. Bd. 21 S. 227. Vgl. oben S. 2.

36) In den Annalen des Sächs. Oberlandes-Gerichts Bd. 11 S. 413 steht der lehrreiche Fall, dass ein Landgericht zwei Arbeiter wegen einer Demonstration mit zwei „rothen" Fahnen verurtheilt hat, die das OLG., dem sie ebenso wie dem Landgericht unmittelbar vorlagen, als „orangefarben" ansieht, „wie der Augenschein lehrt". Vgl. dazu Werthauer in Ztschr. f. Str.-W. Bd. 12 S. 571 f.

37) Beim logischen Beweise soll von sicheren Prämissen aus ein „gewisses" Ergebniss erhalten werden. So Sigwart Bd. 2 S. 238, 249 f., Lotze und wohl alle Logiker. Aber die Gewissheit besteht nur im Verhältniss zur Prämisse, ist also eine relative.

38) Wie hier u. A. Mittermaier, Strafverfahren, 4. Aufl. Bd. 1 S. 525 ff., Wendt S. 256 f., Langenbeck Ztschr. S. 476, 481 f., Rupp S. 35 f., Ullmann S. 321 f., Leonhard, Die Eideszuschiebung in Familienprozessen, Marburg 1890, S. 42 und ganz besonders RG. I. C.S. 14. I. 85 Civils. Bd. 15 S. 338 ff. Vgl. auch Sigwart Bd. 1 S. 347 ff., 369, sowie Bonnier p. 13.

wissheit.[39]) Sie sind stets nur Annäherungswerthe an die Wahrheit und können nur so lange als solche gelten, als nicht neue Beobachtungsfälle zeigen, dass die bisherige Formulirung der Regel falsch war.[40])

Gerade darin besteht aber der Unterschied des modernen Denkens von dem scholastischen des Mittelalters, dass damals die Wissenschaft ihre Erfahrungen für abgeschlossen hielt: als Copernicus seine Ideen vortrug, hielt man ihm entgegen, sie müssten falsch sein, weil im ganzen Aristoteles Nichts davon stehe.[41]) Wir modernen Menschen aber, — und darin sind wir Alle „Moderne", mögen wir nun im Darwinismus eine nebelhafte Hypothese oder eine erlösende Wahrheit sehen, — sind bereit neue Erfahrungen aufzunehmen, unsere bisherigen Sätze danach umzumodeln, sie als relative Wahrheiten — für die beobachtete Zeit, den beobachteten Raum — anzuerkennen.[42]) Im Jahre 1847 erzählten deutsche Zeitungen von dem amerikanischen Humbug, dass eine Maschine erfunden sein sollte, die in einem Tage einen ganzen Anzug zu nähen ermögliche, vor drei Menschenaltern gehörten die Wirkungen der Dampfkraft in das Bereich der Wunder, vor 400 Jahren wurde der Hexenhammer geschrieben im ehrlichen Glauben an die Wirklichkeit des Teufels und der Teufelsbündnisse, und vor tausend Jahren glaubte man, dass die Gottheit selbst über Recht und Unrecht bei Kesselfang und Kreuzesprobe entscheide. Wir Kinder des neunzehnten Jahrhunderts haben Umwälzungen auf allen Wissensgebieten in genügender Zahl und von solcher Wucht erlebt, dass wir Bescheidenheit haben lernen müssen. Selbst mathematische Wahrheiten haben sich als dem Wechsel unterworfen gezeigt. Die Euklidische Geometrie erwies sich als falsch, sobald sie auf andere als ebene Flächen angewendet werden sollte, und musste sich gefallen lassen aus der Rolle der Geometrie κατ᾽ ἐξοχήν herabzusteigen zu der sehr viel bescheideneren einer von vielen Geometrien, deren es genau so viele als Arten der Flächen giebt, und von denen jede in sich die gleiche deductive Geschlossenheit zeigt.

---

39) Dies betont bes. Sigwart Bd. 2 S. 383 ff., vgl. 471 ff. und ihm folgend Rupp S. 23 ff. Vgl. auch Bonnier p. 14 ss.

40) Sigwart a. O. S. 379.

41) Eine köstliche Parallele erzählt Best § 25 nach Locke von einem König von Siam, der gläubig alle die erstaunlichen Dinge anhörte, die ihm der niederländische Gesandte von den wunderbaren Einrichtungen seiner Heimath erzählte. Als es aber hiess, dass dort zuweilen das Wasser so fest werde, dass Ross und Reiter darüber gehen könnten, schalt der König dies eine handgreifliche Lüge.

42) Vgl. zum Folgenden Schaper S. 183 f., Gross Bd. 1 S. 100, den Anonymus im Gerichtssaal Bd. 43 S. 306, sowie Best a. O. p. 16.

Πάντα ῥεῖ. Auch die Erkenntniss im Leben und in der Wissenschaft ist in diesem Flusse; wir müssen gewärtig sein, dass auch unsere Erkenntniss von künftigen Geschlechtern verworfen wird.

Wie aber gelingt es uns, die wir doch im Prozesse festen Boden unter den Füssen haben müssen, um von hier aus den gerechten Spruch zu fällen, diesen Boden zu finden, wenn Nichts in Ruhe, Alles in Bewegung ist? Die Antwort, welche das geltende Recht uns giebt, ist dieselbe für alle gleichartigen Fragen des Beweises: mehr als einen verständigen auf der Höhe der Bildung seiner Zeit stehenden Mann überzeugen, kann kein Beweis. Auch der Prozess kann nirgends der Erkenntniss seiner Zeit und seines Volkes voraus sein. Die Fehlerquelle, die darin liegt, dass Beweisempfänger ein sterblicher dem Irrthum unterworfener Mensch, kein allwissender Gott ist, lässt sich nicht ausschalten, so lange man nicht überhaupt auf den modernen logischen Beweis verzichten und zur Erfüllung von blossen Beweisformen zurückkehren will, wie sie das ältere deutsche Recht aufstellte, — aus Abneigung dagegen den freien Mann dem Urtheile von Seinesgleichen zu unterwerfen, also aus dem Streben nach Ausschaltung des individuellen Ergebnisses bei der Beweiswürdigung, wie etwa noch heutzutage ausserhalb des Prozesses die formelle Versicherung „auf Ehrenwort" jede Wahrheitsprüfung abschneidet. Wir stehen heut im Strafprozess völlig, im Civilprozess annähernd auf dem entgegengesetzten Sandpunkt, und der Ausspruch unseres Richters, dass er, trotz der Möglichkeit von Zweifel und Irrthum, von der Wahrheit eines Satzes oder einer Thatsache überzeugt sei, bezeichnet nicht nur das Mindestmass dessen, was der Beweis erreichen muss, sondern zugleich auch sein höchstes und letztes Ziel. Les choses parfaites ne sont pas du ressort de l'humanité.

§ 3. II. Ihre Aufgaben im Prozesse.

Die freie Beweiswürdigung hat den Richter von den Fesseln erlöst, die ihn früher hinderten, den ganzen Schatz seiner Lebenserfahrung in den Dienst der Wahrheitsprüfung zu stellen. Es ist deshalb natürlich, dass das Bewusstsein, die Erfahrungssätze zur Subsumtion zu verwerthen, welches sonst so oft zurücktritt (oben S. 12 f.), gerade bei dieser Thätigkeit nur selten fehlt.[1])

Die freie Beweiswürdigung hat nun zwei Gegenstände, die Beweismittel und die Indizien, denen gegenüber zwar das Gericht die gleiche Aufgabe der Subsumtion nach den gleichen Grundsätzen der §§ 259 C. P. O. und 260 St. P. O. zu erfüllen hat[2]), die aber unter einander sonst keine Verwandtschaft haben. Die Beweismittel sind Aussagen, Zeugnisse im weitesten Sinne, oder Zustände von Dingen, die der Richter im Laufe des Prozesses zum Zwecke des Beweises wahrgenommen hat, die Indizien Thatsachen, d. h. Geschehnisse oder Zustände, aus denen mittels der Erfahrung auf andere Thatsachen geschlossen werden soll, die aber selbst zunächst ausserhalb des Prozesses liegen und den Gegenstand des Beweises bilden. Nur in der Behandlung bei der Beweiswürdigung treffen sie zusammen.[3])

Es ist uns nun durchaus geläufig[4]), bei der Beurtheilung eines Zeugnisses in Betracht zu ziehen, dass ein Kind, eine Frau sich

---

1) Vgl. Fitting Ztschr. S. 66, Wendt S. 260, Seuffert Bem. 3 zu § 259, Glaser Beitr. S. 43 u. s. w.

2) Dies ist jetzt wohl die herrschende Auffassung, vgl. z. B. Glaser a. O. S. 142, Heusler S. 230, 301 ff., Wendt S. 281, Gaupp Bd. 1 S. 522 Anm. 3 und bes. Rupp S. 106 ff. So auch Greenleaf vol. I p. 20. Gründlich verkannt hat es von Canstein S. 331 ff. — Die theoretische Abweichung von Heusler, die auf seinen willkürlich verengten Beweisbegriff zurückführt, hat Wendt treffend widerlegt.

3) Damit ist dem Proteste, den Weismann Ztschr. f. Strafr. Wiss. Bd. 11 S. 10 Anm. 26 und von Kries S. 333 gegen die übertriebene Gleichstellung von Beweismittel und Indiz erheben, Rechnung getragen, soweit er nicht auf einem zu engen Begriffe des Indizes (unten Anm. 13) beruht. Gegen die Verwischung des Unterschiedes auch Bonnier p. 17, 655 s.

4) Mittermaier, Strafverfahren Bd. 2 S. 411 f.; von Canstein, S. 335 ff.; Ditzen Ztschr. f. Str. R. W. Bd 10 S. 161 f., der bes. hervorhebt, dass der Richter

leichter täuschen lässt als ein mitten im praktischen Leben stehender Mann; wir schätzen ab, ob es nach Naturgesetz denkbar ist, dass ein Zeuge gehört und gesehen habe, was er aussagt, wenn z. B. feststeht, dass er sich 150 Meter vom Thatort entfernt befand; wir erwägen, ob nach der Erfahrung zu glauben sei, dass ein Mann sich genau dessen entsinne, was er als Kind erlebt hat; wir müssen, wenn nothwendig, den Geisteszustand des Zeugen vom Arzte feststellen lassen, um den Werth seiner Aussage zu ermitteln. Und was vom Zeugen gilt, findet mit den nöthigen Abweichungen unmittelbare Anwendung auf die anderen Beweismittel, auf Urkunden[5]) und Augenscheinsobjecte[6]), auf die Aussage des Beschuldigten im Strafprozesse[7]) und zum Theil auch auf die Aussagen der Sachverständigen.

In früherer Zeit waren diese Erwägungen grösstentheils gesetzlich geregelt. Die gesetzliche Beweistheorie setzte an die Stelle der individuellen Erfahrung und Ansicht des Richters gewisse Durchschnittserfahrungen über den Werth der Beweismittel[8]), und wenn das geltende Recht, weit entfernt, völlig auf solche Beeinflussung des richterlichen Ermessens zu verzichten, den Spielraum desselben wesentlich erweitert hat, so sorgt doch der innere Werth jener in der Reformbewegung so ungerecht verlästerten gesetzlichen Beweisregeln dafür, dass sie, auch ohne Zwang, weiter angewandt werden. Sie haben, um mit den Motiven zur C. P. O.[9]) zu sprechen, „den Charakter goldener Erfahrungssätze“ angenommen. Daneben ist ein Rest der gesetzlichen Beweistheorie erhalten geblieben: Erfahrungssätze in Gesetzesform, über die später zu handeln sein wird.[10])

---

auch die vom Zeugen bei seinen Schlussfolgerungen (oben S. 8 f.) verwandten Erfahrungssätze nachzuprüfen hat, und Bolze S. 430, welcher auf die Auslegung der Zeugenaussagen hinweist.

5) Hier ist es namentlich die Auslegung, welche in Betracht kommt. Es sei erlaubt, darauf in anderem Zusammenhange näher einzugehen.

6) Dazu gehören auch Menschen, soweit sie nicht aussagen. Auch hier ist zuweilen der Geisteszustand zu prüfen: § 176 Nr. 2, 224 St. G. B. — RG. II. Str. S. 16. XII. 90 Strafs. Bd. 21 S. 227 scheint freilich beim Augenschein eine individuelle Würdigung für ausgeschlossen zu halten. Vgl. dazu oben S. 29, bes. Anm. 36.

7) Vgl. dazu Glaser Bd. 1 S. 602 f.

8) Von Canstein S. 355 f. Eine Aufzählung der kanonischen Beweisregeln s. bei Gross Bd. 2 S. 6 ff., vgl. Bd. 1 S. 100. Dass die Auslegungsregeln nicht Beweisregeln sind oder doch nicht zu sein brauchen, ist später zu zeigen.

9) S. 208. Ganz ähnlich schon vorher Schaper S. 263 und jetzt Ullmann S. 329.

10) Die zahlreichen gesetzlichen Beweisregeln für Urkunden und Eid, die

Neben der Würdigung der Beweismittel steht die der **Indizien**.[11]) Auch hier, — und hier vielleicht am Allerdeutlichsten, obwohl es gerade hier nur selten betont wird,[12]) — tritt die Erfahrung in Thätigkeit, um die Verbindung zwischen dem Indiz und der indizirten (erheblichen) Thatsache herzustellen, und zwar nicht nur, wie von manchen Lehrern des Strafprozesses in treuer Uebernahme eines ehrwürdigen Irrthums behauptet wird, die Causalitätserfahrung, deren hervorragende Rolle übrigens nicht bestritten werden soll, sondern die aller Lebensgebiete. Der Indizienbeweis des Alibi hat mit Causalität Nichts zu thun, sein Obersatz ist die erfahrungsmässige Unmöglichkeit, an zwei Orten zugleich zu sein. Und wenn die Thäterschaft eines Postbeamten in Bezug auf Briefberaubungen dadurch erwiesen wird, dass alle beraubten Briefe durch seine Hände gingen, und nur solche Briefe beraubt wurden, die er amtlich zu behandeln hatte, so ist die Causalitätserfahrung der am Wenigsten bedeutsame Obersatz dieser Beweisführung.[13]) Es ist hier wie sonst vergebliches Beginnen, den Inhalt der anzuwendenden Erfahrungssätze in Kategorien bringen zu wollen; sie können jedem denkbaren Lebensverhältniss entnommen sein, und die scholastischen Spielereien mit Eintheilungen der Indizien, die in Wahrheit nur Eintheilungen der Erfahrungssätze nach den oben S. 25f. als rechtlich unerheblich abgelehnten Merkmalen sind, sollten aus den deutschen Werken des aus-

---

§ 259 Abs. 2 C.P.O. aufrecht erhalten hat, sind Jedermann geläufig. Vgl. ihren Bestand bei Gaupp Bd. 1 S. 524. Aber auch im Strafprozesse bleibt, wenn auch verschwindend geringfügig, in § 274 St.P.O. ein letzter Erdenrest an dem Prinzip der „materiellen Wahrheit" kleben, von besonderen Verfahrensarten ganz zu schweigen (vgl. bes. § 475).

11) Gegen die gezwungenen und unklaren Bemühungen von Gross a. O. Bd. 1 S. 20, 56 und oft, den künstlichen Beweis als selbständige Art neben den Indizienbeweis zu stellen, s. Heusler S. 231. Richtig auch die Engländer, Best § 293 p. 281, Greenleaf P. I. ch. III. § 13 u. A.

12) Starke Vernachlässigung der Obersätze bei ihnen zeigen bes. Heusler S. 220 ff., welcher mit den „Gesetzen des Denkens" auszukommen meint, Gross Bd. 2 S. 91 ff., Ullmann S. 335 u. A. — Einen bemerkenswerthen Mangel an scharfem Denken beweisen die Ausführungen von von Canstein S. 338 ff., der es fertig bringt, die Indizien und die „Argumente", also Unter- und Obersatz, als coordinirte Dinge aufzuzählen. — Wie hier bes. Fitting Ztschr. S. 66 und Lehrbuch S. 339, Langenbeck, Beweisführung S. 192, Wendt S. 279 f. Vgl. auch RG. III. C. S. 27. V. 92 Civils. Bd. 29 S. 139 ff.

13) Auf die Causalitätserfahrung beschränken sich z. B. von Kries S. 334 und Weismann Ztschr. für Strafr. Wissensch. Bd. 11 S. 10; Glaser Beiträge S. 121 zieht noch das Bedingungs- und das Coexistenzialverhältniss (hübsches Wort übrigens!) herein. Wie hier, mit guten Beispielen, Rupp S. 29 f., 85 ff., 92 f., 104.

gehenden neunzehnten Jahrhunderts verbannt werden. Sie können nur Schaden stiften, indem sie die volle Freiheit des Urtheilenden einschüchtern.

Aber mit den bisher betrachteten beiden Aufgaben ist die Rolle der Erfahrungssätze im Prozesse bei Weitem nicht ausgespielt.[14])

Freilich kann es nicht als eine selbständige, den erwähnten gegenüber neue Function anerkannt werden, dass sie zuweilen im Civilprozesse (scheinbar) die Beweislast umkehren. In nicht gar zu seltenen Fällen verlangen nämlich unsere Gerichte nicht den Beweis der rechtsbegründenden bezw. -vernichtenden Thatsache von demjenigen, welcher der Interessent in Bezug auf ihre Feststellung ist, sondern schieben, meist mit der kühnen Wendung, „es sei zu vermuthen, dass ...“, die Last des Gegenbeweises auf den anderen Theil. So fordert, um unter vielen Beispielen einige herauszugreifen, das Reichsgericht[15]) von dem auf Schadensersatz wegen Nichterfüllung klagenden Käufer nicht den Beweis, dass er, wenn er die Waare erhalten hätte, auch Gelegenheit gefunden haben würde, sie weiter zu verkaufen, es verlangt[16]) von demjenigen, der den zu seinen Gunsten ausgestellten Schuldschein besitzt, nicht den Nachweis dafür, dass er ihn ordnungsmässig vom Schuldner übergeben erhalten habe, von dem Arbeiter[17]), der in einer Fabrik verunglückt ist, wo die von der Gewerbeordnung verlangten Schutzvorrichtungen fehlten, nicht den Nachweis, dass er ohne eigenes bezw. durch das Verschulden des Arbeitgebers verunglückt sei u. s. w.[18])

Man hat diesen Vorgang zu einem allgemeinen Prinzip des Inhaltes erheben wollen, dass, so oft die Voraussetzungen einer durch die Erfahrung begründeten Vermuthung vorliegen, die Beweislast auf den Gegner übergehe.[19]) Ich halte eine solche Regel für ebenso un-

14) A. M. Fitting S. 339 und von Wilmowski-Levy vor § 367. Gar nur auf die Indizien wollen sich von Canstein a. O. und Schaper S. 182 f. beschränken.

15) I. C.S. 4. XII. 80 Civils. Bd. 4 S. 3 f.

16) I. C.S. 13. II. 86 Civils. Bd. 15 S. 218.

17) III. C.S. 1. VII. 92 Gruchot Bd. 37 S. 134.

18) S. noch I. C.S. 24. IV. 81 Civils. Bd. 4 S. 61 f. (65), III. C.S. 24. X. 84 Civils. Bd. 12 S. 191, IV. C.S. 24. V. 86 Gruchot Bd. 31 S. 905, I. C.S. 9. VI. 88 Civils. Bd. 21 S. 92 u. s. w. S. ferner die Entschdgen. in Seufferts Archiv Bd. 14 Nr. 34 (Dresden), Bd. 25 Nr. 13 (Wolfenbüttel), Bd. 34 Nr. 249 (München), sowie ROHG. Bd. 16 S. 182. Scheinbar abweichend I. C.S. 29. I. 87 Civils. Bd. 19 S. 211. Nicht dagegen ROHG. Bd. 13 S. 46 und Wolfenbüttel, Seuff. Arch. Bd. 34 Nr. 165, welche nicht das Prinzip, sondern nur seine Anwendbarkeit im Einzelfalle ablehnen.

19) Fitting Ztschr. S. 66 f.

nöthig als gefährlich. Letzteres, weil sie nur zu leicht dem Missbrauch ausgesetzt ist, dass der Richter sich bei „einiger Wahrscheinlichkeit“ schon zur Ueberwälzung des Beweises berechtigt hält, Ersteres, weil die Fälle sehr viel einfacher zu deuten und zu rechtfertigen sind.

Bei näherem Zusehen entpuppen sie sich nämlich als typische Beispiele des Indizienbeweises[20]): aus unbestrittenen oder erwiesenen indizirenden Thatsachen, aus dem kaufmännischen Betrieb mit gangbaren Waaren, aus dem Besitz des Schuldscheins, aus dem Mangel der Schutzvorrichtungen u. s. f. schliesst das Gericht kraft seiner Erfahrung[21]) auf die indizirte erhebliche Thatsache, die Verkaufsmöglichkeit, den Erwerb des Schuldscheines, die Verursachung bezw. Verschuldung. Die Forderung des Gegenbeweises ist also Nichts als die Erklärung, durch den vom Beweispflichtigen geführten Indizienbeweis so weit überzeugt zu sein, dass positiv Nichts mehr fehle und nur durch Gegenbeweis die Ueberzeugung zu erschüttern sei: das Gericht wäre in allen den aufgeführten Fällen in der Lage gewesen, die Eideszuschiebung als Mittel des Gegenbeweises auf Grund des § 411 C.P.O. abzulehnen. Dass aber überhaupt noch der Gegenbeweis offengelassen wird, ist keine Eigenthümlichkeit unserer Fälle, denn da jeder Beweis nur einen hohen Grad von Wahrscheinlichkeit ergiebt, ist auch bei jedem die Möglichkeit des Irrthums vorhanden und somit Raum für den Gegenbeweis gegeben.[22])

Die Parallele zu diesem Vorgehen bildet im Strafprozess die allgemein und indirect auch vom Gesetz (§ 266 Abs. 2 St. P. O.) anerkannte Befugniss des Richters solche Thatsachen ausserhalb des Beweises zu lassen, die zu bezweifeln kein Anlass vorliegt.[23]) Auch hier ist es die Würdigung der Indizien, welche den Richter zu der Ueberzeugung gelangen lässt, dass die „Regel des Lebens“ auch in

---

20) Auch Fitting selbst hat diese Betrachtung zum Ausgangspunkte genommen, später jedoch (S. 67 Anm. c) fallen lassen, weil er annimmt, dass der Indizienbeweis eine unwiderlegbare Gewissheit ergeben könne, die dem Gegenbeweise keinen Raum lasse. S. darüber oben S. 29f. — Wie der Text gelegentlich auch RG. II. C.S. 6. XI. 83 Civils. Bd. 10 S. 65.

21) Das cit. Urtheil v. 4. XII. 80 sagt (S. 3 unten): „Es darf ohne Weiteres angenommen werden, dass eine Waare, welche einen Gegenstand des Handelsverkehrs bildet, überhaupt verkäuflich sei.“ Damit ist der als Obersatz verwerthete Erfahrungssatz auch in der Form scharf herausgehoben.

22) In praktischer Wirkung — aber auch nur darin — gleicht also die Sachlage der durch eine (widerlegliche) gesetzliche Vermuthung geschaffenen.

23) Vgl. dazu besonders von Kries S. 337f., Ullmann S. 331f. und (nicht besonders klar) Glaser Bd. 1 S. 359f.

dem concreten Falle Anwendung finde. So wenn die Feststellung der Zurechnungsfähigkeit unterbleibt, wo die überlegte That eines normal auftretenden Menschen mit ihren Motiven klar vor uns liegt. Eigenartig, aber an sich durchaus Nichts Ungewöhnliches, ist nur, dass die thatsächlichen Feststellungen, welche nach der einen Seite hin den Thatbestand, die „erheblichen" Thatsachen, bilden, zugleich als Indizien für andere Theile desselben Thatbestandes dienen.

Auch der Schluss vom Indiz auf die erhebliche Thatsache ist nicht immer frei. Die verknüpfenden Erfahrungssätze sind auch hier — wie die Beweisregeln und aus denselben gesetzgeberischen Gründen — zuweilen vom Gesetze festgelegt, und unser geltendes Recht hat gerade hier dem Ansturme der „Reformer" stärkeren Widerstand geleistet. Als angebliche Vorschriften des bürgerlichen Rechts, die sie freilich nie waren und nie sein können, sind die Vermuthungen[24]) in das jetzige Civilprozessrecht herübergenommen worden[25]), und auch im Strafprozesse fehlen sie nicht ganz[26]), hier wie dort zugleich mit der Wirkung ausgestattet, die Beweislast in der eben geschilderten Weise zu verschieben.

Eine dritte selbständige Function der Erfahrungssätze, die auf der einen Seite noch in das Beweisrecht hineinragt, auf der anderen zur Beurtheilung des materiellen Thatbestandes gehört, ist die Feststellung der Unmöglichkeit einer Thatsache. Diese ist zuweilen Theil des materiellen Thatbestandes, wie z. B. die Unmöglichkeit der Vertragserfüllung; wir bedürfen ihrer aber auch, um indirect die Unwahrheit einer Thatsache zu beweisen, wie z. B. beim Alibibeweise, da die Unmöglichkeit ein specieller Fall der Unwahrheit ist[27]), und endlich, um einen Beweis als nutzlos abzulehnen, weil er auf ein Unmögliches gerichtet ist.

Die Unmöglichkeit im Sinne des Prozesses und des prozessualischen historischen Beweises hat Nichts mit der logischen Unmöglichkeit zu thun: es handelt sich nicht um die Begriffswidrigkeit von

24) Die Franzosen verwechseln hier mindestens der Form nach den Ober- und Untersatz, indem sie nach kanonischem Vorbilde présomptions und indices gleichsetzen. Bonnier p. 658s., 662.

25) E. G. z. C.P.O. § 16 Nr. 1. Vgl. dazu unten.

26) Ueber die Präsumtionen im Strafrecht s. bes. Binding, Normen, Bd. 2 S. 130 ff., 612 ff. und Schmid, die Präsumtionen im deutschen Reichsstrafrecht, Jena 1884.

27) Dass sie aber eine rechtlich unerhebliche Qualification der Unwahrheit sei, behauptet sehr zu Unrecht Gaupp Bem. III zu § 261. Schon das Recht, den Beweis abzulehnen, gilt nur für sie!

Sätzen, sondern um den a-priori-Ausschluss der Wirklichkeit von Thatsachen, genauer der Wahrheit von erzählenden Urtheilen.[28] Dieser Ausschluss ist nun durchaus nicht, wie ich selbst früher glaubte, das Widerspiel des Notorischen, d. h. des allgemein als wahr Bekannten.[29] Das ist schief gedacht; den Gegensatz bildet hier vielmehr das allgemein als unwahr Bekannte, das notorisch Falsche, die notorische negative Thatsache, also etwa, dass eine Eisenbahn von Leipzig nach Berlin nicht existire.[30]

Unmöglich dagegen ist diejenige Thatsache, welche entweder überhaupt oder unter den gegebenen Umständen[31] nicht wahr sein kann, weil ihre Wahrheit mit einem als richtig erachteten Erfahrungssatze in Widerspruch treten würde.[32] In diesem Sinne ist von einer absoluten Unmöglichkeit[33] nur mit derjenigen Vorsicht zu reden, mit der wir überhaupt einen Erfahrungssatz als absolut richtig ansehen dürfen: vorbehaltlich des Irrthums, dem alles menschliche Wissen ausgesetzt ist, und vorbehaltlich der Umstossung durch neue Erfahrungen. Die Relativität unseres Wissens springt hier deutlich in die Augen. Vor hundert Jahren war es absolut unmöglich, in 24 Stunden von Berlin nach Paris zu reisen, heut gilt diese absolute Unmöglichkeit nur noch für sehr viel grössere Entfernungen: die Fortschritte der Technik wie der Erkenntniss machen die Grenze schwankend und verweisen uns für ihre Bestimmung auch hier wieder auf die Ueberzeugung des Richters. Wenn er auf Grund des Wissensstandes seiner Zeit von dem Erfahrungssatze überzeugt ist, darf er die Thatsache für unmöglich erklären. Das ist besonders deshalb von grosser Bedeutung, weil die Unmöglichkeiten der Schulbeispiele, dass eine Frau ein Kind gezeugt habe oder ein Mensch

28) Vgl. darüber Sigwart Bd. 1 S. 196 f., 204 f.

29) Stein, Urkundenprozess S. 135 Anm. 31 f., sowie von Canstein S. 304, Pollak S. 90 und wohl auch Ditzen, Ztschr. für Strafr. Wiss. Bd. 10 S. 150. Aehnlich Kohler, Gruchot Bd. 31 S. 3 Anm. 7, der in der Wendung „bei notorisch unrichtigen Thatsachen ist das Vorhandensein der zugestandenen Thatsache unmöglich" noch obendrein in den Fehler von Gaupp verfällt, Unmöglichkeit gleich Unwahrheit zu setzen.

30) Näheres über die Notorietät von Negativen und zugleich über den Grund der Verwechselung s. unten § 8 a. E.

31) Diese Unterscheidung macht bes. Schneider, Ermittlung des Sachverhaltes, Leipzig 1888, S. 61, bei dem übrigens auch die Gerichtskundigkeit der allgemein unmöglichen Thatsachen hereinspielt.

32) So besonders Glaser, Beiträge S. 34 f., Best § 24 p. 15, Bonnier n. 25 p. 14.

33) Vgl. z. B. Hellmann S. 270 und dagegen schon Stein a. O.

über die Alpen gesprungen sei u. dgl. m., natürlich im Prozesse keine Rolle spielen. Hier handelt es sich vielmehr, namentlich im Strafprozesse, regelmässig um Betrug mittels weit verbreiteten Aberglaubens, wie etwa des Spiritismus, des Wahrsagens, der „Sympathien" u. dgl.[34]), oder um Ausreden, Phantasiegebilde, die in der Verzweiflung aufgestellt werden, um einen Beweis und damit einen Aufschub hervorzurufen, und die doch selten so thöricht erdacht sind, dass sie zu den sog. absolut unmöglichen Dingen gehören.[35]) Meist haben hier unsere Richter eine völlig unbegründete Furcht, ihrer Ueberzeugung von der Sicherheit der Erfahrungssätze freien Lauf zu lassen, weil trotz aller Unwahrscheinlichkeit die Sache doch nicht undenkbar sei.[36]) Ich meine, dass hier Nichts mehr als sonst gefordert werden könne. Wenn die Ueberzeugung des Richters, die mit der Möglichkeit des Irrthums um so mehr rechnet, je gewissenhafter und ernster sie bedacht ist, zur Verurtheilung genügt, so ist kein Grund ersichtlich, sie zur Ablehnung eines a priori ergebnisslosen Beweises nicht genügen zu lassen.[37]) Es ist das einer der Punkte, wo unseren Gerichten wenigstens ein Theil der Unbefangenheit zu wünschen wäre, welche die französischen im Uebermaasse besitzen.

Mit dem Falle, wo durch die Aufnahme des Begriffes der Unmöglichkeit in einen materiellen Thatbestand auf die Erfahrung des Richters bei der Subsumtion der Thatsachen unter diesen Begriff gerechnet wird, betreten wir nun das ungeheure Gebiet der Verwer-

---

34) Die Gebildeten unserer Tage haben meist viel zu wenig Kenntniss von der Lebenskraft des Aberglaubens in den unteren Volksschichten. Man vergleiche nur die Belege, die Strack, Der Blutaberglaube, 4. Aufl., München 1892, aus allerneuester Zeit anführt. — Prozesse, in denen das Geistersehen, die von „Geistern" eingeworfenen Fensterscheiben und dgl. eine Rolle spielen, sind bes. im Osten Deutschlands gar nicht selten.

35) In einem bekannten Sensationsprozesse des Jahres 1892 stellte der Angeklagte die Behauptung unter Beweis, dass die Alliance israélite die Gewehrlieferanten der deutschen Armee zur Lieferung unbrauchbarer Gewehre veranlasst habe, um Deutschland wehrlos zu machen und auf seinen Trümmern die jüdische Weltherrschaft zu errichten.

36) Mit Recht hat z. B. das RG. I. C. S. 24. IV. 80 Civils. Bd. 1 S. 269 den Beweis eines Handelsgebrauches abgelehnt, weil derselbe wirthschaftlich undurchführbar und deshalb unmöglich sei. — In Frankreich wird gerade umgekehrt gewarnt, nicht schon jede unwahrscheinliche Thatsache als unmöglich anzusehen. Bonnier n. 63 p. 42 und vgl. Sirey art. 255 n. 4.

37) Nur darf dieser Satz nicht auf den Fall ausgedehnt werden, wo das Gericht eine Behauptung lediglich für eine Ausrede, d. h. für unwahr, nicht für unmöglich hält, RG. I. Str. S. 23. XII. 85 Rspr. Bd. 7 S. 761.

thung der Erfahrungssätze bei der eigentlichen schliesslichen Urtheilsthätigkeit des Richters, und gerade hier ist es, wo man bisher die thatsächlichen Obersätze, mit denen täglich und stündlich ununterbrochen gearbeitet wird, so ganz und gar vernachlässigt hat.

An erster Stelle hat hier das Gericht den genauen Inhalt des als Obersatz anzuwendenden Rechtssatzes festzustellen. Ist derselbe Gesetzesrecht, so bedarf er der Auslegung, bei der, wie Jedermann weiss und thut, der Sprachbrauch, die sittlichen und socialen Anschauungen und die Lebensverhältnisse, unter denen das Gesetz entstanden ist, herangezogen werden müssen. Ist derselbe Gewohnheitsrecht, so ist er selbst ein Erfahrungssatz, d. h. ein durch Induction aus der Fülle der Einzelfälle abgezogenes allgemeines Urtheil, das sich in seiner Entstehung von der oben S. 22f. geschilderten des Urtheils über den Handelsgebrauch gar nicht, in seinem Inhalte nur insofern von jenem unterscheidet, als es zu dem Begriffe des Ueblichen noch den Zusatz der Uebung als Rechtssatz macht.

In den Rechtssätzen ist nun aber keineswegs immer der Thatbestand oder die Rechtsfolge von Gesetzes wegen bestimmt ausgesprochen. Wie bei der Würdigung des Beweisergebnisses zeitweilig das Misstrauen in die Fähigkeit des Richters den Gesetzgeber dazu geführt hat jenem bindende Anweisungen zu ertheilen, während zu anderen Zeiten die mit der Freiheit der individuellen Anschauungen verbundenen Gefahren für geringer erachtet wurden, als die aus der Festlegung und Erstarrung schematischer Regeln entstehenden, so hat auch die Gesetzgebung auf dem Gebiete des materiellen Rechts zu verschiedenen Zeiten in verschiedenem Maasse versucht, die Thatbestände und die Rechtsfolgen bald von sich aus unter Ausschaltung individueller Factoren aufzubauen, bald aber die Schmiegsamkeit des richterlichen Ermessens als den grösseren Vorzug betrachtet. Diese Erscheinung ist uns geläufig bei den Straffolgen. Den Gegensatz der absolut bestimmten und der nur relativ (innerhalb gewisser Grenzen) oder gar nicht bestimmten Strafen hat Jeder von uns auf der Schulbank gelernt. Aber dieselbe Gesetzestechnik hat sich in tausend andern Fällen bethätigt, und wenn nicht alle Zeichen trügen, ist sie erst noch in ihrer Entwicklung begriffen.[38]) Ich brauche nur an den Gegensatz der stricti iuris und bonae fidei iudicia zu erinnern, der die Freiheit oder Unfreiheit des Richters bei der Feststellung von Rechts-

38) A. M. Bonnier n. 835 p. 673, welcher aller Geschichte zuwider glaubt, dass die fortschreitende Complicirung der socialen Verhältnisse eine Vermehrung gesetzlicher Erfahrungssätze zur Folge haben müsse.

folgen civilrechtlicher Art bezeichnet, und der mit elementarer Macht in dem Maasse zu Gunsten der Freiheit verschoben worden ist, als das Vertrauen zum Richterstande stieg. Heut kommen derartige Schätzungen auf Grund der Lebenserfahrung nahezu in jedem Prozesse vor.[39])

Ich erinnere weiter an die Fassung der Thatbestände selbst. Die Verweisung auf das Uebliche und Gewöhnliche, d. h. der Appell an die Kenntniss des Richters von dem, was zu geschehen pflegt, an seine Erfahrung, galt von jeher bei dem einer bestimmten Formulirung spottenden Begriffe der Fahrlässigkeit, der immer nur ein Abweichen von dem „normalen" Maasse an Umsicht und Aufmerksamkeit bezeichnet hat, sei es von dem des diligens pater familias überhaupt, sei es von dem in einem bestimmten Berufe normalen Maasse[40]); sie galt in vielen Fällen, nicht in allen, von jeher für die Frage des nur nach der Erfahrung zu beurtheilenden Causalzusammenhanges, und je jünger die Rechtssätze sind, um so öfter wird jetzt die Kenntniss des Richters vom Ueblichen angerufen.[41]) Alle die Wendungen unserer Gesetze, welche auf die Natur des Geschäftes oder der Sache, auf den usage oder die Verkehrssitte[42]), auf die guten Sitten, gegen die nicht verstossen werden soll[43]), auf Treu und Glauben und Billigkeit und Ordnungsmässigkeit und auf ähnliche Begriffe[44]) hinweisen, sie alle lassen sich auf die Formel zurückführen: Was der Richter aus

39) Ist es ja doch bestritten, ob man überhaupt heute noch den Unterschied festhalten dürfe. Windscheid, Lehrbuch, Bd. 1 § 46 Anm. 5. Der 2. Entwurf des Bürgerl. G. B. § 205 verlangt stets die Berücksichtigung von Treu und Glauben. Vgl. ferner z. B. H. G. B. art. 57, 162 u. s. w.

40) St. G. B. § 222 Abs. 2, § 230 Abs. 2; vgl. auch § 316 Abs. 2, 318 Abs. 2.

41) Vgl. unter tausend Beispielen H. G. B. a. 47, 282, 344, 347 u. s. w., die hergebrachten Regeln des Zweikampfes in St. G. B. § 207 und die gebräuchlichen Gelegenheitsgeschenke in K. O. § 25, den üblichen Zinsfuss in § 302a St. G. B. u. s. f.

42) Man denke an die l. 11 § 1 D. de act. emti vend. 19, 1: quae naturaliter insunt...; an a. 1135 des code civil: toutes les suites, que l'équité, l'usage ou la loi donnent à l'obligation d'après sa nature; an § 359 des ersten, § 205 des zweiten Entwurfes des B. G. B., der die „Verkehrssitte" neben Treu und Glauben entscheiden lässt; von unzähligen Einzelbestimmungen ganz zu schweigen. Vgl. Bolze S. 436, 440 und Goldschmidt, Handelsrecht Bd. 1 § 35 S. 316ff., der nicht mit Unrecht die kraftvolle Entwicklung des Handelsrechts mit der Freiheit des Gerichts in der Heranziehung der Erfahrung in Verbindung bringt.

43) Vgl. hierzu die trefflichen Ausführungen des ROHG. Bd. 18 S. 104 über den wechselnden Inhalt gerade dieser Erfahrungssätze, sowie RG. III. C. S. 17. V. 87 Civils. Bd. 18 S. 222, wo die Grenze danach bestimmt wird, „was im Verkehrsleben, ohne Anstoss zu erregen, nicht selten vorkommt."

44) Man denke auch an die Fälle, wo ganze Thatbestände „der Wissenschaft überlassen" sind, z. B. § 185 St. G. B.

seiner Kenntniss der Lebensverhältnisse heraus als ihren normalen, typischen, durch Induction aus der Fülle der Erscheinungen gewonnenen Inhalt ansehen wird, das soll Recht sein, — rechtserzeugend wirken oder als Rechtsfolge eintreten, je nachdem Thatbestand oder Sanction der Ort ist, wo die Anrufung der richterlichen Kenntniss erfolgte.

Man pflegt in solchen Fällen zu sagen, dass die Entscheidung „nach den Umständen des einzelnen Falles" zu geschehen habe. Da diese nun in sich selbst keine als Obersatz brauchbare Norm enthalten, so bedeutet diese Wendung, abgesehen von der auch sonst häufigen Ausseracht-lassung der Obersätze (vgl. oben S. 12f.), nur die Unmöglichkeit, die in Betracht kommenden, oft sehr zahlreichen und einander durchkreuzenden Erfahrungssätze ein für alle mal in feste Form zu bringen. Aber es ist ein Beweis, dass man die Aufgabe des Richters nicht bis zu Ende analysirt hat, wenn man meint, es sei eine Feststellung der Thatsachen des concreten Falles, wie viel z. B. ein ordentlicher Kaufmann an Sorgfalt „thatsächlich" aufzuwenden pflege. Was hier festgestellt wird, ist vielmehr der Obersatz, an dem zu prüfen ist, ob die Handlung dieses Mannes jenes abstracte Maass erreicht habe.[45]) Es ist Obersatz, aber darum nicht Theil des Rechtssatzes und — trotz der Parallele in der Verwendung — nicht ihm gleichartig. Zwar, dass damit dem Richter der Ausbau der Rechtsordnung übertragen, dass an die Stelle des todten Buchstabens „das redende Gesetz" gestellt ist, und insoweit dem Richter „Normsetzung" obliegt, das soll nicht geleugnet werden.[46]) Dass aber dadurch der Richter als gleichberechtigter Factor dem souveränen Gesetz an die Seite gestellt sei, wäre nur dann zuzugeben, wenn der Richter in seinem Ermessen so ohne Schranken frei wäre, wie ein Gesetzgeber, der schlechthin Alles befehlen darf.[47])

45) Als sehr belehrend dafür seien die Entscheidung des ROHG. Bd. 11 S. 142 und die des RG. V. C. S. 13. VII. 89, die Bolze S. 438f. mittheilt, angeführt. In letzterer handelt es sich um den Begriff des „gewöhnlichen Bauconsenses".

46) Dies ist der m. E. berechtigte Kern, der bekannten, von Bierling öfters, z. B. Ztschr. f. Strafr. Wiss. Bd. 10 S. 303, von Bülow, Gesetz und Richteramt, Leipzig 1885 und sonst oft, und neuestens von Kloeppel, Gesetz und Obrigkeit, Leipzig 1891, S. 80f., 120 vertretenen Ansicht.

47) Vgl. dazu die kleine Schrift von Lothar Seuffert, Ueber richterliches Ermessen, Giessen 1880. — Gegen die Ausführungen von Kloeppel a. O. muss scharfer Protest erhoben werden. Der Spott über die Gesetzestreue (S. 110) ist recht unangebracht in einem Staate, dessen Gerichte nach § 1 G. V. G. zwar nur dem Gesetz unterworfen, aber danach doch vor Allem dem Gesetz unterworfen sind; und wenn Kloeppel S. 98 der Rechtsprechung das Monopol

Aber nicht eine Erlaubniss, sondern ein Befehl ist es, der an ihn ergeht, und unter den Pflichten, die er für ihn begründet, steht keine höher als die, sich der Grenzen seines Auftrages bewusst zu sein. Der Richter darf, was gute Sitte oder Treu und Glauben sei, erst in zweiter Linie an der Hand der gesellschaftlichen Anschauungen seiner Kreise messen[48]; zunächst hat er es nach den Richtungsanzeigen zu bestimmen, die ihm aus seinem Gesetze entgegentreten! Die allgemeinen Ziele sittlicher und wirthschaftlicher Lebensführung sind in unseren Gesetzgebungen allenthalben mit so grosser Deutlichkeit ausgeprägt, dass es immer nur ein im Verhältniss zum Ganzen der Rechtsordnung verschwindend kleiner Raum ist, auf dem der Richter in der Verwerthung seiner Lebenserfahrung völlig frei schaltet und waltet. Hier aber aus dem Wahne vermeinter Gleichberechtigung als Vertreter des im Volke lebenden Rechtsbewusstseins den Gedanken des Gesetzes entgegenarbeiten, hiesse die Aufgabe gründlich verkennen, die dem Richter geziemt: unter dem Gesetze stehend dem Gesetze zu dienen, als sein getreuer Hüter, — unfrei, wo das Gesetz bestimmten Befehl enthält, und da, wo es ihn missen lässt, wie ein verständiger Diener von den Interessen und Ideen des Gesetzes beherrscht. —

Aber auch da, wo das Gesetz dem Richter die Freiheit dieses Ermessens scheinbar nicht lässt, wo es selbst das letzte Wort concreter Bestimmung ausspricht, oder wo es durch das Blankett eines dispositiven Rechtssatzes den Parteien die Gestaltung ihrer Rechtsbeziehungen überlässt, bleibt dem Richter die Bethätigung seiner Erfahrung nicht ganz verschlossen. Denn auch die schärfstgefasste Satzung und der klarste Vertrag bewegen sich in Begriffen, die aus den Erscheinungen der Wirklichkeit abgezogen sind.[49]) Das Gesetz, welches z. B.

---

zuspricht, Vertreterin des Rechtsbewusstseins im Volke zu sein, und die wissenschaftliche Kritik einer stetigen Rechtsprechung als unfruchtbare Nörgelei zurückweist, so setze ich dem den Anspruch entgegen, als Volksgenosse an meinem Theil ebenfalls das Rechtsbewusstsein im Volke vertreten und als Jurist auch gegen die stetigste Rechtsprechung so oft zu Felde ziehen zu dürfen, als sie mir falsch und unheilvoll erscheint, und so, wie ich es nach besten Kräften vermag, „logisch-analytisch" oder anders. Es ist eine merkwürdige Forderung, dass die Fortdauer erkannten Uebels der Wandelung zum Besseren vorzuziehen sei. Das ist kein Conservatismus mehr, sondern Chinesenthum. Vgl. dagegen die vortrefflichen Ausführungen des RG. II. Str. S. 24. V. 89 Strafs. Bd. 19 S. 241.

48) Am Deutlichsten zeigt sich das vielleicht am Begriffe der Beleidigung, wenn die Parteien Arbeiter sind, der Schöffenrichter Reserveoffizier und alter Corpsstudent. Vgl. übrigens auch Windscheid Bd. 1 § 22 Anm. 8 (gegen Bähr).

49) Dass insofern Gleichheit der gesetzlichen und vertragsmässigen Satzung besteht, vgl. Weismann Arch. f. civil. Praxis Bd. 72 S. 291.

den Begriff Eisenbahn oder den der mechanischen Vervielfältigung verwendet, beruht auf der Anschauung der Thatsachen seiner Zeit. Dem Richter aber stehen wieder neue Wirklichkeiten gegenüber, andere Individuen, als diejenigen waren, die das Gesetz oder der Vertrag vor Augen hatte, und so sicher in Millionen von Fällen mühelos die neue Erscheinung als gleichartig mit der dort als Norm vorgestellten erkannt werden wird, so sicher wird in tausend anderen die individuelle Sonderart des Einzelnen den Zweifel erwecken, ob es zu der im Gesetz oder Vertrag bezeichneten Kategorie gehört. Dann aber genügt es nicht, das Gesetz zu verstehen und das Wort des Vertrages recht auszulegen, sondern dann muss auch der zweite Vergleichsgegenstand, das Lebensverhältniss, mit der Sonde der Erfahrung untersucht, es muss sein Aufbau erforscht, das Wesentliche von dem Zufälligen geschieden werden. Um zu beurtheilen, ob ein Geschäft Kauf oder Einkaufscommission, ob eine Pferdebahn eine Eisenbahn, eine Rohrpost eine Telegraphenanlage ist, muss der Jurist mehr mitbringen als die dürftigen Definitionen in Gesetzesparagraphen und Lehrbüchern. Er bedarf dazu der intimsten Kenntnisse auf dem Gebiete des Verkehres, der sorgfältigsten Betrachtung des wirthschaftlichen und technischen Elementes in dem ihm vorgelegten Begebniss, wie in anderen Fällen der Kenntniss der Naturwissenschaften, wenn z. B. der electrische Strom als bewegliche Sache, das Kind, das nach Beginn der Wehen noch im Mutterleibe ist, als Mensch im Sinne des Tödtungsverbrechens behandelt werden soll.[50]) Er muss also auch den ganzen Schatz menschlicher, nicht-juristischer Erfahrung zur Verfügung haben, um die im engsten Sinne so genannte Subsumtion der Thatbestände unter die Rechtsbegriffe vollziehen zu können. Ja man möchte angesichts unserer Schwurgerichte, in denen die ganze Subsumtionsthätigkeit den Geschworenen überwiesen ist, fast glauben, dass nach der Auffassung des Gesetzes die nichtjuristischen Erfahrungen die wichtigeren sind.

Als besonders wichtiger Fall der Subsumtion ist noch die Auslegung menschlicher Gedankenäusserungen zu erwähnen. Wenn wir von derjenigen der Gesetze absehen, die wie der Beweis der Rechtssätze ihren eigenen Weg geht, und die schon deshalb besonderen Regeln folgen muss, weil es bei ihr die Ermittelung eines Gedankeninhaltes eigenthümlicher Art, eines „unpersönlichen“ Willens gilt, so kann vom Standpunkte des Prozesses aus nur dreierlei unterschieden

50) Die hier angeführten Beispiele, allbekannten Reichsgerichtsentscheidungen entnommen, werden uns später in § 7 wieder begegnen.

werden: entweder ist die Gedankenäusserung die zu beweisende (erhebliche) Thatsache selbst, oder sie ist ein Indiz dafür, in beiden Fällen der Gegenstand des Beweises, oder sie ist ein Zeugniss über die zu beweisende Thatsache oder das Indiz, also ein Beweismittel.[51]) Im einen wie im andern Falle bedarf sie der Auslegung. Diese Thätigkeit ist ein Theil der Beweiswürdigung, wenn es sich um die Bedeutung des Zeugnisses oder die des Indizes handelt. Wenn dagegen die auszulegende Erklärung die zu beweisende Thatsache selbst ist, so ist die Beweisthätigkeit, die Erwerbung von Vorstellungen über Thatsachen, damit zu Ende, dass der Wortlaut der Aeusserung feststeht. Was nun noch folgt, ist nicht mehr Ermittlung dessen, was geschehen ist, sondern Würdigung seiner rechtlichen Bedeutung, Subsumtion unter den Rechtsbegriff, und zwar unabhängig davon, ob die Gedankenäusserung eine Vertragswillenserklärung oder ein Rechtsgeschäft anderer Art ist, oder ob sie den Thatbestand einer strafbaren Handlung bildet, und ebenso unabhängig davon, in welcher Form und mit welchen Mitteln der Beweis der Aeusserung vorher geliefert wurde. Ob eine Kaufofferte vorliegt, ist dieselbe Frage, wenn die als solche angesprochenen Worte geschrieben wurden und als Urkunde vorliegen, als wenn sie von Zeugen berichtet worden sind. Und dafür, ob eine Aeusserung eine Majestätsbeleidigung enthält, ist es gleichgiltig, ob sie gesprochen, geschrieben oder gedruckt wurde.

Man hat versucht, die Auslegungsthätigkeit in dem letzten Sinne, als Auslegung der „erheblichen“ Gedankenäusserung, insbesondere die der rechtsgeschäftlichen Willenserklärungen, mit der Werthung der Indizien gleichzustellen und in ihr die Ermittelung des Willens, als der inneren Thatsache, aus der dafür indizirenden Aeusserung zu erblicken.[52]) Mit dieser Ansicht haben wir uns später bei der Erörterung der Erfahrungssätze in der Revisionsinstanz auseinanderzusetzen, wo sie allein von praktischer Bedeutung wird.

Für jetzt genügt es festzustellen, dass die Auslegung — als Beweiswürdigung oder Subsumtion aufgefasst — eine Schlussfolgerung

---

51) Bähr, Jahrbücher für Dogmatik Bd. 14 S. 36f., Wendt S. 311ff., Planck Bd. 2 S. 161, Weismann, Ztschr. f. Strafr. Wiss. Bd. 11 S. 7 ff. Ungenügend Ullmann S. 391.

52) Rocholl, Ztschr. f. C. Pr. Bd. 10 S. 312. Vgl. dagegen Bolze ebenda Bd. 14 S. 423ff. Etwas Anderes ist die Erschliessung des (nichterklärten) Willens aus concludenten Handlungen. Hier handelt es sich wirklich um indizirende Thatsachen. Vgl. Fitting, Ztschr. S. 73.

aus thatsächlichen Erfahrungssätzen ist, welche dem Gebiete des Sprachgebrauchs, des Verkehrslebens u. s. w. angehören.[53]) Beachtenswerth ist aber schon jetzt, dass bei dieser Schlussfolgerung ganz besonders oft, fast ebenso oft als beim Zeugenbeweise, individuelle concrete Thatsachen des einzelnen Falles neben dem Wortlaute der Erklärung heranzuziehen sind, so dass nicht mehr die Letztere allein und für sich, sondern nur in Verbindung mit jenen anderen Thatsachen den Erfahrungssätzen zu subsumiren ist.

Endlich sei noch bemerkt, dass auch auf dem Gebiete der Subsumtion die Verwerthung der Erfahrung nicht immer frei ist. Es giebt bekanntlich in grosser Zahl gesetzliche Definitionen, zuweilen sogar solche des Ueblichen[54]), und zahlreiche Erfahrungssätze über die Auslegung von Erklärungen, gesetzliche Auslegungsregeln, die freilich scheinbar ebenso zum Absterben bestimmt sind, wie die gesetzlichen Erfahrungssätze auf dem Gebiete des Beweisrechts.[55]).

Es zeigte sich, dass die Erfahrungssätze jedem denkbaren Lebensgebiete angehören und dass sie in jedem Momente prozessualer Thätigkeit zur Geltung kommen können oder gar müssen. Es ist also ein eminent praktisches Interesse vorhanden, sich über ihre prozessuale Behandlung klar zu werden, die naturgemäss eine verschiedene sein muss, je nachdem es sich um gesetzliche oder thatsächliche Erfahrungssätze handelt.

53) Vgl. z. B. RG. I. C. S. 22. I. 80. Civils. Bd. 3 S. 24, wo erwogen wird, dass ein bestimmter Vertragsinhalt vom wirthschaftlichen Standpunkt aus unvernünftig wäre, im Leben nicht vorkomme u. s. w.

54) Vgl. z. B. Preuss. Allg. L. R. § 841 I 11: „Unter landüblichen Zinsen werden im Gesetze fünf vom Hundert verstanden.“ In Parallele damit stehen Vorschriften, welche gewisse Geschäfte schlechthin für unsittlich erklären, wie z. B. Sächs. B. G. B. § 1259 bezüglich der Ehevermittlung thut, die bei Freiheit des Ermessens auf französisch-rechtlichem Gebiete von RG. II. C. S. 7. I. 90 Civils. Bd. 25 S. 340 nur in gewissen Fällen für unsittlich, auf gemeinrechtlichem von III. C. S. 13. V. 92 Gruchot Bd. 36 S. 1017 für sittlich unbedenklich erklärt wird.

55) Vgl. die lange Reihe derselben z. B. im Preuss. Allg. Landrecht Th. I Titel 4 § 65—74, Titel 5 § 252—269, Titel 12 § 519—556 mit den knappen Vorschriften des H. G. B. a. 278 f, 621 u. s. w. und Entw. des B. G. B. I § 359 II § 127, 205.

§ 4. III. Die gesetzlichen Erfahrungssätze.

Die Natur der Erfahrungssätze als Obersätze und ihr Gegensatz zu den als Untersätzen im Syllogismus fungirenden Thatsachen hat zur Folge, dass ihre Grenze zu den stets im Obersatz gebrauchten Rechtssätzen flüssig ist. Wo immer die Erfahrungssätze im Prozesse in Thätigkeit treten, ist ein Theil von ihnen gesetzlich[1]) festgelegt, so dass die Freiheit des Richters in der Verwerthung der Lebenserfahrung von dem Zwange des gesetzlichen Imperativs abgelöst wird.[2]) Bald normiren gesetzliche Beweisregeln die Würdigung der Beweismittel, bald Vermuthungen diejenige der Indizien[3]), bald drängen gesetzliche Auslegungsregeln die Subsumtion in bestimmte Richtung, bald endlich haben Legaldefinitionen oder die gewohnheitsrechtliche Ausfüllung der im Gesetz enthaltenen Bezugnahme auf das Uebliche, namentlich im Handelrecht, dem Richter das Ermessen über Thatbestandsmerkmale des Gesetzes entzogen, — und dies Alles in stetem Auf und Ab, so dass heut Rechtssatz ist, was gestern freies Ergebniss der Kenntniss des Lebens war und morgen wieder zum „goldenen Erfahrungssatz" werden wird.[4])

Dass eine solche Bindung der richterlichen Schlussfolgerung keinen „Bruch mit der Logik" enthält, wie der Uebereifer der Vertheidiger der freien Beweiswürdigung oft genug behauptet hat, darf jetzt als ausgemacht gelten.[5]) Es handelt sich um eine reine Zweck-

1) Gesetz ist auch im Sinne der folgenden Ausführungen jede Rechtsnorm.

2) Dass es sich hier um Erfahrungssätze handelt, wird auch im angloamerikanischen Recht nicht verkannt, dessen schlimmste Krankheit bekanntlich das Ueberwuchern der Rechtsregeln in der law of evidence ist. Vgl. Greenleaf I § 14 p. 24ff., Best § 303 p. 291.

3) Rechtsvermuthungen im Gegensatz zu den „Erfahrungsvermuthungen", d. h. den frei anzuwendenden Obersätzen des Indizienbeweises. Die schiefe Fassung des Gegensatzes im gemeinen Recht s. bei Wetzell § 15 Note 13. Dass die Vermuthungen an erster Stelle bestimmt seien die Beweislast zu regeln, Förster-Eccius, Preuss. Privatrecht Bd. 1 § 54, ist Verwechselung von Ursache und Wirkung. S. oben S. 35f.

4) Vgl. oben S. 33 Anm. 9. Bei gewohnheitsrechtlichen Sätzen ist der Uebergang vom thatsächlichen Gebrauch zu ihnen oft ein ganz unmerklicher. Vgl. Goldschmidt, Handbuch Bd. 1 S. 329ff.

5) S. bes. Heusler S. 233ff., Wendt S. 287ff. — Bedenklich noch Glaser, Beiträge, S. 147. Wer sich von ihrem Nutzen überzeugen will, lese die Ausführungen von Best § 339 p. 323 über die Dauer der Conceptionszeit.

mässigkeitsfrage. Die Rechtsordnung wird zu dem Auskunftsmittel des Zwanges[6]) greifen, wenn sie die Besorgniss hat, dass ein von ihr für sicher gehaltener Erfahrungssatz von den Gerichten nicht beachtet werden würde oder doch erst unter Beweis zu stellen wäre, aber auch dann, wenn sie einem Satze zur Geltung verhelfen will, den die frei prüfende Erfahrung nicht als sicher anerkennen würde.[7]) Die Bedürfnisse des Rechtslebens und die bequeme Möglichkeit der scharfen Fassung entscheiden, auch darüber, mit welchem Maasse von Energie die Rechtsordnung ihren Befehl ausstattet: sie kann mehr oder weniger die Abweichung des einzelnen Falles von der aus dem Durchschnitt abgezogenen Erfahrung berücksichtigen. Gestattet sie dies gar nicht, verleiht sie ihrem Satz die Kraft der Unwiderleglichkeit, so gelangt freilich ihr Verfahren zu anderen Wirkungen als der blossen Regelung der Schlussfolgerungen. Es werden dann, aber auch nur dann, die rechtserzeugenden Thatbestände verschoben, so dass die Regelung der Erfahrung nur noch die Einkleidung für materielle Anordnungen bildet.[8])

Dass die sämmtlichen gesetzlichen Erfahrungssätze in Bezug auf ihren Beweis, auf die Verwerthung der eignen Kenntniss des Richters, auf die Nothwendigkeit oder Statthaftigkeit ihrer Feststellung von Amts wegen auch im Civilprozesse den später darzustellenden Grundsätzen für Rechtssätze überhaupt folgen, ist mit ernstlichen Gründen nie bestritten worden.[9])

6) Es kann übrigens gar nicht scharf genug betont werden, dass jeder Erfahrungssatz, der in unseren Gesetzen steht, unbedingt den zwingenden Charakter des Gesetzesrechtes hat. So lange daher das Corpus Iuris Civilis als Gesetzbuch der Länder gemeinen Rechtes gilt, sind die Lebenserfahrungen der römischen Juristen, die darin direct ausgesprochen sind, Rechtssätze. Dies unterschätzt Fitting Ztschr. S. 69ff., und Rocholl, Ztschr. f. C.Pr. Bd. 10 S. 313 leugnet es ohne jeden haltbaren Grund, nur um dem Reichsgericht die Nachprüfung ihrer Anwendung abzustreiten. Wie hier Bolze S. 440, 448.

7) Hierher sind jene durchaus willkürlichen Vermuthungen zu rechnen, die z. B. das römische Recht für Commorienten aufgestellt hat. Windscheid, Lehrbuch, Bd. 1 § 53. — Dass die Vermuthung immer eine Verbindung herstelle, die von Logik und Erfahrung nicht als zwingend anerkannt werden würde, von Kries S. 338, ist kaum zuzugeben. Vgl. auch Kohler, Konkursrecht S. 224, 260, Bonnier p. 657.

8) Ueber diesen Punkt gehen die Ansichten weit auseinander. Vgl. bes. Wendt S. 287 f., Schneider, Ermittlung des Sachverhaltes, S. 86ff., Fitting a. O. S. 76ff., Wach Bd. 1 S. 302, von Kries S. 10, 338, Binding, Normen Bd. 2 S. 130ff., Bennecke S. 280. Dass die widerleglichen Vermuthungen Beweisrechtssätze sind, wird jetzt mehr und mehr anerkannt.

9) Rocholl a. O. hat keinen der Widerlegung fähigen Grund angeführt.

Auch bestehen Schwierigkeiten in Bezug darauf, was von ihnen in Geltung sei, auf dem Gebiete des Civilprozesses nicht. Die Beweisregeln sind bis auf die der C.P.O. selbst aufgehoben, § 259 Abs. 2, die Vermuthungen, von jenen im Objecte und in der praktischen Verwerthung scharf geschieden[10]), sind, soweit sie nicht Vermuthungen auf halben Beweis[11]) waren, aufrecht erhalten, wenngleich unter der falschen Flagge von Sätzen des bürgerlichen Rechts[12]). Denn von den unwiderleglichen abgesehen, normiren sie nur in Einschränkung des § 259 die Würdigung des Beweisergebnisses, sie sind also Sätze des Beweisrechts.[13]) Die Auslegungsregeln endlich, von Legaldefinitionen ganz zu schweigen, sind nicht Beweisregeln, sondern Sätze des materiellen Rechts. Zwar wären nach dem früher S. 44f. Ausgeführten Auslegungsregeln für Beweisurkunden möglich, die dann Beweisregeln wären, aber m. W. existiren keine solchen. Die wirklich vorhandenen sind solche der Rechtsgeschäfte, denn sie bewerthen nicht die auszulegende Erklärung für die Thatsachenfeststellung, sondern nur ihre Bedeutung für die Subsumtion unter den materiellen Thatbestand.[14]) Dass der Richter nur im Prozesse Gelegenheit hat, sie anzuwenden, macht sie ebensowenig zu Prozessrechtssätzen, als die Strafzumessungsgründe durch den gleichen Umstand zu Prozessregeln werden.

Etwas verwickelter liegt die Sache im Strafprozesse. Hier ist freilich mit Beweisregeln und Vermuthungen, soweit sie den Thatbestand

10) Aus der gleichen Stellung des Richters zu Beweismittel und Indiz und aus der gleichen Function der Letzteren für die Frage, ob eine Thatsache bewiesen sei, darf man nicht folgern, wie Wendt a. O. und der Sache nach Glaser, Beiträge S. 142 f. thun, dass die Vermuthungen eine Unterart der Beweisregeln seien. Ob freilich der Gegenbeweis durch Eid, der bei Beweisregeln unstatthaft ist, RG. III. C. S. 30. X. 85 Civils. Bd. 15 S. 375, Fitting S. 367, Gaupp Bd. 1 S. 729 u. A., gegen Vermuthungen zugelassen werden darf, wie die Genannten annehmen, ist mir sehr zweifelhaft.

11) Die im falschen Sinne sog. praesumtiones facti. — Wie übrigens RG. IV. C.S. 25. IV. 92 Gruchot Bd. 36 S. 1065 den Satz des § 28 A.G.O. I. 12 (lies 13), der obendrein als Beweisregel bezeichnet wird, hierher ziehen konnte, ist mir schlechterdings nicht verständlich geworden.

12) § 14 Nr. 3 und § 16 Nr. 1 Einf. Ges. z. C.P.O. — Den unlöslichen Widerspruch der Auffassung in diesen beiden Stellen hat schon Wendt S. 290f. betont.

13) Daher Entw. I des B.G.B. § 198: die vermuthete Thatsache gilt als erwiesen. In Zukunft soll die Vermuthung in § 264a C.P.O. ihren richtigen Platz erhalten: noch richtiger wäre er freilich in einem dritten Absatz des § 259.

14) So schon Wach, That- und Rechtsfrage S. 26 und jetzt ausführlich Bolze S. 422 ff.

der strafbaren Handlung selbst betreffen, bis auf spärliche Reste[15]) aufgeräumt[16]), und gesetzliche Auslegungsregeln für den Wortlaut strafbarer Aeusserungen, etwa von Beleidigungen oder Drohungen, hat es wohl zu keiner Zeit gegeben.

Wohl aber entstehen Schwierigkeiten durch die Vorschrift des § 261 St.P.O., wonach auch über bürgerliche Rechtsverhältnisse „nach den für das Verfahren und den Beweis in Strafsachen geltenden Vorschriften" zu entscheiden ist.[17]) Dass damit zunächst alle Beweisregeln, die etwa beim Beweise des identischen Thatbestandes in einem Civilprozesse zur Anwendung kommen würden, ausgeschlossen sind, ist ohne Zweifel. Als ebenso sicher darf der Ausschluss (widerleglicher) Vermuthungen gelten, die für den Beweis dieses Rechtsverhältnisses bestehen[18]): ist doch nach Ausweis der Motive[19]), die in diesem Punkte zweifellos die damals wie heut allgemein herrschende Ansicht wiedergeben, gerade die Rücksicht auf die Vermuthungen von ganz besonderer Bedeutung für die Aufstellung des Paragraphen gewesen. Es muthet freilich sonderbar genug an, dass von unseren beiden grossen Prozessordnungen die eine die Vermuthungen für Sätze des bürgerlichen Rechts erklärt, die andere richtig für Beweisvorschriften.[20]) Indessen ist der Gesetzesbefehl hier wie dort so unzweideutig, dass wir die Verschiedenheit der unverbindlichen Lehrmeinung um so ruhiger in Kauf nehmen dürfen, als in der blossen Möglichkeit, die Vermuthungen ausschliessen, der unwiderlegliche Beweis dafür liegt, dass sie dem Beweisrecht angehören. Wären

15) § 274, 475 St.P.O. und die Schuldvermuthungen in den Specialgesetzen. Binding, Normen Bd. 2 S. 610 ff., Grundriss § 76, Schmid, Präsumtionen S. 80 ff.

16) § 190 St. G. B. enthält einen materiellrechtlichen Satz. So auch Binding a. O. S. 605 ff., von Kries S. 338 Anm. 2. — Die Landesgesetze dürfen Vermuthungen nur als unwiderlegliche aufstellen. A. M. in Allem Bennecke S. 280 Anm. 12, S. 281 Anm. 16.

17) Die Vorfrage, wann über bereits entschiedene Civilrechtsfragen geurtheilt werden darf, welche die Lehrbücher und die Commentare zu § 261 fast allein füllt, interessirt hier nicht.

18) A. M., wie es scheint, von Kries S. 338, 343. Wie hier Bennecke S. 285. — In Frankreich gelten civilrechtliche Vermuthungen u. s. w. nach ständiger Rechtsprechung des Cassationshofes auch im Strafprozess. Vgl. Bonnier n. 859 p. 690, dessen eigene Ansicht, dass sie nur für, nicht gegen den Angeklagten gelten sollen, einfach kindisch ist. Vgl. auch Faustin-Hélie t. IV p. 352 s.

19) S. 147 f.

20) Auf diesen Widerspruch macht auch Schmid, Präsumtionen S. 29 aufmerksam.

sie wirklich materiellrechtlich, so würden sie zum Theile des gesetzlichen Thatbestandes und müssten immer von Bedeutung sein, so oft das Rechtsverhältniss festzustellen ist. Es ist also die Frage des rechtswidrigen Vermögensvortheils ohne Rücksicht auf die Vermuthung der Tilgung älterer Posten bei Ratenschulden zu lösen, die Ehelichkeit eines Kindes frei zu erforschen[21]), der Ehebruch als wirklich begangen festzustellen, ohne Rücksicht auf die bekannte Vermuthung des preussischen Rechts.[22]) Etwas Anderes wäre es nur mit unwiderleglichen Vermuthungen des bürgerlichen Rechts, wenn es solche giebt, weil diese den materiellen Thatbestand verschieben.

Als Sätze des materiellen Rechtes binden endlich den Strafrichter auch die Auslegungsregeln. So wenig eine solche Beengung der Subsumtion auf den ersten Blick mit der ganzen Anlage unseres Strafprozesses vereinbar erscheint, so schwer sie namentlich auch praktisch im Schwurgericht werden mag, so ist doch eine solche Erwägung gegenüber der klaren Begrenzung des § 261 ohne Kraft. Wenn das preussische Recht z. B. den Ausdruck „Kinder“ in einem Testament mit der Bedeutung „Descendenz“ ausstattet[23]), so ist das eine Bewerthung des erwiesenen Thatbestandes, die sachlich mit dem Satze gleichwerthig ist, dass in gewissen symbolischen Handlungen eine Eigenthumsübergabe gefunden werden solle. Das Eine wie das Andere sind also Sätze des materiellen Thatbestandes selbst und deshalb für den Strafrichter bindend.

---

21) So die gem. Meinung, vgl. Olshausen Bem. 2 zu § 217 St.G.B.
22) Vgl. RG. IV. Str.S. 13. VI. 90 Strafs. Bd. 21 S. 21.
23) § 526 ff. A.L.R. I 12.

§ 5. IV. Der Beweis der Erfahrungssätze.

Es ist schon oben aus dem Wesen der Erfahrungssätze als allgemeiner Urtheile abgeleitet worden, dass sie niemals Aussagen über sinnlich Wahrnehmbares, nie Thatsachenurtheile sind. Diejenigen Beweismittel also, welche kraft der individuellen Wahrnehmung wirken, Augenscheinsobjecte, Zeugen- und Partei-Aussagen, einschliesslich der in Urkundenform vorliegenden oder in Eidesform gekleideten[1]), sind schlechthin untauglich einen allgemeinen Satz zu beweisen.[2]) Es ist auch darüber nie ein Streit gewesen, dass eine Eideszuschiebung über die technischen oder wissenschaftlichen Obersätze eines Gutachtens ebenso unzulässig ist wie ein Zeugniss nur über das Wissen des Zeugen von abstracten Sätzen.[3])

Um dem Richter ein allgemeines Urtheil als richtig zu erweisen, bleiben sonach nur zwei Wege, welche vollkommen in Parallele mit den beiden Wegen des Thatsachenbeweises stehen. Wie bei diesem entweder der Richter im Wege des Augenscheins die Thatsache, sei es die erhebliche oder ein Indiz, selbst wahrnimmt[4]) und somit das Thatsachenurtheil sich selbst bildet, oder aber das fertige als Ueberlieferung empfängt, so kann er auch das allgemeine Urtheil entweder aus den ihm vorgeführten Beobachtungsfällen sich selbst bilden oder es fertig als Ueberlieferung empfangen.

---

1) Auch der Partei-Eid über facta aliena führt auf individuelle Wahrnehmungen zurück. Er gleicht dem Zeugniss vom Hörensagen, nur dass die Quelle des Wissens nicht aufgedeckt wird. — Die Gleichstellung aller Aussagen im Prozess als témoignage vgl. auch bei Bonnier n. 26 p. 15.

2) So schon Heusler S. 243 f., freilich ohne vollkommene klare Erkenntniss.

3) Vgl. oben S. 7 ff., unten S. 60. Man formulirte nur falsch, indem man Zeugniss und Eid über „reine Urtheile" ausschliessen wollte. S. noch Gaupp Anm. 8 zu § 410 und bes. RG. I. C. S. 26. X. 81 Civils. Bd. 7 S. 1 ff., wo mit Recht der Eid über den technischen Obersatz unstreitiger Thatsachen als unzulässig abgelehnt wird.

4) Der Richter kann immer nur einen gegenwärtigen Zustand wahrnehmen, der aber als Indiz für vergangene Ereignisse dienen kann, so z. B. die Brüchigkeit des Papieres für die Verwendung von Holzstoff bei seiner Herstellung. Uebrigens kann das Gericht auch in Bezug auf einen Hergang „Augenschein" einnehmen, z. B. Glocken läuten lassen, um festzustellen, wie weit sie zu hören sind. Vgl. das Beispiel bei Langenbeck Beweisführung S. 42 f. A. M. scheinbar Weismann, Arch. f. civ. Pr. Bd. 72 S. 307.

Der erste Weg ist naturgemäss schwierig und nur in seltenen Fällen gangbar. Er wird wohl nur dann betreten, wenn es gilt Etwas als üblich, gebräuchlich, gewöhnlich zu erweisen, namentlich also beim Beweise eines Ortsgebrauches oder eines Handelsgebrauches, sowie bei den Sätzen des Gewohnheitsrechtes, die ja von den thatsächlichen Uebungen nicht sowohl ihrer Entstehung nach, als logische Urtheile, sondern nur ihrem rechtlichen Werthe nach unterschieden sind.[5])

Alsdann sind dem Richter einzelne concrete Thatsachen in so grosser Zahl und in solcher Uebereinstimmung[6]) auf gewöhnlichem Wege, durch Zeugen oder Urkunden oder Eid oder Augenschein, wenn das möglich ist[7]), kurz durch die individuellen Beweismittel darzuthun, dass der Richter die Möglichkeit gewinnt, aus ihnen den Inductionsschluss auf den zu erweisenden Obersatz zu ziehen.[8])

Die ungeheure Arbeitslast, welche diese Art des Beweises regelmässig verursacht, steht in keinem Verhältniss zu dem zu erzielenden Ergebnisse. Denn auch wenn hundert Einzelfälle mit einem Apparat von eben so viel und mehr Zeugen erwiesen sind, ist die Grundlage, die damit dem Richter geliefert wird, mager und dürftig. Sie lässt sich mit derjenigen gar nicht vergleichen, die ein mitten in dem fraglichen Lebenskreise Stehender, ein Sachverständiger, besitzt, dem in den täglichen Erfahrungen seines Berufes die Regeln wie die Ausnahmen in unzähligen Anwendungsfällen entgegentreten. Dazu kommt aber noch ein Anderes. Das Glück einen Erfahrungssatz selbst zum ersten Male aufzustellen, ein Bahnbrecher menschlichen Geistesfortschrittes zu sein, ist nur Wenigen

5) Vgl. oben S. 22f., 40, 47.

6) Der Gegenbeweis kann sich dann auf widersprechende Fälle richten.

7) So z. B., wenn es sich darum handelt, ob ein Waarenzeichen sich vor seiner Anmeldung im freien Gebrauche aller oder gewisser Klassen von Gewerbtreibenden befunden hat (§ 10 Abs. 2 des Markenschutzges. v. 30. XI. 74). Aus einer vorgelegten Sammlung von 80 oder 100 einzelnen Waaren bezw. Verpackungen könnte hier der Richter den Schluss auf den allgemeinen Gebrauch ziehen. Vgl. auch RG. I. C. S. 29. I. 87 Civils. Bd. 19 S. 209, wo das OLG. aus einer Anzahl gedruckter Formulare einen Schluss auf die Ueblichkeit gewisser Abmachungen gezogen hat.

8) Vgl. bes. Goldschmidt, Handelsrecht, Bd. 1 § 35 S. 328f., 348, OAG. Dresden, Seuff. Arch., Bd. 16 Nr. 183, sowie für Feststellung von Durchschnittspreisen ROHG. in Seuff. Arch. Bd. 25 Nr. 189. — Aehnlich Greenleaf P. II ch. VI § 128, 138, sowie Stephen P. I ch. II a. 6. In Frankreich erlaubt man in Fällen, wo der Gebrauch Gesetzeskraft hat, eine enquête par tourbes. Garsonnet II p. 549.

beschieden. Die grosse Masse der Kundigen hat ihr Material an Erfahrungssätzen selbst durch Belehrung fertig empfangen. Die Fälle also, die der Sachverständige danach noch selbst beobachtet hat, lehrten ihn nicht erst seinen Satz bilden, sondern dienten ihm von Anfang an gewissermassen als Controle desselben. Als Bestätigungen eines schon bekannten Satzes geben aber die Beobachtungsfälle eine viel grössere Sicherheit für denselben, als wenn tastend von ihnen aus erst der unbekannte gesucht werden soll.

So ist denn der Beweis mit Sachverständigen von Alters her der normale Weg, um dem Richter die Kenntniss bisher unbekannter Erfahrungssätze zu eröffnen. Während der Zeuge seine individuelle Wahrnehmung in den Prozess einführt, bringt der Sachverständige sein nicht-individuelles, fungibles Wissen von Erfahrungssätzen mit. Es ist deshalb eine durchaus überflüssige Spielerei mit dem bestehenden Zeugenbegriffe, wenn man den Sachverständigen als „Zeugen für den Satz seiner Wissenschaft" bezeichnet[9]) oder gar eine Aussage, die nur allgemeine Sätze enthält, als (sachkundiges) Zeugniss behandelt.[10]) Wer den abgezogenen Satz aussagt, bezeugt nicht mehr die Einzelfälle, aus denen der Satz gewonnen ist.[11]) Sie sind das Rohmaterial, das durch seine Verarbeitung untergegangen und als solches für den Prozess gleichgiltig ist, nach dem Niemand fragt, das vor Allem der Sachverständige nicht aus eigner Anschauung zu kennen braucht.[12]) Da die meisten Sachverständigen nur Ueberlieferer der Lehren sind, die sie selbst fertig empfangen haben, so ist — im schroffsten Gegensatze zum Zeugen — die Quelle ihres Wissens für den Prozess unerheblich. Der Zeuge vom Hörensagen ist minderwerthig, der Sachverständige, der nur weiss, was Andere gefunden haben, ist vollwerthig.[13]) Es ist daher eine längst anerkannte

9) So mit der älteren Theorie (Obermeyer S. 31 f., 42 f.) und der englischen Auffassung von Canstein S. 328 f., 342.

10) So bes. beim Beweise von Gebräuchen, OAG. Cassel in Seuff. Arch. Bd. 7 Nr. 345 (auch bei Strippelmann S. 526 ff.), Lübeck ebenda Bd. 8 Nr. 202, wo übrigens die Unerheblichkeit der Einzelfälle klar erkannt ist, Dresden ebenda Bd. 16 Nr. 183 u. A. m.

11) Dies ist der Irrthum von Obermeyer S. 78 f. Vgl. dagegen oben S. 20 f. und Sigwart, Logik, Bd. 2 S. 406, sowie Heusler S. 247. Daher denn auch ein Beweis entgegenstehender Einzelfälle hier ein schlechthin untauglicher Gegenbeweis wäre. Anders vorher Anm. 6.

12) So auch RG. III. Str. S. 6. III. 80 Strafs. Bd. 1 S. 303.

13) Es ist bezeichnend, dass § 68 St P.O. u. § 361 C.P.O. Fragen über die Wissensquelle des Zeugen vorsehen, die beim Sachverständigen einfache Thorheit wären.

Wahrheit, dass die Sachverständigen im Gegensatz zu den Zeugen, deren Zahl und Person durch vorprozessuale Ereignisse festgestellt ist, die eine geschichtliche Beziehung zur Sache haben müssen, fungible Beweismittel sind, die der Richter auswählt.[14]) Er hat dabei lediglich zu prüfen, ob er von dem zu Wählenden die nöthige Kenntniss erwarten darf[15]), wobei es im Uebrigen ganz unerheblich ist, welchem Gebiete diese Kenntniss angehört. Auf der anderen Seite muss freilich das Gericht die Ueberzeugung erhalten, dass der angebliche Erfahrungssatz auch wirklich auf Erfahrung beruht, nicht etwa den Charakter einer rein speculativen Hypothese hat, was namentlich, wenn auch nicht allein, bei der Feststellung von Gebräuchen und Gewohnheiten von entscheidender Bedeutung wird.[16])

Der Sachverständige kann nun an sich seiner Aufgabe dadurch vollkommen genügen, dass er den Obersatz in abstracter Form, ohne jede Beziehung auf den gegenwärtigen Fall, ausspricht. Das geschieht denn auch zuweilen in der Praxis, am Häufigsten bei Handelsgebräuchen, wo die sog. Pareres kaufmännischer Sachverständiger sogar regelmässig ganz allgemein lauten[17]), sowie dann, wenn es sich um Begutachtung hypothetischer Thatsachen handelt.[18]) Aber auch sonst kommt es vor, namentlich wenn der Erfahrungssatz zur Subsumtion gebraucht wird.[19]) Alsdann ist die letztere Thätigkeit Aufgabe des Richters, der die Thatsachen seines Falles mit dem ihm gelieferten allgemeinen Obersatze zu messen hat. Dass diese Aufgabe eine ganz andere ist, als wenn er sich erst den Obersatz selbst durch Schlussfolgerungen aus Einzelthatsachen bilden soll, liegt auf der Hand.

---

14) Vgl. u. v. A. Bonnier n. 111 p. 91: les témoins sont limités par la force des choses, . . les experts sont choisis après coup. Aehnlich Faustin-Hélie t. IV p. 526 (auch bei Binding, Grundriss § 80), Kohler, Prozess als Rechtsverhältniss S. 29f., Ullmann S. 344. Ueber Ausnahmen (fungible Zeugen) s. unten S. 70.

15) Vgl. a. 43 code d'instruction: personnes présumées par leur art ou profession capables d'apprécier la nature et les circonstances du crime ou délit.

16) So verlangt bes. das ROHG. Bd. 9 S. 24f., dass eine Usance stets aus thatsächlicher Uebung geschlossen sein muss.

17) Vgl. als Beispiele die in den Entscheidungen des ROHG. Bd. 7 S. 4, Bd. 13 S. 369 und in denen des RG. Civils. Bd. 9 S. 56 abgedruckten.

18) Vgl. oben S. 20 Anm. 11 und Bonnier n. 111 p. 91.

19) So bei den amtlichen Auskünften über Durchschnittslöhne, Alimentensätze, Posteinrichtungen u. dgl. S. unten S. 71. Vgl. z. B. RG. I. C.S. 29. I. 87 Civils. Bd. 19 S. 209, wo die Sachverständigen nur sagen, in welchem Sinne gewisse Ausdrücke im Allgemeinen im Seeversicherungsgeschäft gebraucht zu werden pflegen.

Meist aber geht die Thätigkeit des Sachverständigen einen Schritt weiter. Sie nimmt dem Richter die Subsumtion vorweg und das Gutachten tritt in der Form der fertigen Schlussfolgerung auf: Dieses Mohnöl ist für feinste Waare zu roth. Zu diesem Papier ist Holzstoff verwendet. Der Zeuge hat in Folge eines Schlages das Gehör verloren. Der Betrieb des Beklagten ist ein fabrikmässiger. Das streitige Haus ist 50 000 Mark werth. U. s. f.[20])

Diese Urtheile sind sicherlich Thatsachenurtheile und offenbar von denjenigen, die der Zeuge ausspricht, als logische Urtheile nicht verschieden, denn sie sagen, mindestens scheinbar, auf Grund eigener Wahrnehmung und Schlussfolgerung über concrete Thatsachen bezw. über Eigenschaften von Dingen aus.[21]) Da nun, wie früher gezeigt worden ist, auch der Zeuge seine Aussage nur auf Grund von Subsumtionen machen kann, und da ferner das Institut des sachverständigen Zeugen darthut, dass es darauf nicht ankommt, ob die Obersätze der Schlussfolgerungen besonderer Sachkunde bedürfen, so will es scheinen, als ob die Begrenzung der beiden Begriffe, die sich ja auch mit dem Gegensatze von Thatsache und Urtheil nicht hat bewerkstelligen lassen, entweder überhaupt unfindbar sei oder doch nur mit Hilfe einer Unterscheidung des Gegenstandes der Aussage gefunden werden könnte. In der That wird denn auch behauptet, dass der Zeuge stets über vergangene Thatsachen, der Sachverständige über gegenwärtige aussage[22]), oder dass es auf die Zufälligkeit oder Geflissentlichkeit der Wahrnehmungen[23]), oder darauf ankomme, dass der Eine Wahrnehmungen berichte, die er vor dem Prozesse, der Andere solche, die er im Prozesse gemacht habe[24]), wobei Manche wiederum im Strafprozesse auch die Aussage über im Vorverfahren gemachte Wahrnehmungen, z. B. über den Befund bei einer Leichenöffnung, als Gegenstand des Zeugnisses ansehen wollen.[25]) Dabei spielen noch unausgetragene Verschiedenheiten insofern herein, als den Gegensatz zum Gegenwärtigen bald das (zeit-

20) In diesem Falle von Befund statt von Gutachten zu sprechen, wie Ullmann S. 344f. thut, ist unseren Gesetzen fremd.

21) Vgl. oben S. 23f.

22) So z. B. Heusler S. 243ff., Glaser Bd. 1 S. 686, z. Th. auch Gensel, Sächs. Arch. f. bürgerl. R. Bd. 2 S. 565.

23) Ditzen, Ztschr. für Strafr. Wissenschaft Bd. 10 S. 163, ähnlich Weismann, Arch. f. civ. Praxis Bd. 72 S. 207, Ullmann S. 346.

24) Vgl. z. B. Rupp S. 115f., von Kries S. 381.

25) So u. A. Löwe, Anm. 2 zu § 85, Geyer in Holtzendorffs Hdb. Bd. 1 S. 232 Anm. 1.

lich) Vergangene, bald das (räumlich) vom Richter Entfernte, und als Wahrnehmung im Prozesse bald die zur Zeit desselben, bald nur die in der Gerichtsverhandlung gemachte gilt.

Die erste Ansicht ist schlechterdings unhaltbar. Dass ein Mensch, welcher aussagt, ein Haus habe drei Fenster Front, Sachverständiger sei, so lange das Haus steht, und Zeuge erst werde, wenn es abbrennt, ist einfach absurd.[26]) Aber auch wenn man den „untauglichen" Versuch machen wollte, die Anwendung des Satzes auf die Fälle zu beschränken, wo eine besondere Sachkunde zur Wahrnehmung nöthig war oder ist, wird die Sache um Nichts besser. Denn der Arzt, welcher erzählt, dass er bei einem Menschen Schwindsucht gefunden habe, sagt doch Dasselbe aus, ob der Mensch noch lebt oder nicht. Oder sollte etwa, wenn der ausgebliebene Zeuge, zu dessen Entschuldigung der Arzt vernommen wird, in der letzten Nacht gestorben ist, diese dem Gericht möglicher Weise unbekannte Thatsache hinterher entscheiden, ob der Arzt Zeuge oder Sachverständiger war?

Aber auch die zweite Ansicht, dass es auf den Zeitpunkt der Wahrnehmung ankommt, ist, so sehr ihr ein richtiger Kern eignet, in ihrer gegenwärtigen Fassung nicht richtig. Zwar die eine Alternative ist unanfechtbar: wer über seine vorprozessualen Wahrnehmungen berichtet, ist immer Zeuge, gleichviel, ob er durch Zufall oder Zuziehung zu seiner Wahrnehmung gelangte. Er kann höchstens zugleich Sachverständiger werden.[27]) Aber der andere Satz ist falsch. Denn so lange es das Recht und die Pflicht des Richters ist, auch solche Thatsachen zu berücksichtigen, die sich erst im Laufe des Prozesses ereignet haben, müssen immer Zeugen über Wahrnehmungen z. Z. des Prozesses herangezogen werden, und Zeugen sind auch die Personen, die ihre im Prozesse „geflissentlich" gemachten Wahrnehmungen bekunden, wie z. B. der Untersuchungsrichter, der Gerichtsbote oder der Beamte der Criminalpolizei, den obendrein oft ein recht hohes Mass „besonderer Sachkunde" auszeichnet.[28])

Auch die Fassung der §§ 379 C.P.O. und 85 St.P.O. hilft uns

---

26) Dagegen auch von Kries a. O. S. 382.

27) Vgl. oben S. 9.

28) Binding, Grundriss § 80 hat diesen Erscheinungen Rechnung getragen, indem er betont, dass der Zeuge seine Wahrnehmungen „regelmässig" vor dem Beginn des Prozesses mache. — Wie hier Planck Bd. 2 S. 160, der als Beispiel den Zeugen anführt, der im Auftrage des Richters ein Thurmdach oder einen Schornstein besichtigt. Vgl. dazu noch unten Anm. 72.

nicht weiter, da sie die Anwendung des Zeugnissbegriffes auf Aussagen über gegenwärtige Thatsachen nicht verneinen kann und will, und darum höchstens zu der Unterscheidung führen könnte, ob die gemachte Wahrnehmung der Wiederholung fähig ist oder unwiederbringlich der Vergangenheit angehört.[29]) Aber auch wenn eine Wahrnehmung noch wiederholt werden kann, weil ihr Gegenstand unverändert vorhanden ist, bleibt die darüber (dass das Haus drei Fenster Front hat) aussagende Person Zeuge.

So ist es denn in der That eine vergebliche Mühe, den Unterschied der Zeugen- und Sachverständigen-Aussage in ihrem Inhalte oder ihrem Gegenstande oder in der Art ihrer Entstehung zu sehen. Der Eine wie der Andere subsumirt seine Wahrnehmungen und sagt die Schlussfolgerung aus. Worin aber der doch zweifellos vorhandene Gegensatz besteht, das mögen die beiden folgenden, dem Leben abgelauschten Gespräche klar stellen.[30])

Nr. I. Zeuge: Als ich den Angeklagten an der Thür seines Hauses stehen sah, war es gerade Mittag.

Richter: Woraus schliessen Sie das?

Zeuge: Die Wache zog eben auf und die Kinder kamen gerade aus der Schule.

Nr. II. Sachverständiger: Das Oel, dessen Probe mir vorgelegt worden ist, kann höchstens als zweite Waare gelten und ist nicht mehr als 10 Mark für den Centner werth.

Richter: Woraus schliessen Sie das?

Sachverständiger: Das Oel ist nicht durchsichtig, während erste Waare ganz klar sein müsste. Der angegebene Preis ist der hierorts für zweite Waare übliche.

Es springt in die Augen, dass der Zeuge den Untersatz derjenigen Schlussfolgerung angiebt, die ihn zu dem Satze geführt hat: es war Mittag. Sache des Richters ist es, aus der Kenntniss des Obersatzes über die übliche und gewöhnliche Zeit des Schulschlusses u. s. w. die Richtigkeit der Schlussfolgerung zu prüfen; je nachdem er diesen Obersatz, den ihm dieser Zeuge nicht liefert, sondern den er selbst kennt oder irgendwie feststellen muss, für richtig hält, wird er für erwiesen erachten, dass es damals Mittag war. Im zweiten Falle dagegen wird er die Probe zur Hand nehmen und selbst prüfen, ob das Oel durchsichtig ist oder nicht, d. h. den Untersatz der Schlussfolgerung selbst feststellen, um ihn an dem vom Sachverständigen

29) So in der That Löwe a. O.

30) Vgl. auch Kleinfeller S. 273.

gelieferten Obersatze zu messen. Und wenn eine Probe ihm nicht vorliegt, wird er durch Zeugen feststellen, ob das Oel durchsichtig war, wenn anders nicht die Beschaffenheit unstreitig ist. Und ebenso ist es mit dem zweiten Theile der Aussage. Dass dieses Mohnöl zweite Waare ist, bildet den Untersatz für den durch den Sachverständigen ausgesprochenen Obersatz des Preises.

Es ergiebt sich daraus die in allen Fällen durchschlagende Regel: Wenn eine Person dem Richter ein auf Schlussfolgerungen beruhendes Thatsachenurtheil aussagt, so bedarf es der Analyse, auf welchem allgemeinen Obersatz und welchem concreten Untersatz die Schlussfolgerung ruht. Je nachdem das Neue, das die Aussage in den Prozess einführt, dasjenige, wovon der Richter durch die Aussage überzeugt werden soll, der Untersatz oder der Obersatz ist, ist die aussagende Person Zeuge oder Sachverständiger.[31])

Diese im einzelnen Falle nicht ganz leichte Aufgabe hat also zum Ziele dasjenige Element aus der Aussage auszuschalten, welches für sie unerheblich ist, welches weggedacht werden kann, ohne ihren Beweiswerth zu ändern. In den obigen Beispielen wären die Aussagen natürlich von ganz derselben Bedeutung, wenn der Zeuge erzählte, er habe den Angeklagten zu der Zeit gesehen, als die Kinder aus der Schule kamen, oder der Sachverständige nur erklärte, wenn das Oel nicht durchsichtig sei, sei es zweite Waare.

Das zeigt sich sehr deutlich an den Fällen, wo das Ergebniss „Es war 12 Uhr“ oder „Dieses Oel ist zweite Waare“ durch das Zusammenwirken von zwei Beweismitteln, Aussagen oder Augenscheinsobjecten, hergestellt ist, wenn also z. B. im ersten Falle neben dem Zeugen eine ortskundige Person über die übliche Zeit des Schulschlusses aussagt, wenn im zweiten der Sachverständige die Probe nicht selbst gesehen hat, sondern sein Gutachten auf Grund der Aussage eines Zeugen abgiebt, der ihm über das gefundene Aussehen des Oeles berichtet.[32])

---

31) So schon gelegentlich, aber ohne den Gedanken festzuhalten, Strippelmann S. 55 und annähernd Gross Bd. 2 S. 32. Ganz klar erkannt ist der springende Punkt bes. von Wach, Krit. V. J. Schr. Bd. 14 S. 337: „Der Sachverständige ergänzt den für den Schluss (des Richters) nothwendigen Obersatz“, und von Glaser Bd. 1 S. 676: Der Sachverständige bietet die propositio maior, der Zeuge die propositio minor. Aehnlich, nur in übertreibender und nicht genauer Fassung John Bd. 1 S. 514, 517: Der Sachverständige vermehrt das Beweis- (lies Thatsachen-) material nicht, er macht es nur benutzbar. Aehnlich auch RG. V. C.S. 14. I. 88 Civils. Bd. 20 S. 390 (394). —

32) Beispiele dieser Art s. in Seuffert's Archiv Bd. 20 Nr. 88, Bd. 27 Nr. 238.

Es tritt aber auch ebenso deutlich in den Fällen hervor, wo die beiden Sätze von derselben Person geliefert werden, wo also eine Vereinigung der Functionen des Sachverständigen und des Zeugen eintritt.

Diese Vereinigung ist nicht nothwendig beim sog. sachverständigen Zeugen. Denn er wird nur dadurch ausgezeichnet, dass die Sachkunde ihn im Momente der Wahrnehmung zur Verarbeitung derselben befähigte. Dagegen liegt es an sich ausserhalb seiner Aufgabe, zugleich dem Richter seine Sachkunde im Momente des Urtheils behufs Bildung desselben zur Verfügung zu stellen. Wo er auch diese Aufgabe übernimmt, die an sich auch ein Anderer erfüllen könnte und nicht selten erfüllen wird[33]), ist er im Prozesse in doppelter Rolle thätig.

Von diesem Falle abgesehen aber liefert der Sachverständige nur die Obersätze, und es ist deshalb schlechterdings unmöglich, dass er jemals für sich die thatsächliche Urtheilsgrundlage schaffe: immer muss daneben durch individuelle Beweismittel bezw. Aussagen der von ihm zu begutachtende Untersatz geliefert werden.[34])

Die soeben ausgesprochene Regel kann auch auf die Begrenzung des Eidessatzes unmittelbar Anwendung finden. Das Entscheidende bleibt immer, dass der Untersatz der Subsumtion, deren Schluss den Eidessatz bildet, das Streitige, durch den Eid zu Beweisende ist. Daher der Eid nur auf den Untersatz zu stellen ist, wenn der Obersatz streitig oder dem Schwörenden nicht ganz geläufig ist. Dagegen besteht kein Bedenken ein sog. technisches Urtheil zum Schwure zu verstellen, wenn das Gericht keinen Anlass hat zu zweifeln, dass der anzuwendende technische Obersatz der Partei genau bekannt ist[35]), — wie das Gleiche auch bei dem Eide mit juristischem Obersatz, dem sog. Eide über Rechtsbegriffe oder juristische Urtheile, jetzt immer allgemeiner anerkannt wird.[36]) Auch ein solcher Eid

---

Vgl. auch unten S. 63 f. Dass der Sachverständige in diesem Falle nach dem Wortlaut der §§ 85 St. P. O., 379 C. P. O. als sachverständiger Zeuge angesehen werden könnte, ist eine Besorgniss von Glaser Bd. 1 S. 686, für die ich keinen Grund zu ersehen vermag.

33) Der Gerichtsarzt wird zuweilen als Sachverständiger gerade zur Controle des als Zeuge vernommenen Arztes der letzten Krankheit zugezogen.

34) So treffend Binding, Grundriss § 80 I 1. Vgl. auch Weismann, Arch. f. civ. Praxis Bd. 72 S. 303 f. A. M. Obermeyer S. 77, der bei seinen Beispielen die von den Sachverständigen studirten Urkunden völlig übersieht. und Hellmann S. 560. — § 368 C. P. O. spricht daher auch nicht wie sonst (oben S. 5) von zu beweisenden Thatsachen, sondern von zu begutachtenden Punkten.

35) Nachweise bei Kleinfeller S. 270, 301 ff.

36) Vgl. z. B. RG. VI. C. S. 20. IX. 88 Civils. Bd. 21 S. 402 f. u. oben S. 10, 13 f.

bleibt Thatsacheneid, denn nicht der Rechtsbegriff, sondern die ihm zu subsumirende Thatsache ist das Neue, das in den Prozess eintritt. Von dem Rechtseide des älteren Rechts, bei dem die Partei nicht die juristisch qualificirte Thatsache, sondern lediglich die aus ihr abgeleitete Rechtsfolge (ihren Anspruch, ihre Unschuld) beschwor, ist er immer noch scharf geschieden.[37]) —

Es liegt aber von dem gewonnenen Standpunkte aus die Frage nahe, ob nicht wenigstens der Sachverständige zugleich Zeuge sei, der vom Richter beauftragt wird, die zu seinem Gutachten nöthige concrete Wahrnehmung selbst zu machen und darüber zu berichten? Der Chemiker also, der die Leichentheile untersucht, der Baumeister, der sich an Ort und Stelle von der Baufälligkeit eines Hauses überzeugt, u. s. w.?

Ist es wahr, dass in diesem Falle der Bericht deshalb die Eigenschaft des Sachverständigen nicht berühre, weil die berichteten Thatsachen unstreitige seien[38])? Oder ist, da doch der letzterwähnte Umstand schon für den Civilprozess nicht immer zutrifft und für den Strafprozess ganz unbrauchbar ist, wirklich der Sachverständige in solchen Fällen in Bezug auf seinen Bericht zugleich Zeuge[39])?

Zur Beantwortung dieser Frage bedarf es eines sorgfältigen Eingehens auf die Thätigkeit des Sachverständigen im Prozesse.

An drei Stellen bedarf der Richter der Erfahrungssätze und somit des Gutachtens eines Sachverständigen: bei der Würdigung der Beweismittel, bei der der Indizien und bei der Subsumtion der Thatsachen unter den Rechtssatz. Die Thätigkeit des Sachverständigen spaltet sich aber nicht dieser Dreitheilung entsprechend, denn seine Function ist offenbar dieselbe, ob er aus dem Anblick einer Wunde rückwärts schliesst, dass sie mittels eines Messers beigebracht sei, oder vorwärts, dass sie eine dauernde Entstellung zur Folge habe,

---

37) Gegen Staub a. O. ist danach einzuwenden, dass der Richter in der Analyse nicht so weit zu gehen braucht, bis die weitere Auflösung unmöglich ist, sondern nur so weit, bis er sicher ist, dass der Obersatz unzweifelhaft und verstanden ist. Darüber wird er sich freilich vergewissern müssen. Vgl. die von Staub selbst gegebenen Beispiele: Eid über Annahme einer Offerte u. dgl. m.

38) Dies ist, mit Abweichungen im Einzelnen, die Ansicht von Wach a. O. S. 336 f., Wendt S. 269, Langenbeck, Beweisführung S. 557 f. (mit Beschränkung auf die von Amts wegen zugezogenen), Wetzell S. 529, Glaser Bd. 1 S. 686 f., John Bd. 1 S. 516 u. A. m.

39) So bes. von Kries S. 381 und mit Beschränkung auf den Fall, dass die Wahrnehmung nicht wiederholt werden kann, Löwe zu § 85 St. P. O. Ueber die Rechtsprechung s. unten Anm. 50, 61.

oder wenn er nach Betrachtung des Oeles den Schluss ausspricht, dass es nicht gereinigt sei, oder den anderen, dass es nicht erste Waare sei. Nur der angewandte Erfahrungssatz ist jeweils ein anderer, während prozessualisch die erste Aussage den Indizienbeweis, die zweite die Subsumtion trägt.

Von Bedeutung erscheint dagegen eine andere Unterscheidung.

Der Richter erhält die Thatsachen im Prozesse durch Wahrnehmung, und das Object derselben ist entweder die Thatsache selbst oder ein Bericht darüber. Das Erstere beim Augenschein und dann, wenn die schriftliche Abgabe einer Erklärung zu beweisen ist, die im Original vorgelegt wird (vgl. oben S. 44f.). Das Letztere, wenn er die Parteiaussage oder das Zeugniss über die Thatsache in schriftlicher oder mündlicher Form empfängt oder bei Beweisaufnahme durch ein anderes richterliches Organ (beauftragten, ersuchten, Untersuchungsrichter u. s. w.) einen protokollarischen Bericht über dessen unmittelbare Wahrnehmung. Hatte aber die frühere Beweisaufnahme selbst den Empfang eines Berichtes zum Gegenstande, war sie also Zeugen- oder Parteivernehmung, so ist das Object der Wahrnehmung des erkennenden Richters ein Bericht über einen Bericht u. s. f.[40])

Es ist sonach einerseits möglich, dass der Richter Beweismittel und Thatsache beim Augenschein in Einem wahrnimmt, dass er andererseits einen mehrfach mittelbaren Bericht erhält, und es ist zu beachten, dass, wenn ein Zeuge vor ihm steht, er das Beweismittel unmittelbar wahrnimmt, die Thatsache aber, über die der Zeuge aussagt, in der Form des Berichtes erhält. Nach welchen Grundsätzen er bei der Auswahl unter verschiedenen Möglichkeiten zu verfahren hat, und ob es ihm gestattet ist Zeugen zu vernehmen, deren Wahrnehmung sich nicht auf die Thatsache selbst, sondern nur auf einen Bericht darüber bezog, testes de auditu, ist für den vorliegenden Zweck ohne Belang.[41])

---

40) Vgl. dazu auch RG. I. C. S. 8. VII. 85 Civils. Bd. 14 S. 379 und Bonnier n. 32 p. 18 s.

41) Nur im Vorbeigehen möchte ich dem geistvollen, aber grundverfehlten und praktisch ganz undurchführbaren Versuche widersprechen, den von Kries Ztschr. f. Strafr. Wissenschaft Bd. 6 S. 88 ff. und Lehrbuch S. 345 ff. gemacht hat, dem Satz von der Unmittelbarkeit der Beweisaufnahme einen neuen Gegenstand unterzuschieben. Es ist dabei weder die Geschichte noch das Gesetz beachtet, sondern mit dem „Prinzip“ und dem Namen gearbeitet. Der Satz, wie ihn § 249 St. P. O. und § 320 C. P. O. enthalten, will eine Vertauschung der beweisaufnehmenden Subjecte (Commissar statt Prozessgericht) verhindern, nicht den Beweisgegenstand bestimmen (Bericht über mittelbare oder unmittelbare Wahrnehm-

Sofern nun das Gericht sich nicht damit begnügen will, sich von dem Sachverständigen den allgemeinen Obersatz ohne Subsumtion der concreten Thatsachen liefern zu lassen, sondern ein Gutachten i. e. S. verlangt, und der Sachverständige nicht etwa ohnedies schon als Zeuge über die Thatsachen vernommen wird[42]), muss es ihm deren Wahrnehmung mittelbar oder unmittelbar ermöglichen, d. h. den Sachverständigen ebenso wie den Richter zum Beweisempfänger machen.[43]) Im Unterschiede von dem Zeugen, der die Sinneseindrücke meist unbefangen und wahllos, besten Falles aber mit dem Bewusstsein aufnimmt, dass er sie so, wie er sie empfangen hat, wiederzugeben berufen sein wird, ist der Sachverständige zu der Wahrnehmung aufgefordert, um die Thatsachen oder Beweismittel zu beurtheilen. Er muss deshalb, wie der Richter, bei der Wahrnehmung sich anspannen, Kritik üben, auf bestimmte Punkte, die für den anzuwendenden Obersatz von Bedeutung sind, besondere Aufmerksamkeit richten, sich der Unparteilichkeit befleissigen u. s. w.

Die Art dieser Wahrnehmung ist nun keineswegs daran gebunden, wie der Richter selbst zu der Kenntniss der Thatsache gelangt ist. Vielmehr kann der Richter, nachdem er selbst die Wahrnehmung unmittelbar gemacht hat, dem Sachverständigen einen Bericht darüber unterbreiten. Dies ist dann stets der Fall, wenn der Sachverständige auf Grund der Akten, Parteiaussagen, Zeugen-, Augenscheinsprotokolle u. s. w. sein Gutachten abgiebt. Alltäglich ist dies bei den Obergutachten der medicinischen Centralbehörden. Aber auch sonst kommt es vor[44]), und die St.P.O. sorgt sogar in § 80 Abs. 2 dafür, dass dem Sachverständigen die sonst Dritten nicht zustehende Akteneinsicht gewährt werden darf.

Dass in diesem Falle der Sachverständige, wenn er nun bei

---

ung). Was Kries bei uns einführen möchte, ist der englische Satz von der best evidence, Greenleaf P. II ch. IV. V. t. I p. 116, Best § 87 p. 80, den aber unsere Gesetze als Rechtsatz nicht kennen.

42) Vgl. oben bei Anm. 33.

43) Diese wahrnehmende Thätigkeit des Sachverständigen ist Etwas so Alltägliches, dass es fast unverständlich erscheint, wenn das OLG. Braunschweig 27. III. 82 Seuff. Arch. Bd. 38 Nr. 69 einen Sachverständigenbeweis über den Werth, den ein Grundstück früher hatte, deshalb ablehnt, weil der Gutachter über die damalige Beschaffenheit erst „durch Nachfrage bei anderen Personen" belehrt werden müsste.

44) Vgl. die Gutachten über den Geisteszustand Verstorbener auf Grund der Akten, Seuff. Arch. Bd. 20 Nr. 88, Bd. 27 Nr. 238, sowie ROHG. Seuff. Arch. Bd. 27 Nr. 74.

seinem Gutachten auch über seine Wahrnehmungen berichtet, diese nicht erst in den Prozess hineinträgt, über sie nicht Zeugniss ablegt, bedarf keiner Ausführung.

Der regelmässigere Fall ist aber der, dass der Richter den Sachverständigen gleich zu der vom Gericht zu machenden Wahrnehmung zuzieht, und zwar aus naheliegenden praktischen Gründen wenn möglich an der Stelle, wo dem Gerichte selbst oder seinem Organe die unmittelbare Wahrnehmung geboten wird. Er macht ihn dann zum Mitempfänger des Beweises, einerseits um von ihm die sachkundige Anleitung zur eigenen Wahrnehmung zu erhalten[45]), andererseits um nach Möglichkeit das Gutachten controliren zu können, dessen Beurtheilung ja schliesslich bei ihm steht. Dieser Fall gemeinschaftlicher Wahrnehmung wird in der Literatur meist als der „zusammengesetzte Augenschein" bezeichnet.[46]) Das ist falsch, weil nicht das Beweisobject ein „zusammengesetztes" ist, sondern lediglich zwei zusammen thätige Empfänger des Beweises vorhanden sind, und weil diese Art der Beweisaufnahme bei jeder denkbaren Form der Wahrnehmung, nicht blos beim Augenschein, möglich ist und vorkommt.[47]) Sie ist vorhanden, wenn der Richter den Dolmetscher, den Sprachsachverständigen, behufs Uebersetzung von Parteiaussagen oder Zeugnissen, mündlichen oder schriftlichen, heranzieht[48]), sie ist vorhanden, wenn der Sachverständige der Vernehmung der Zeugen oder Parteien oder der Verlesung von Urkunden beiwohnt, um die von Jenen ausgesagte oder in Diesen enthaltene Thatsache zu begutachten[49]) u. s. f.

45) Fitting S. 402 u. A. Glaser, Handbuch Bd. 1 S. 672 glaubt, m. E. ohne stichhaltigen Grund, dass Rechenverständige, Geometer, Buchhalter u. s. w., die nur die Beweismittel würdigen helfen, nur auf der Uebergangslinie zum Sachverständigen stehen.

46) So z. B. noch Glaser Bd. 1 S. 673. Auch St. P. O. § 87, 93, 193 und C. P. O. § 337, 406 f. u. s. w. behandeln die „Zuziehung" von Sachverständigen vorzugsweise bei Augenscheinseinnahmen.

47) Schon von John Bd. I S. 515 f. bemerkt, aber nicht ausgebeutet.

48) Dass der Dolmetscher seiner Aufgabe nach Sachverständiger ist, wenngleich ihn das Gesetz abseits von Jenen gestellt hat (bes. für § 244 St. P. O.), ist vom RG. II. Str. S. 26. I. 86 Rspr. Bd. 8 S. 97 durchaus richtig festgestellt. Wenn Schaper S. 183 dagegen das Bedenken hat, dass der Dolmetscher nicht die Regeln der Sprachwissenschaft, sondern nur die Wortbedeutungen erkennen lehrt, so übersieht er, dass es nicht darauf ankommt, ob ein Obersatz banal oder schwierig ist, sondern darauf, ob ihn der Richter kennt oder nicht. Ganz willkürlich a. M. auch Obermeyer S. 47. Vgl. auch oben S. 25 ff.

49) Dies wird ihm bekanntlich durch St. P. O. § 80 Abs. 2 und § 242 Abs. 4 ermöglicht, aber auch im Civilprozess ohne besondere Gesetzesvorschrift geübt.

Dass der Sachverständige hierbei Beweisempfänger ist, zeigen die gesetzlichen Vorschriften, die ihm ein Fragerecht verleihen, welches zu seiner Aufklärung, nicht wie das der Parteien zu der des Gerichts dient. Dass er, neben dem Richter wahrnehmend, den Gegenstand seiner Wahrnehmung nicht als Zeuge bekundet, wenn er ihn im Gutachten erwähnt, folgt daraus, dass die Thatsache durch die Wahrnehmung des Richters bereits Beweisstoff geworden ist, also nicht erst vom Sachverständigen beigebracht wird, und dass bei der concurrirenden Wahrnehmung Beider die des Richters nothgedrungen die entscheidende ist. Auch hier bleibt also der Sachverständige von jeder Zeugenschaft frei.[50])

Wirkliche Schwierigkeit bietet erst der Fall, dass der Richter darauf verzichtet, sich gleichzeitig mit dem Sachverständigen an der Wahrnehmung zu betheiligen, so dass der Sachverständige zum alleinigen Beweisempfänger wird und den Richter vertritt[51]), wobei es gleichgiltig ist, ob das Gesetz, wie bei der Leichenöffnung in § 87 St.P.O., auch noch die Anwesenheit des Richters verlangt, da ja dessen eigene Wahrnehmung nicht gefordert wird. Im Regelfalle erfolgt jedenfalls die Wahrnehmung des Sachverständigen ohne diejenige des Richters[52]), so besonders, wenn der Geisteszustand eines Angeklagten in einer Irrenanstalt beobachtet (§ 81 St.P.O.) oder die chemische Untersuchung von Leichentheilen vorgenommen wird (§ 91 St.P.O.). Das gleiche Verfahren wird aber auch sonst eingeschlagen, im Civilprozesse besonders oft in der Weise, dass dem Sachverständigen kurzer Hand aufgegeben wird sich vor dem Termine die zu begutachtende Waare oder dgl. anzusehen. Statthaft ist es jedoch nur bei der unmittelbaren Wahrnehmung. Für den Fall der Zeugen- oder Parteivernehmung hat die St.P.O. in § 80 Abs. 1 ausdrücklich vorgeschrieben, dass auch dann, wenn sie nur zur Aufklärung des Sachverständigen nöthig ist, der Richter sie abhalten muss. Der naheliegende Grund, dass dem Sachverständigen keine uncontrolirte Zwangsgewalt über die Person eingeräumt werden

50) Ebenso RG. V. C.S. 20.XI. 89 Seuff. Arch. Bd. 46 S. 53, indem es einen Zeugeneid hier nicht für erforderlich hält.

51) Auf diese Vertreterstellung haben schon u. A. Obermeyer S. 68, Glaser Bd. 1 S. 675 und Fitting S. 402 hingewiesen. In Frankreich ist sie für den Civilprozess das Normale. Die expertise findet ausserhalb des Prozesses statt, ihr Ergebniss wird in urkundlicher Form zu den Akten gebracht. Vgl. code de procédure art. 302 ss. und die in Anm. 53 citirten Schriftsteller.

52) Vgl. auch C.P.O. § 716: Vertretung des Gerichtsvollziehers durch den Sachverständigen.

soll, schlägt aber auch für den Civilprozess ohne Weiteres durch und ist in § 598 wenigstens für das Entmündigungsverfahren anerkannt.[53])

Die Gründe zu diesem Verfahren können, so weit ich sehe, zweierlei Art sein. Es kann sich nämlich entweder um Wahrnehmungen handeln, die an sich, weil sie streitige Thatsachen erweisen sollen, der Richter selbst machen müsste. Hier kann sich der Richter vertreten lassen, wenn er sich oder das Gesetz ihm nicht dasjenige Maass von Wissen und Erfahrung zutraut, welches dazu gehört, die Wahrnehmung mit einer einen verständigen Mann überzeugenden Sicherheit zu machen[54]), oder wenn aus anderen Gründen, z. B. bei der körperlichen Untersuchung von Frauen[55]), seine Theilnahme nicht angemessen erscheint, worüber er im Allgemeinen freies Ermessen hat.[56]) Oder aber es handelt sich um Thatsachen, deren Wahrnehmung für den Richter kein Bedürfniss ist, weil ihr Inhalt ihm durch Bericht (Zeugenaussagen, Parteierklärungen) bereits feststeht, und sich somit für ihn, der ja die technische Subsumtion auf den Sachverständigen abwälzen will, aus der eignen Wahrnehmung kein neuer Prozesstoff mehr ergeben würde.

Dass in dem letzten Falle der Sachverständige nicht mehr Zeuge für die ohnedies feststehende Thatsache ist, ergiebt sich aus denselben Gründen, die oben für die Wahrnehmung schon bewiesener Thatsachen überhaupt angeführt wurden. Die Sache steht nicht anders, als wenn der Richter selbst einen Augenschein „pro informatione" einnimmt. Im anderen Falle[57]) ist es dagegen allerdings

---

53) Anders in Frankreich, Garsonnet t. II p. 572 s., nur ist seine Zeugenvernehmung keine enquête im technischen Sinne, Sirey art. 317 n. 1 ss. Wegen dieser Befugnisse hat aber der S.V. dort auch amtsähnliche Rechte, z. B. gilt seine Beleidigung bei Ausübung seiner Thätigkeit als Amtsbeleidigung nach a. 224 code pénal, Bonnier p. 94. Früher verlangte man deshalb auch, dass er Franzose sein müsse, Bonnier l. l., Sirey a. 303 n. 34.

54) Vgl. auch Weingart, Gerichtssaal Bd. 45 S. 228 und unten S. 80 f.

55) Das RG. II. Str. S. 11. VI. 86 Strafs. Bd. 14 S. 193 spricht die Erwartung aus, dass ein Richter sich hier vom Arzt bezw. von einer Hebamme werde vertreten lassen. Ebenso Kohler, Prozessrechtliche Forschungen, Berlin 1889, S. 83, vgl. auch Wendt S. 306 und Bonnier p. 102. Eine gesetzliche Vorschrift (wie l. 1 pr. § 10 D. de insp. ventre 25, 4 oder c. 6, 7 X de frigidis 4, 15) besteht aber darüber nicht. Vgl. noch unten Anm. 71.

56) Vgl. über die Pflicht selbst Augenschein einzunehmen RG. II. Str. S. 9. VII. 86 und 16. XII. 90 Strafs. Bd. 14 S. 276 f. und Bd. 21 S. 227.

57) Ihn lassen die oben Anm. 38 Angeführten ausser Betracht, während Planck Bd. 2 S. 269 unten ihn als den Regelfall zu betrachten scheint.

richtig, dass er — der Sache nach wie ein Zeuge — dem Richter seine Wahrnehmung einer streitigen Thatsache als Bericht überliefert, dass also hier vom Sachverständigen Obersatz und Untersatz zugleich in den Prozess eingeführt werden.[58]) Aber dieser Bericht unterscheidet sich auf der anderen Seite scharf von dem des Zeugen: die Wahrnehmung ist von einem Beauftragten des Gerichts[59]) als Beweisempfänger gemacht. Das Beweismittel, welches die Thatsachen in den Prozess einführt, ist das Augenscheinsobject. Der Sachverständige vermittelt nur zwischen ihm und dem erkennenden Gericht, und sein Bericht steht prozessualisch durchaus auf einer Stufe mit dem des beauftragten oder ersuchten Richters.[60]) Da nun ferner das Gesetz diese selbständige Thätigkeit des Sachverständigen nicht nur stillschweigend billigt, sondern sogar zuweilen geradezu anbefiehlt (§§ 81, 87, 91 St.P.O.), so ergiebt sich, dass der Sachverständige damit vollständig in der Sachverständigen-Aufgabe und -Rolle bleibt und folgeweise auch insoweit mit Zeugenpflicht und Zeugeneid zu verschonen ist.[61])

Erst dann kann die Sache anders werden, wenn nach der selbstständig gemachten Wahrnehmung der Sachverständige aus irgend einem Grunde dieser Function enthoben, z. B. mit Erfolg abgelehnt wird. Sofern nunmehr auf seine Wahrnehmungen ohne die gleichzeitige Begutachtung im Prozesse reflectirt wird, ist er als Zeuge

---

58) Daher für seine Zeugenstellung in diesem Falle Rupp S. 115, vgl. auch Ullmann S. 345. Gensel im Sächs. Archiv Bd. 2 S. 564 f. will entscheiden lassen, ob die Thatsachen z. Z. des Beweisbeschlusses schon vergangen waren. Binding, Grundriss § 80 I will insoweit den Sachverständigen als Beweismittel ansehen.

59) Ob vor oder nach der Beeidigung, scheint mir unerheblich. A. M. Fitting a. O.

60) So schon von Canstein S. 328, Glaser a. O. S. 674 f. Die Stellung als Beauftragter betont auch RG. II. Str. S. 11. VI. 86 Strafs. Bd. 13 S. 193, wo wichtige Folgerungen daraus gezogen werden.

61) Ebenso bezüglich des Eides das RG. II. Str. S. 26. X. 80 Strafs. Bd. 2 S. 389 f. (betr. die Aerzte bei der Leichenöffnung), I. Str. S. 17. V. 81 Strafs. Bd. 4 S. 232, I. C. S. 24. II. 83 Civils. Bd. 9 S. 378 f. Im Ergebniss übereinstimmend, aber mit abweichender Begründung (die Aerzte der Leichenöffnung sind sachverständige Zeugen), RG. III. Str. S. 8. V. 80 Strafs. Bd. 2 S. 157. Nicht dagegen I. Str. S. 29. IV. 80 Strafs. Bd. 1 S. 402 f., wo es sich um ein Zeugniss über vorprozessuale Wahrnehmungen gehandelt zu haben scheint, das durch den Sachverständigeneid nicht gedeckt wird, wie auch I. C. S. 10. II. 86 Gruchot Bd. 30 S. 1135 f. ausdrücklich anerkennt. Hierin völlig a. M. das sehr bedenkliche, leider nur im Auszug bekannte RG. V. C. S. 25. IX. 86 Jur. Wochenschr. 1886 S. 347.

zu vernehmen, nicht anders als der beauftragte oder ersuchte Richter oder der Untersuchungsrichter, nachdem diese seine Function beendet ist[62]), über die dabei gemachten Wahrnehmungen als Zeuge aussagt. Dass man auf diesen Ausweg und besonders auf den Zeugnisszwang nur zurückgreifen wird, wenn man nicht einen anderen Sachverständigen die Wahrnehmung von Neuem machen lassen kann[63]), ist praktisch richtig, bildet aber keine rechtliche Grenze.

So lange er dagegen Sachverständiger bleibt, ist seine Stellung als Beweisempfänger allein entscheidend, und es kann darauf nicht ankommen, in welchem Stadium des Verfahrens er seine Wahrnehmungen gemacht hat. Sowohl der Arzt, der in der Irrenanstalt beobachtet hat, als der die Leichenöffnung ausführende, als auch der sonstige Sachverständige, der sich gewisse Dinge ausserhalb der Verhandlung angesehen hat, ist dem erkennenden Gericht gegenüber in gleicher Stellung: er berichtet über diesem unbekannte von ihm wahrgenommene Thatsachen. Ob er den Auftrag zur Vertretung des Gerichts von diesem selbst oder vom beauftragten Richter oder vom Untersuchungsrichter erhalten hat, ändert Nichts an seiner Stellung.

Das Ergebniss dieser Untersuchung darf ich dahin formuliren:

> Der Sachverständige als solcher liefert dem Richter stets Erfahrungssätze[64]); nur wenn ihn der Richter mit seiner Vertretung in Bezug auf die Wahrnehmung beweisbedürftiger Thatsachen beauftragt, liefert er zugleich den Bericht über die Letzteren.[65])

In jedem Falle aber, wo er eine Subsumtion vornimmt, übt er eine Thätigkeit aus, die an sich Richteraufgabe ist, und in der er nur

62) Dies betont für den Staatsanwalt auch RG. II. Str. S. 1. X. 80. Strafs. Bd. 2 S. 301. Die Unzulässigkeit derartiger Vernehmungen behauptet ganz allgemein Schneider, Ermittelung des Sachverhaltes S. 8, m. E. ohne jeden Grund.

63) Was z. B. Löwe zu § 85 betont.

64) Wenn die Motive zur C. P. O. S. 261, die zur St. P. O. S. 60 f. (und mit ihnen Viele, so Obermeyer S. 4, Rupp S. 114) sagen, er sei berufen aus Thatsachen Schlüsse zu ziehen, so ist dies nur der übliche ungenaue Ausdruck. Nicht die Thätigkeit des Schliessens, sondern der Obersatz des Schlusses ist das Wesentliche. Die Erstere kann ja ganz fehlen. S. oben S. 55.

65) Dass damit die auch in neuerer Zeit wieder versuchte Unterscheidung der S. V. in wahrnehmende und urtheilende hinfällig wird, will ich nur beiläufig anmerken. Vgl die Unterscheidung bes. bei Obermeyer passim im Anschluss an Bayer, Renaud, Birkmeyer, Planck Bd. 2 S. 269.

den Richter entweder unterstützt oder vertritt. Man kann ihn also einen Richtergehilfen nennen, muss sich aber darüber klar sein, dass praktisch mit dieser Bezeichnung ebensowenig Etwas gewonnen ist, als sich aus dem ganzen um sie geführten Streit, dessen Akten nachgerade geschlossen werden könnten, Etwas Brauchbares ergeben hat.[66]) Denn aus dem Namen, der Nichts giebt als den Niederschlag seiner gesetzlichen Stellung, kann kein Satz über die Behandlung des Sachverständigen im Prozesse abgeleitet werden: in allen praktischen Zweifelsfragen schlägt der Gesetzesbefehl, die Sachverständigen als Beweismittel zu behandeln, durch.

Nur insofern ist diese Erkenntniss von Bedeutung, als sie uns zum Bewusstsein bringt, dass das Urtheil des Sachverständigen sich von dem des Richters nur durch die autoritative Bedeutung des letzteren unterscheidet, dass es also einen specifischen Gegensatz zwischen richterlicher und Sachverständigenthätigkeit in Bezug auf den Inhalt des Urtheilens nicht giebt. Es ist deshalb ungerechtfertigt Sachverständige deshalb nicht zu vernehmen, weil ihr Gutachten in die Richteraufgabe hineinfiele.[67]) Selbst für die Subsumtion unter Rechtsbegriffe kann sich der Richter von Sachverständigen Vorschläge machen lassen, wie ja die literarischen Sachverständigenvereine regelmässig befragt werden, ob ein Nachdruck vorliege.[68]) Nur muss der Richter sich freilich bewusst bleiben, dass es seinem Ermessen untersteht, ob und wie weit er sich das Gutachten aneignen will.

Andererseits ist aber auch zu beachten, dass nicht alle Richtergehilfen, die im Prozesse auftreten, nun auch Sachverständige sind. Zwar das ist nicht entscheidend, ob das Wissensgebiet, dem die Obersätze angehören, eine Wissenschaft i. e. S. ist oder alltägliche Dinge betrifft, wie etwa die Technik des Lampenputzers.[69]) Aber der Richter

66) Auf dem Gebiete des gemeinen Civilprozesses hatte die Streitfrage insofern eine Berechtigung, als besonders die Geltung der Beweisfristen und die Zuziehung von Amtswegen davon abhingen.

67) So bez. der Urkundenauslegung ROHG. Bd. 11 S. 412, Bd. 13 S. 434f. und RG. I. C. S. 29. I. 87 Civils. Bd. 19 S. 209. Die Entscheidung des RG. ist übrigens von Rücksichten der Revision beeinflusst. Vgl. auch Glaser Bd. 1 S. 685 Anm. 20.

68) Vgl. die Entscheidungen des RG. in Civils. Bd. 22 S. 175 (Kammergericht), Bd. 28 S. 61 (OLG. Jena). Ob er sich solche Vorschläge auch über die Auslegung des Gesetzes machen lassen darf, ist später zu erörtern. Unten § 12.

69) Vgl. Strippelmann S. 88ff., Glaser a. O. S. 671, sowie oben Anm. 48 u. S. 25ff. A. M. Weismann, Arch. f. civ. Praxis Bd. 72 S. 294 u. A.

zieht einerseits Leute zu, die lediglich Handlungen vornehmen, nicht über sie berichten sollen: den Schlosser, der ein Zimmer öffnet, den Photographen, der den Thatort oder die angeblich gefälschte Urkunde photographirt u. s. w.[70]), und andererseits solche, die lediglich Thatsachen wahrnehmen und berichten sollen: gerufene Zeugen. So wenn er die Augenscheinseinnahme am Körper einer Frau einer Matrone überträgt[71]), wenn er die Beschaffenheit eines Daches nicht selbst ansieht.[72]) Diese letzteren Personen bleiben so lange reine Zeugen, als lediglich der Untersatz ihrer Aussage von ihnen in den Prozess neu eingeführt und nicht etwa zugleich der Obersatz durch ihre Mittheilung festgestellt werden soll.

Immerhin gleichen sie aber den Sachverständigen in einem sehr wichtigen Punkte: sie entbehren einer vor dem Prozesse liegenden Beziehung zum streitigen Thatbestande. Ihr Wissen ist, soweit es die concreten Thatsachen betrifft, ein im Prozesse und im richterlichen Auftrage erworbenes. Sie sind daher bis zum Momente der Wahrnehmung ebenso wie die Sachverständigen fungible, nicht individuell voraus bestimmte Personen.[73])

Die ebenerwähnte Eigenschaft der Vertretbarkeit ist es, die den Sachverständigen im Prozesse, wenn anders man sie mit den sonstigen Beweismitteln vergleichen will, eine Sonderstellung verleiht. Wie die Sätze, die sie in den Prozess einführen, nicht auf individueller Wahrnehmung beruhen, so ist die Quelle ihres Wissens unerheblich (oben S. 54f.). Nur die bessere oder schlechtere Sachkunde entscheidet über ihren Werth, und es ist deshalb der Inhalt ihrer Aussage ungleich wichtiger für die Beurtheilung dieses Werthes als die Persönlichkeit des Aussagenden.

Das ist nach zwei Richtungen von praktischer Bedeutung. Zu-

70) Dies hervorgehoben zu haben, ist das Verdienst von Glaser a. O. S. 672. Den Franzosen ist diese Kategorie durch Art. 43 code d'instr. geläufig. Faustin-Hélie t. IV p. 385; vgl. auch Garsonnet t. II p. 554. An sich gehört hierher auch die mechanische Thätigkeit bei der Leichenöffnung. — Diese Personen werden indessen sofort Sachverständige, sowie sie ihr Verfahren zu erläutern haben.

71) Abgesehen von dem Falle, wo er ein medizinisches Urtheil haben will, also nur, wenn es sich z. B. darum handelt, ob die Person frische Kratzwunden am Körper oder, was im Vorverfahren des Strafprozesses oft eine Rolle spielt, gewisse Gegenstände unter den Kleidern verborgen hat. Vgl. oben Anm. 55.

72) Planck Bd. 2 S. 160 Anm. 30f. will hier irreführend von einem Laiengutachten sprechen. Es wird aber nur die Wahrnehmung berichtet.

73) Planck a. O. u. S. 270 will sie deshalb als Sachverständige behandeln, wofür ich keinen Grund einzusehen vermag.

nächst insofern, als Gutachten auch von Collectivpersonen, Behörden oder Corporationen, abgegeben werden können, ohne dass sich aus der Mehrheit der Personen Eine als individuell bestimmter Sachverständiger herauslösen müsste. Nicht nur dann, wenn lediglich der abstracte Obersatz auszusprechen ist (oben S. 55), sondern auch dann, wenn Wahrnehmungen zu machen sind, darf nach § 83 Abs. 3, 91, 92 St. P. O. eine Fachbehörde und nach den Urhebergesetzen[74]) ein Sachverständigenverein um ein Gutachten angegangen werden, und ob dieses Gutachten in der Hauptverhandlung von einem Mitgliede der Behörde „vertreten" werden soll (§ 255 St. P. O.), ist in das Ermessen des Gerichts gestellt, das sich ebensogut mit dem unpersönlichen Gutachten der Behörde, der amtlichen Auskunft, begnügen kann.[75]) Es widerspricht dieser Auffassung des Gesetzes, wenn man die jeweils handelnden Mitglieder der Behörde als die „eigentlichen" Sachverständigen ansieht.[76])

Die gleiche Möglichkeit besteht aber, obwohl das Gesetz sie nicht besonders hervorhebt, auch über die erwähnten Sondergesetze hinaus, im Civilprozesse, wo besonders die Pareres kaufmännischer Corporationen in regelmässiger Uebung und bei der Vertretbarkeit der Sachverständigen ebenso nöthig als unbedenklich sind.[77])

Im Uebrigen kommt die „amtliche Auskunft", die von der Gesetzgebung und von der Wissenschaft wie ein illegitimer Sprössling gern todtgeschwiegen wird, aber bekanntlich in der Praxis eine grosse Rolle spielt, auch als Zeugniss vor. Aber das spricht nicht gegen die soeben für ihre Zulässigkeit gegebene Begründung, weil ein amtliches fungibles Zeugniss nur dann möglich und denkbar ist,

74) Vgl. die Gesetze vom 11. VI. 1870 § 31, 49 und die vom 9. bis 11. Januar 1876 § 16 bezw. § 10 und § 14, sowie das Patentgesetz vom 7. April 1891 § 18, wo das Patentamt bei widersprechenden Gutachten Sachverständiger zur Abgabe von Gutachten verpflichtet wird.

75) Die Motive zur St. P. O. S. 141 behandeln nur die formelle Frage der Verlesung. Ebenso Rupp S. 186.

76) Wie Glaser a. O. S. 690 und Löwe Bem. 7 zu § 74 thun. Mit dem Text RG. II. C. S. 20. XII. 83 Civils. Bd. 6 S. 337 f. (in einem Patentfalle).

77) Von Wilmowski-Levy Bem. 1 zu § 369 wollen sie ohne Anwendung der Regeln des Sachverständigenbeweises, also wohl nur als private Hilfsmittel (?) zulassen. Gaupp Bem. III zu § 375 beschränkt sie auf den Fall des Patentgesetzes, wobei jedenfalls die Urhebergesetze übersehen sind. OLG. Dresden Annalen Bd. 3 S. 83 lässt es offen, ob sie statthaft seien. Wie hier ROHG. Bd. 16 S. 38 und das RG. bei von Wilmowski-Levy a. O. — Den Aeltesten der Berliner Kaufmannschaft ist die Aufgabe Gutachten zu erstatten durch ihr Statut vom 2. III. 1820 § 36 (Ges. Sammlung S. 52) beigelegt.

wenn es sich um Thatsachen handelt, die bei dieser Behörde amtskundig sind, oder wenn Thatsachen aus den Akten der Behörde festzustellen sind.[78]) Im ersten Falle handelt es sich, wie später in der Lehre von der Gerichtskundigkeit darzulegen ist, um ein Zeugniss besonderer Art. Die Amtskundigkeit ist Nichts als die Uebertragung der Gerichtskundigkeit auf andere Behörden. Im zweiten Falle würde, wenn man einen einzelnen Beamten als Zeugen vernehmen wollte, dieser sich die nöthige Kenntniss durch Akteneinsicht verschaffen müssen. Er gehörte dann zu den vorhin (S. 70) erwähnten gerufenen Zeugen, während andrerseits Thatsachen, die auf der individuellen, nicht aktenkundigen Wahrnehmung eines einzelnen Beamten beruhen, den Gegenstand einer amtlichen Auskunft der Behörde nicht zu bilden vermögen. Ueber sie ist der Beamte als Zeuge zu vernehmen.[79])

Schon dieser Fall zeigt aber, dass es möglich ist im Prozesse mit schriftlichen Gutachten von Personen auszukommen, die nicht persönlich als Sachverständige vernommen worden sind. Noch einen Schritt weiter gehend gestattet das Reichsgericht allgemein, schriftliche Gutachten von Personen, die nicht zu Sachverständigen ernannt sind, zu berücksichtigen[80]), freilich nicht als „Beweismittel", sondern als wissenschaftliche Hilfsmittel, auf einer Linie mit den literarischen, die ja auch sonst, z. B. zur Feststellung eines Sprachgebrauches, unentbehrlich sind.[81]) Ich bin weit entfernt diese Entscheidungen bekämpfen zu wollen. Aber wenn Erkenntnissquellen benutzt werden dürfen, die nicht Beweismittel sind, so ist damit der Satz anerkannt, dass der Richter hier Kenntnisse verwerthen darf, die ihm nicht auf dem Wege prozessordnungsmässigen Beweises zugekommen sind. Denn im Prozesse giebt es nur die ordnungsmässige Beweisaufnahme oder die Partei-Aussage als Wissensquelle des Gerichts. So fordern diese Urtheile zur Untersuchung der Frage auf, ob und wie weit der Richter bezüglich der Erfahrungssätze an

78) Vgl. das „Aktenkundigmachen" in G. V. G. § 47, 48, 54 Abs. 3.

79) Im Grundsatz übereinstimmend RG. III. Str. S. 6. III. 80 Strafs. Bd. 1 S. 303 f. Vgl. auch von Wilmowski-Levy Bem. 1 zu § 338. — Dass das Reichsgericht in seiner eigenen Praxis anders verfährt, ist unten S. 105 nachzuweisen. Einem Untergerichte würde es eine Abweichung kaum gestatten.

80) RG. I. C. S. 24. II. 83 Civils. Bd. 9 S. 380 a. E., VI. C. S. 23. V. 89 Seuff. Arch. Bd. 46 Nr. 102. Vgl. auch Bayr. Oberstes Landesgericht 30. XII. 87 ebenda Bd. 43 S. 303. Dagegen III. C. S. 2. XII. 84 Civils. Bd. 12 S. 402 ff. Die abweichende Entscheidung V. C. S. 18. III. 83 Civils. Bd. 9 S. 323 f. bezieht sich auf sachverständiges Zeugniss.

81) Vgl. Schaper S. 182 und als Beispiel RG. Strafsachen Bd. 5 S. 401.

das Beweisergebniss des Prozesses gebunden ist, ob und wie weit er sein anderwärts gewonnenes, sein privates Wissen verwerthen darf.[82])

82) In Frankreich ist es wegen der häufigen, aus Formmängeln herrührenden Nichtigkeit der expertise praktisch sehr wichtig, ob der Richter solche nichtige Gutachten benützen darf. „Weltmännisch" wie stets wird geantwortet, dass ihnen eine „autorité légale" nicht zukomme, aber es sei erlaubt „d'en épuiser les éléments de conviction à titre de renseignement", nur muss das Gericht dabei erklären, dass es sich beileibe nicht auf die expertise stütze, sondern auf die „documents de la cause". Vgl. ältere Urtheile bei Dalloz 1886 I p. 318 Note 1, ferner die neueren seit 1875 ib. 1877 I p. 74, 351, 391 u. l. l., sowie Sirey art. 323 n. 8 ss., Garsonnet II p. 582. Der springende Punkt ist aber, nicht erkannt, denn man verbietet ausserprozessuale Gutachten zu verwerthen, Cass. 31. XII. 78, Dalloz 1879 I p. 375. Eine grundsätzliche Untersuchung der Frage ist nirgends angestellt.

§ 6. V. Das private Wissen des Richters.

Für die folgenden Erörterungen ist die Vorfrage von maassgebender Bedeutung, was unter dem privaten Wissen des Richters zu verstehen ist.

Ohne Weiteres einleuchtend dürfte die Unmöglichkeit sein, den Unterschied zwischen amtlichem und privatem Wissen in der Weise zu machen, dass man die Kenntnisse, die der Richter besitzt, theilweise dem einen, theilweise dem anderen zurechnet.[1] Denn dass im Gehirn des Richters ein amtliches und ein privates Fach existirt, und dass z. B. der Erfahrungssatz vom abwärts fliessenden Wasser in dem Amtsfache, der von der Tödtlichkeit eines Grammes Morphium im Privatfache seinen Sitz hat, liegt ausserhalb der Erfahrung wie ausserhalb jeder Vorstellung.

Von Bedeutung kann also nur die Art sein, wie der Richter sein Wissen erworben hat, sei es, dass ihm der Erfahrungssatz durch Belehrung seitens Sachverständiger oder anderer Personen fertig mitgetheilt wurde, sei es, dass er ihn durch eigene Erfahrung selbst gebildet hat. Vgl. oben S. 52 f. Unter diesem Gesichtspunkte betrachtet ist amtliches Wissen nur dasjenige, welches er in Ausübung seiner amtlichen Thätigkeit, also durch prozessordnungsmässigen Beweis, erworben hat, und zwar zunächst nur das in diesem Prozesse erworbene Wissen. Denn wie bei den concreten Einzelthatsachen regelmässig[2] die Geschehnisse in einem anderen Prozess nicht verwerthbar sind, so muss auch hier zunächst daran festgehalten werden, dass ein durch Beweis in früheren Prozessen dem Gericht bekannt gewordener Satz nicht ohne Weiteres in späteren „amtlich bekannt" ist.

Es bedarf jedoch für jetzt nicht der Untersuchung, ob es nicht vielleicht auch, wie gerichtskundige Thatsachen, so gerichtskundige Erfahrungssätze[3] gebe, die namentlich bei „Serienprozessen" häufig

---

1) Diesen Versuch macht Planck Bd. 1 S. 445. Vgl. unten Anm. 10.

2) Ueber die Ausnahmen ist unten § 10 zu handeln.

3) Vgl. Bolze S. 434, welcher den Erfahrungssätzen, die der technisch juristischen Bildung des Richters angehören, eine Sonderstellung einräumen will.

vorkommen könnten[4]), sowie bei Gerichten, die viel mit bestimmten Industriezweigen zu thun haben, etwa in Bergwerksgebieten u. s. w. Gelingt nämlich der Nachweis, dass der Richter auch sein im privaten Leben erworbenes Wissen von Erfahrungssätzen ohne jede Einschränkung frei verwerthen darf, so ist damit zugleich dargethan, dass die Quelle seines Wissens schlechterdings unerheblich ist, und daraus folgt per argumentum a potiori, dass ihm die Verwerthung der in früheren Prozessen gewonnenen Kenntniss erlaubt sein muss, ebenso wie dann, aber auch nur dann die Verwerthung von Erkenntnissquellen ausserhalb einer ordnungsmässigen Beweisaufnahme (oben S. 72) legitimirt ist.

Ob nun der Richter sein als Privatmann erworbenes Wissen von Erfahrungssätzen verwerthen darf, gehört zu den bestrittensten Fragen des Prozessrechts. Was ihrer Klärung bisher hinderlich im Wege gestanden hat, ist einmal die durchaus ungenügende Beachtung des geltenden Rechts, sodann aber die landesübliche Verwirrung der Erfahrungssätze mit den notorischen Thatsachen und endlich nicht zum Wenigsten die Hereinziehung gewisser gefühlsmässiger Gesichtspunkte, die bald in der Furcht vor dem Missbrauch gipfeln, bald nach der anderen Seite in die Phrase führen, indem mit möglichst ausserhalb aller praktischen Regel liegenden Beispielen („dass das Wasser abwärts fliesst") gegen die Engherzigkeit einer verneinenden Auffassung Stimmung gemacht wird.

Da der Richter die Erfahrungssätze, wenn sie zu beweisen sind, von Sachverständigen erhält, so hat sich die Discussion der ganzen Frage bisher meist darum gedreht, ob der Richter eine Pflicht habe Sachverständige herbeizuziehen, bezw. das Recht, die darauf gerichteten Anträge mit der Begründung abzulehnen, dass er den Satz oder dessen Gegentheil kenne. Dass damit die Bedeutung der Frage bei Weitem nicht erschöpft ist, ist später zu zeigen.

Drei Richtungen sind es im Wesentlichen, die sich bekämpfen. Die ältere gemeinrechtliche Theorie, von Gönner bis Wetzell, stellte sich meist auf den grundsätzlich verneinenden Standpunkt. Der Richter habe durch seine Anstellung nur bezüglich der Rechtskenntniss das öffentliche Zeugniss genügender Befähigung erhalten, auf

4) So wenn die Staatsanwaltschaft plötzlich sämmtliche Bäcker der Stadt wegen Nahrungsmittelfälschung anklagt, weil sie ganz allgemein altes Brod als Bindemittel unter das Mehl gemischt haben. Der Obersatz ist dann in allen Prozessen derselbe.

anderen Gebieten werde eine Sachkunde bei ihm weder vorausgesetzt, noch sei sie, wenn er sie zu besitzen glaube, durch einen officiellen Ausweis bewiesen. „Nur der ist befähigter Sachkenner, der in seiner Kunst Doctor oder Meister ist und die legitimirenden Prüfungen bestanden hat."[5]) Seit dem Erlass der Reichs-Justiz-Gesetze hat sich, soweit ich sehe, nur ein Commentar zur C.P.O.[6]) dieser ins Praktische übersetzten Lehre vom beschränkten Unterthanenverstande angeschlossen.

Weit mehr auf dem Boden der wirklichen Verhältnisse steht eine zweite Meinung, welche auch jetzt noch von angesehenen Juristen (Planck, Fitting, Löwe) vertreten wird und wohl auch in den Gründen reichsgerichtlicher Urtheile auftaucht.[7]) Sie will zwischen derjenigen Sachkunde unterscheiden, die dem Richter kraft seiner allgemeinen Bildung und Lebenserfahrung innewohnt, und den Sätzen, die besonderen Wissensgebieten angehören, deren Kenntniss beim Richter also eine zufällige ist. Nur die Erstere soll er frei zum Ausschluss des Sachverständigenbeweises verwerthen dürfen. Freilich gehen die Begründungen dieser Ansicht weit auseinander. Bald soll es die Rücksicht auf die Nachprüfung durch das höhere Gericht sein, welche die Ausnutzung des eigenen Wissens verbietet[8]), bald soll „die Wahrung des eignen Ansehens" (?) das Gleiche fordern[9]), bald soll der Unterschied darauf beruhen, dass der Richter die allgemeinen Kenntnisse als Richter besitzt, die speciellen als Privatmann[10]), worüber vorhin zu Anfang dieses Paragraphen das Nöthige gesagt ist.

5) Die Sätze des Textes sind eine Blüthenlese aus Gönner, Handbuch, Bd. 2 S. 435 ff., Weiske, Handbuch, Leipzig 1841, § 400, Strippelmann S. 66, Schmid, Handbuch, Bd. 2 § 153, Walther im Arch. f. civ. Praxis Bd. 26 S. 255, Langenbeck, Beweisführung S. 428 u. 608, Wetzell S. 528. Weitere Nachweise für die allgemeine Verbreitung dieser Anschauung bei Walther a. O. und bei Obermeyer S. 87 Anm. 74.

6) Von Bülow, Bem. 2 zu § 368. Er findet den im Text citirten Weiske-schen Satz von den legitimirenden Prüfungen „treffend". Der „Ausweis" spukt auch bei von Canstein S. 342 Anm. 44.

7) So gelegentlich in V. C.S. 9. XII. 82 Gruchot Bd. 27 S. 1104.

8) Gegen dieses von Löwe Bem. 2 zu § 73 vorgebrachte Argument hat bereits John Bd. 1 S. 661 treffend erwidert: entweder darf der obere Richter die Feststellung des Erfahrungssatzes nachprüfen, dann erhebt er jetzt den Beweis; oder er darf es nicht, dann ist es gleichgiltig, wie der untere Richter dazu gelangte.

9) Fitting S. 343, vgl. dens. Ztschr. S. 65. Gerade im Gegensatz dazu und mit besserem Recht führt Kohler im Archiv für Handelsrecht Bd. 47 S. 327 ff. aus, dass der Richter sein ganzes Ansehen verliere, wenn er keine technischen Kenntnisse besitze. Vgl. auch unten S. 97 bei Anm. 82.

10) Planck Bd. 1 S. 445, vgl. noch S. 435 und Bd. 2 S. 268 f.

Nicht sowohl nach der Art der Sätze als nach der ihrer Verbreitung will eine besonders in der Praxis oft auftretende Spielart der ebenerwähnten Ansicht die notorischen und die nicht-notorischen Sätze unterscheiden und nur die Anwendung der Ersteren unbedingt freigeben.[11]) Dass auch diese Meinung unhaltbar ist, wurde schon oben (S. 25 ff.) dargelegt. Es giebt keine nicht allgemeinbekannten Erfahrungssätze, und was für Thatsachen gilt, ist auf die Erfahrungssätze mindestens nicht ohne näheren Nachweis zu übertragen.

Die dritte Meinung endlich, in früherer Zeit nur ganz vereinzelt vertreten[12]), in neuerer immer allgemeiner verbreitet, verlangt für den Richter das Recht seine Sachkunde in allen Fällen frei, ohne jede Nothwendigkeit von Beweiserhebungen, zu verwerthen. Die Begründung ist auch hier keine einheitliche. Von den Einen wird betont, dass das Gesetz nirgends den Richter auf Rechtskenntniss beschränke, dass auch die Sachverständigen nicht nothwendig geprüft und approbirt sind, und dass es widersinnig wäre dem Richter ein Hilfsmittel aufzudrängen, dessen er nicht bedarf.[13]) Von Anderen wird es als eine Folgerung aus der freien Beweiswürdigung dargestellt, die sonst jedes sicheren Bodens entbehrte.[14]) Eine grosse Rolle spielt endlich der Gedanke, dass der Richter an das Gutachten nicht gebunden ist: mit der Freiheit der Beurtheilung, welche § 377 C.P.O. und § 83 St.P.O. ihm gewähren, seien ihm ja gerade die Fachkenntnisse zugeschrieben, welche vor dem Gutachten auszunützen man ihm verbieten wolle.[15])

Ich vermag keinen von diesen Gründen als zwingend anzusehen. Der erste ist offenbar gar nicht vom Standpunkte des geltenden Rechts aus aufgestellt. Dass die Freiheit nützlich und gut ist,

11) So u. v. A. ROHG. Bd. 12 S. 338, Bd. 16 S. 182; RG. III. Str.S. 8. V. 80 Strafs. Bd. 2 S. 157 und 15. XI. 87 Bd. 16 S. 331, IV. C.S. 10. III. 87 Civils. Bd. 17 S. 270 f. u. s. f. Auch bei von Kries S. 339 scheint dieser Gedanke hereinzuspielen.

12) Von den phrasenreichen Ausführungen von Zink Bd. 1 S. 514 f., die nur die Forderung aufstellen, abgesehen, ist wohl nur Seeger, Das Verfahren mit Sachverständigen, Stuttgart 1841, S. 56 f. zu nennen.

13) So bes. Obermeyer S. 89, 96; ähnlich Seeger a. O. und Heusler S. 264.

14) Von Wilmowski-Levy vor § 367, Gaupp Bd. 1 S. 702 f. und, soweit er überhaupt Freiheit gestattet, Fitting Ztschr. S. 65. So auch RG. V. C.S. 9. III. 87 Gruchot Bd. 31 S. 692 f. und vor Allem die Motive zur St.P.O. S. 59.

15) So bes. Wach, Krit. V. J. Schr. Bd. 14 S. 337, sowie Gaupp a. O. und wohl auch von Canstein a. O. Vgl. auch Barth, Commentar zur Bayer. P.O., Nördlingen 1869, Bd. 2 S. 335.

vermag nicht sie in ein Gesetz einzuführen, welches ihr die Geltung versagt. Auch die Berufung auf die freie Beweiswürdigung hält nicht Stand. Denn wenn es auch eine zu enge Auffassung dieses Grundsatzes ist, dass er nur die Freiheit gegenüber dem geführten Beweise bedeute, nicht das Recht zur Ablehnung des angebotenen[16]), so ist doch andererseits das letztere Recht kein unbeschränktes.[17]) Denn sonst stände die Frage des Beweisbedürfnisses schlechthin im Ermessen des Gerichtes, und wir brauchten uns um gerichtliches Geständniss, um Notorietät und um Parteivorbringen nicht mehr zu bekümmern: die einfache Erklärung des Richters, dass er von der Thatsache überzeugt sei, schnitte jeden Beweis ab. Die Hereinziehung dieses Grundsatzes würde also zu viel beweisen, deshalb beweist sie gar Nichts.

Aber auch das Argument aus § 377 C.P.O. bezw. § 83 St.P.O. ist für sich allein nicht zwingend. Denn die Freiheit der Kritik ist noch nicht die Freiheit, selbst zu handeln. Auch das Zeugniss unterliegt der Würdigung des Richters und kann von ihm für ungenügend befunden werden[18]), — und doch wird daraus Niemand die Folgerung herleiten wollen, dass nach unseren Prozessordnungen der Richter der Zeugen nicht bedürfe, wo er selbst die Thatsachen kennt. Obendrein aber ist es gar nicht einmal richtig, dass die Kritik des Gutachtens nothwendig auf Sachkunde beruhen müsse.[19]) Auch der Laie kann logische Sprünge, Unklarheiten und Widersprüche einer wissenschaftlichen Ausführung erkennen, davon ganz zu schweigen, dass oft der persönliche Eindruck das Urtheil über den Werth des Sachverständigen bestimmen wird. —

Weitere Gründe sind der Vorgeschichte unserer Gesetze entnommen. Nachdem der Hannöversche Entwurf der C.P.O. in § 351 den Sachverständigenbeweis gefordert hatte, wo derselbe zur Ermittlung oder Beurtheilung von Thatsachen, die dem Gebiete besonderer Fachkunde angehören, „nothwendig oder dienlich" sei, stellten der Preussische Entwurf § 501 und der Norddeutsche § 538 den schroffen

16) So John Bd. 1 S. 661 in seiner Polemik gegen die Motive. Von Kries S. 383 Anm. schliesst sich ihm an.

17) A. M. z. B. Vierhaus, Ztschr. f. C. Pr. Bd. 5 S. 84 f. Wie hier Gaupp, Seuffert, von Wilmowski-Levy zu § 259. Vgl. unten S. 100.

18) So schon Obermeyer S. 98. — Der richtige Gedanke, welcher der Heranziehung dieser Paragraphen zum Grunde liegt, ist die oben S. 32 f. ausgeführte Gleichheit der Aufgabe, nicht das Recht der Kritik.

19) A. M. Ullmann S. 345, der hier den Richter in merkwürdiger Weise beschränken will.

Satz auf: „Das Gericht kann die Vernehmung von Sachverständigen ablehnen, wenn es sich selbst die erforderliche Sachkunde beimisst“.

Diesen Satz haben die deutschen Entwürfe der C.P.O. abgestossen, weil er „theils bedenklich, theils entbehrlich“ sei, und es konnte nicht fehlen, dass diese geheimnissvolle Aeusserung der Motive zur C.P.O. (S. 258) je nach dem Standpunkte des Lesers bald für die Bedenklichkeit, bald für die Entbehrlichkeit des Satzes ausgebeutet wurde.[20]) Da aber das Gesetz selbst eine allgemeine Vorschrift nicht enthält und auch für die St.P.O. eine solche nicht in Frage gekommen ist, obwohl deren Motive (S. 59) sich ganz auf den Standpunkt des Nordd. Entwurfs stellen, so scheint mir mit diesen Erörterungen ebensowenig gewonnen, als mit der Berufung auf die „Gehilfenstellung“ des Sachverständigen.[21]) Es bliebe immer noch nachzuweisen, dass nach geltendem Recht gerade in diesem Punkte die sachliche Stellung als Richtergehilfe und nicht die formelle als Beweismittel maassgebend sei, und diesen Beweis hat noch Niemand unternommen.

Der Nachweis der Freiheit des Richters kann sonach, was eigentlich bei methodischem Arbeiten schlechthin selbstverständlich sein müsste, nur inductiv aus dem geltenden Rechte geführt werden. Aber man muss dabei dieses Recht auch wirklich kennen und nicht, weil dem Verfasser der Motive zur C.P.O. gerade eben nur § 118 G.V.G. und § 407 C.P.O. gegenwärtig waren, sich auf diese beiden oder allenfalls noch zwei oder drei andere Paragraphen beschränken. Denn da in unseren Prozessgesetzen zweifellos auch Vorschriften enthalten sind, die den Richter zur Zuziehung Sachverständiger zwingen, so gilt es Regel und Ausnahme zu sondern, und wer nicht alle gesetzlichen Vorschriften kennt, ist dann rasch mit einem ebenso übereilten als ungerechtfertigten sog. argumentum e contrario bei der Hand.[22]) Folgendes ist der Stand unserer Gesetzgebung.[23])

20) Das Erstere thut z. B. von Bülow a. O., das Letztere die meisten Commentare, Seuffert, von Wilmowski-Levy u. A. m.

21) Seuffert vor § 367, Struckmann-Koch Bem. 2 zu § 368, Obermeyer S. 98 u. A. m. Mit Recht dagegen von Bülow a. O.

22) Ein solches aus § 118 G.V.G. leistet sich John a. O. und auch Obermeyer S. 98 glaubt es „nicht ganz wegleugnen“ zu können. — Von dem scharfen Protest gegen die Modekrankheit dieses unechten argumentum e contrario, den ich in meinem Urkundenprozess, S. 39 f. und sonst, ausgesprochen habe, vermag ich trotz der daran geübten Kritik weder in der Sache noch in der Form Etwas zurückzunehmen.

23) Zum Folgenden sind zu vgl. Obermeyer S. 96 f., von Kries S. 383 f., Planck Bd. 2 S. 269.

Im Gerichtsverfassungsgesetz ermächtigt § 118 die Kammer für Handelssachen auf Grund eigner Sachkunde und Wissenschaft über Gegenstände zu entscheiden, zu deren Beurtheilung eine kaufmännische Begutachtung genügt, sowie über das Bestehen von Handelsgebräuchen. Da nun das Recht zur Verwerthung des dem Gericht bekannten Handelsgewohnheitsrechtes nach § 265 C. P. O. ohnedies zweifellos ist und das Wort Handelsgebräuche auch die rein thatsächlichen Gebräuche, d. h. die Erfahrungssätze über das im Handelsverkehre Uebliche, umfasst (oben S. 22f.), da ferner eine Begutachtung nie zur Feststellung von Thatsachen genügt, sondern nur zu der von Erfahrungssätzen (oben S. 60), so ist hier die Verwerthung der privaten Kenntniss der Letzteren, nicht auch die des Wissens von Thatsachen[24]), freigegeben.

Das Gleiche geschieht für die Kenntniss fremder Sprachen bei der mündlichen Verhandlung mit Personen, die des Deutschen nicht mächtig sind, in § 187 Abs. 2, während § 188 die Zuziehung einer Mittelsperson zur Verständigung mit Taubstummen unbedingt verlangt, also auch dann, wenn der Richter zufällig die Zeichensprache der Taubstummen kennt. Dass dies gegenüber § 187 nicht folgerichtig ist, bedarf keiner Ausführung. Aber es ist geltendes Recht.

Als für beide Prozesse gemeinschaftlich sind noch die Urhebergesetze[25]) zu erwähnen, welche überall den Richter nur für befugt erklären Gutachten einzuholen. Der Reichstag hat die von dem Entwurfe des Nachdrucksgesetzes vorgeschlagene Verpflichtung mit vollem Bewusstsein beseitigt: das Gericht solle, wenn möglich, selbst urtheilen.[26])

Die Civilprozessordnung hat die Zuziehung von Sachverständigen zu einer blossen Befugniss des Gerichts erklärt in den §§ 3 (Werthfeststellung), 133 Abs. 3 (Uebersetzungen)[27]), 260 (Schadensschätzung), 337 (Augenscheinseinnahme), 407 (Schriftvergleichung). Bei der Letzteren ist die Freiheit uralt[28]); dass aber der Richter hier stets sachverständige Qualität habe, ist eine kühne Behauptung der

24) So schon Keyssner, Ztschr. f. Handelsr. Bd. 25 S. 488 Anm. 144.

25) R.Ges. v. 11. Juni 1870 § 30 f., 43, 56; R.Gesetze v. 9. bis 11. Januar 1876 § 16 bezw. 9 bezw. 14. — Das Patentgesetz v. 7. IV. 91 § 30 spricht sich über die Frage nicht aus.

26) Dambach, Urhebergesetz, Berlin 1871, S. 186; Scheele, Das deutsche Urheberrecht, Leipzig 1892, S. 102.

27) Vgl. dazu RG. I. C.S. 28. III. 83 Civils. Bd. 9 S. 436.

28) Obermeyer S. 35 Anm. 62, zu dessen Belegen sich noch recht viele hinzufügen liessen.

Motive (S. 258), die, wenn sie wahr wäre, das Verbot der Zuziehung Sachverständiger zur Folge haben müsste.

Von den neben der C.P.O. geltenden prozessrechtlichen Vorschriften (§ 13 E. G. z. C.P.O.)[29]) geben dem Richter die Frage der Nothwendigkeit frei im Handels-Gesetz-Buch die Art. 57 (Dienste und Stellung der Handlungsgehilfen), 162, 254 (Betheiligung des Kommanditisten bezw. stillen Gesellschafters), 573 (Liegegeld), wogegen in Art. 522 (Werth einer Schiffsparth), 612—614 (Schätzung verlorener oder beschädigter Güter), 711—714 und 721 (Schadens- bezw. Beitragsberechnung bei grosser Haverei) die Zuziehung von Sachverständigen obligatorisch ist.[30]) Diese Anordnung der letztgenannten Artikel war in Verbindung mit den übrigen darin enthaltenen Bestimmungen für das Prozessrecht z. Z. des Erlasses des H.G.B. ein Fortschritt. Für den Standpunkt der C.P.O., welche bei Schadensberechnungen die freie Verwerthung eigener Kenntniss als Regel aufstellt, ist sie ein Anachronismus: ohne § 13 des Einf.-Ges. wären diese Ausnahmssätze durch § 260 C. P. O. als ihm widersprechend beseitigt worden. Sind sie aber einmal als Ausnahmen erkannt, so entfällt damit ihr Werth für die aufzustellende allgemeine Regel.

Auch in der C.P.O. selbst finden sich Vorschriften, welche den Sachverständigenbeweis obligatorisch machen.[31]) Zunächst §§ 598, 599: Wenn der zu Entmündigende vernommen wird, müssen Sachverständige zugezogen werden, und die Entmündigung selbst darf nicht ausgesprochen werden, ohne dass Sachverständige gehört sind. Der Grund dieser Besonderheit liegt klar zu Tage. Die Entmündigung wegen Geisteskrankheit ist eine schwer wiegende, die ganze bürgerliche Existenz eines Menschen vernichtende Entscheidung und hängt obendrein von einer ganz bestimmten wissenschaftlichen Vorfrage ab, die als überaus schwierig bekannt ist und selbst von den besten Sachkennern nur selten völlig übereinstimmend beantwortet wird. Deshalb soll sie nicht dem Urtheil eines Einzelrichters anheimgegeben werden, der dem Irrenarzt gegenüber stets Dilettant ist. Aber nur die Rücksicht auf den zu Entmündigenden, nicht die Schwie-

29) Die von Obermeyer a. O. citirten des code civil und der Preuss. A.G.O. sind, soweit sie überhaupt prozessrechtlich waren, aufgehoben.

30) Die Sachverständigen, welche die Art. 348, 365, 407, 499 Abs. 2 und 609 erwähnen, werden ausserhalb des Prozesses thätig, um im Prozesse als sachverständige Zeugen aufzutreten, die des Art. 499 Abs. 1 ernennt das Gericht in Ausübung freiwilliger Gerichtsbarkeit zu gleichem Zwecke.

31) § 369 Abs. 4 gehört nicht hierher. Er betrifft nicht die Nothwendigkeit der Zuziehung, sondern die Wahl der Person. A. M. Obermeyer S. 99.

rigkeit der Frage als solche ist entscheidend, denn das Gesetz hat eine Bindung an das Gutachten nicht ausgesprochen, und derselbe Amtsrichter, der vor dem Entmündigungsbeschluss Sachverständige hören muss, ist rechtlich nicht gehindert die verneinende Entscheidung aus eignem Wissen zu treffen.

Daraus ergiebt sich für die entsprechende Anwendung dieser Bestimmungen, welche § 617 Abs. 3 für den Antrag auf Aufhebung der Entmündigung vorschreibt, dass nur die Ablehnung des Antrages, also die Anordnung der Fortdauer der den Entmündigten von der bürgerlichen Gesellschaft ausschliessenden Maassregel, nicht aber ihre Aufhebung dem Entmündigungsbeschluss „entspricht" und an das Erforderniss des § 599 gebunden ist.[32])

In jedem Falle aber haben wir es hier mit einer Ausnahmevorschrift zu thun, die noch nicht einmal auf die Feststellung der Geisteskrankheit in einem anderen Verfahren, etwa einem Eheprozess, analog ausgedehnt werden kann. Schon im Anfechtungsprozess gestattet § 612 die Rückkehr zur Regel.

Auch die Strafprozessordnung gewährt meist die Freiheit der Verwerthung eignen Wissens, so besonders bezüglich der Leichenschau in § 87 Abs. 2, dann in § 92 (Münzfälschung) und § 93 (Schriftvergleichung), und nur für die Leichenöffnung und die chemische Untersuchung von Leichentheilen oder Giften ist in den §§ 87 und 91 die Zuziehung von Sachverständigen obligatorisch gemacht, also in Fällen, wo es sich um das schwerste Delict, den Angriff auf das Leben, handelt und zugleich das Wahrnehmungsobject durch die Untersuchung selbst zerstört zu werden pflegt, sodass eine Wiederholung schlechthin unmöglich ist. Im Uebrigen ist ein Zwang nicht aufgestellt, insbes. nicht für die Feststellung des Geisteszustandes.[33])

Einen sehr weitgehenden Zwang schafft dagegen § 244 St.P.O. durch die Vorschrift, dass alle zur mündlichen Hauptverhandlung geladenen Sachverständigen, insbesondere auch die vom Angeklagten geladenen, — mit den bekannten Ausnahmen — vernommen werden müssen. So erfreulich es wäre, wenn auch hier die sonstigen Be-

---

32) A. M. die Commentare, auch Gaupp in der neuen Auflage, die recht mechanisch die Anträge einander gleich setzen.

33) Die obigen Vorschriften sind z. Th. ganz ausschliesslich auf das Vorverfahren gemünzt. Wenn also von Kries S. 384 meint, dass der Richter des Vorverfahrens immer Sachverständige zuziehen solle, weil die später mit der Sache befassten Richter vielleicht nicht die nöthige Sachkunde besitzen, so kann dies nur die Bedeutung eines guten Rathes beanspruchen.

schränkungen der Beweisaufnahme, der Ausschluss des Unerheblichen, Unmöglichen u. s. w., zur Geltung kämen[34]): der schlechthin unzweideutige Wortlaut in Verbindung mit der offen liegenden und im Gesetz ausgedrückten Absicht, gerade zu verhindern, dass das Gericht als unerheblich ausser Betracht lasse, was der Angeklagte für erheblich hält[35]), dulden keine Ausnahme. Die geladenen Personen müssen auch über Unmögliches oder dem Gericht Bekanntes vernommen werden. Wenn also am Ende des neunzehnten Jahrhunderts ein deutsches Gericht Sachverständige darüber vernehmen musste, ob es eine Besessenheit giebt, und ob ein Kind durch Backwerk „verhext" sein kann, so ist diese Thatsache, so tief beschämend sie sein mag, nicht dem Gericht, sondern dem Gesetz zur Last zu legen. „Es ging Alles in gesetzlicher Ordnung zu."[36])

Das Ergebniss dieser Zusammenstellung ist, dass unsere Prozessgesetze nur in einer Minderzahl von Fällen dem Richter die Verwerthung seines Wissens von Erfahrungssätzen verbieten, und dass diese Fälle sich zu einem Theile als bewusste Ausnahmen neben die Regel stellen, zum anderen durch die Rücksicht auf die Besonderheit und die gewichtigen Folgen der zu begutachtenden Thatsachen gerechtfertigt sind. Nunmehr gewinnt auch das Zeugniss der Motive, bes. der zur St.P.O., an Werth, und wir dürfen die Freiheit des Gerichts getrost als Regel aufstellen, und zwar, da uns das Gesetz nicht dazu zwingt[37]), ohne die praktisch kaum durchführbare und innerlich unberechtigte Scheidung von allgemeiner Bildung und besonderer Sachkunde.[38])

---

34) Wofür von Kries S. 553 eintritt.

35) Vgl. die Debatten der Reichs-Justiz-Commission, Prot. S. 370—374, 949 ff., Bericht S. 64 f., welche das vom Entwurf (§ 207) vorgeschlagene freie Ermessen des Gerichts gerade deshalb verwarf.

36) Nach übereinstimmenden Zeitungsberichten hat das Landgericht Eichstätt am 17. November 1892 in der Beleidigungssache wider den Kapuzinerpater Aurelian diesen Beweis erhoben, — mit bestem Erfolge übrigens, da die hochwürdigen Herren Sachverständigen die Fragen bejaht haben.

37) Die besondere Sachkunde findet sich nur in den Vorschriften über sachverständige Zeugen, § 379 C.P.O. und § 83 St.P.O., erwähnt, aber gerade in dem Sinne, dass ihr zum Trotz eine Abweichung vom gewöhnlichen Zeugenbeweise nicht eintreten solle.

38) So auch ROHG. Bd. 24 S. 404 ff., RG. III. Str. S. 5. I. 81 Strafs. Bd. 3 S. 176, Ferien-Senat 7. IX. 80 Rechtspr. Bd. 2 S. 206, VI. C. S. 27. II. 90 Civils. Bd. 25 S. 55 oben und öfter. Der gleiche Satz wird in Frankreich anerkannt. Vgl. Sirey a. 302 n. 5 ss. und neustens Cass. Hof 29. II. 88, Dalloz 1888 I p. 352. Ja, man drückt sich hier sogar sehr gern um die Nothwendigkeit der Expertise selbst in den Fällen herum, wo das Gesetz sie fordert. Vgl. Bonnier n. 113 p. 93.

Dieses Ergebniss wird nicht dadurch widerlegt, dass § 41 Nr. 5 C.P.O. und § 22 Nr. 5 St.P.O. den Richter von der Ausübung seines Amtes ausschliessen, der als Sachverständiger vernommen worden ist. Zuzugeben ist allerdings, dass das gleiche Verbot bezüglich des als Zeugen vernommenen Richters ein starker Beweisgrund für die gesetzliche Anerkennung der inneren Unvereinbarkeit von Zeugen- und Richterstellung ist.[39]) Für unsere Frage aber ist das Verbot ohne Beweiskraft. Die Erwähnung des Sachverständigen neben dem Zeugen ist nämlich dem gemeinen Recht wie den älteren Prozessordnungen fremd[40]), sie findet sich m. W. zuerst in der Hannöverschen Prozessordnung von 1850 § 21 Nr. 5 und ist von dort in den Hannöverschen Entwurf übernommen, wofür als einzige Begründung angeführt wird, dass der Richter in die Lage käme, „über die Glaubwürdigkeit seines Zeugnisses respective die Begründung seines Gutachtens" selbst zu urtheilen und zu entscheiden. Eine solche Entscheidung sei ihm aber nicht zuzumuthen und deshalb stets ein begründeter Zweifel an seiner vollen Unbefangenheit vorhanden.[41]) In den folgenden Stadien der Berathung ist die Frage nicht mehr angerührt worden[42]), und bei der Berathung der St. P. O. ist überhaupt kein Wort darüber verloren worden: man begnügte sich offenbar damit, dass die meisten deutschen Strafprozessordnungen aus der neueren Zeit den Satz enthielten.[43])

Es scheint sonach keine Uebertreibung, wenn man behauptet, dass die Hereinziehung des Sachverständigen in den neueren Gesetzen ohne genügende Erwägung der grundsätzlich verschiedenen Aufgaben des Sachverständigen und des Zeugen erfolgt ist. In dem hellen Eifer, nur ja jeden irgendwie vorher mit der Sache Befassten vom Richteramt fernzuhalten, hat man mit dem Richter der freiwilligen Gerichtsbarkeit auch den Sachverständigen für unfähig erklärt, — besten Falles in dem Glauben, dass er, da ja vom gemeinen Recht die Zuziehung von Amts wegen regelmässig abgelehnt wurde,

---

39) Vgl. John Bd. 1 S. 17 und bes. Schmidt, Wahrnehmungen S. 400.

40) C. 40 X de testibus 2, 20; Wetzell S. 424; Renaud S. 46; Preuss. A. G. O. § 143 I 2; Code de procéd. art. 378 n⁰. 8; Code d'instr. a. 392.

41) Hannöversche Protokolle S. 625.

42) S. z. B. Nordd. Prot. S. 101 f., Motive zur C.P.O. S. 70, Prot. d. R.-J.-Commission S. 13 f., 509.

43) Vgl. Motive S. 24 f., Protokolle S. 14, 793 u. s. w. und die Zusammenstellung in den Motiven S. 16 ff. Ferner die Oesterr. St. P. O. v. 1850 § 80, Hannover 1850 § 31, Baden 1845 § 26. Anders noch Württemberg 1843 § 39, Thüringen 1850 Art. 66. Vgl. noch Planck, Strafverfahren S. 9.

ebenso wie der Zeuge von einer Partei producirt sei[44]), wahrscheinlicher aber aus der blossen Gewohnheit heraus, Zeugen und Sachverständige als ein von Gottes und Rechts wegen zusammengehöriges Paar zu betrachten.

Wie dem nun auch sei: die genannten Paragraphen würden einen Beweisgrund für die Unvereinbarkeit abgeben, wenn sie, wie beim Zeugniss, die einzigen wären. Da sie aber neben einigen Dutzend anderen stehen, welche die Vereinbarkeit der Sachverständigenaufgabe mit der Richteraufgabe in dürren Worten aussprechen, müssen sie sich gefallen lassen als eine Anomalie auf ihr Gebiet, d. h. auf den Fall der früheren Vernehmung des Richters als Sachverständigen, beschränkt zu bleiben. Quod contra rationem iuris receptum est, non est producendum ad consequentias.

Ein sachlicher Grund, den Sachverständigen mit dem Zeugen gleichzustellen, fehlt aber völlig. Die Erfahrungssätze sind nicht Gegenstand unserer Wahrnehmung, wir erhalten sie durch Ueberlieferung, und ihre Kenntniss ist daher von Wahrnehmungsfehlern begrifflich frei.[45]) Auch die naturgemässe Subjectivität des Zeugen fehlt hier, da der Erfahrungssatz der Beziehung auf die concrete Streitsache entbehrt. Endlich kommt in Betracht, dass der Richter, welcher seine Sachkunde verwerthet, damit nicht eine von seiner Richteraufgabe verschiedene, sondern eine in ihr enthaltene und nur aus Gründen äusserer Nöthigung zuweilen auf eine andere Person übertragene Thätigkeit übt. Vgl. oben S. 70.

Gewährt aber unsere Gesetzgebung dem Richter die Befugniss sein Wissen zur Geltung zu bringen, ohne zu fragen, woher es stammt, so ist damit der im Eingange dieses Paragraphen in Aussicht gestellte Beweis geführt, dass die Quelle seines Wissens unerheblich und es folgeweise gleichgiltig ist, ob er den Erfahrungssatz schon früher als Richter gebraucht oder als Privatmann kennen gelernt hat, oder ob er ihn erst im Augenblicke durch Erinnerung an früher erlebte oder gehörte Beobachtungsfälle bildet. Das Letztere ist die ihm frei stehende Bethätigung des sog. gesunden Menschenverstandes.

---

44) Die frühere einseitige Kenntnissnahme betont Bonnier n. 102 p. 83.

45) Es ist ein grosser Unterschied, ob der Richter auf der Strasse einen Vorfall mit angesehen oder als Beweisempfänger einen Augenschein eingenommen hat. Es ist aber absolut gleichgiltig, ob er den Satz, dass ein Gramm Morphium tödtet, in einem medizinischen Buche oder in der Zeitung liest oder von einem Arzte als Gutachten empfängt oder im privaten Gespräche von ihm hört.

Allein entscheidend für das Beweisbedürfniss ist sonach, ob der Richter den Satz weiss oder nicht, nicht aber, woher er ihn weiss.[46])

Zugleich ergiebt sich aber auch für die collegialisch gestalteten Gerichte, dass es durchaus statthaft ist, wenn hier das besser unterrichtete Mitglied den unkundigen Collegen belehrt, wie es im Uebrigen selbstverständlich ist, dass über die Frage, ob ein Collegium einen Erfahrungssatz kennt, oder ob es Beweis darüber erheben will, bei der Abstimmung die einfache Mehrheit entscheidet.[47])

Einer besonderen Bemerkung bedürfen nur die Verhältnisse im Schwurgericht, wo die Richterbank — vorbehaltlich § 244 St. P. O. — den Umfang der Beweisaufnahme bestimmt, also auch die Entbehrlichkeit von Beweis und Gegenbeweis der Erfahrungssätze, während über das Ergebniss Andere zu entscheiden haben. Auch hier gelten keine anderen Grundsätze als sonst, nur dass das Gericht nicht schlechthin seine Ansicht und sein Wissen entscheiden lassen kann, sondern das vermuthliche Wissen der Geschworenen in Rechnung zu ziehen hat. Es wird deshalb hier die Ablehnung eines Sachverständigenbeweises über nicht ganz alltägliche Dinge fast nie angemessen sein, denn es wird kaum vorkommen, dass das Gericht die Ueberzeugung hat, dass alle Geschworenen die nöthige Kenntniss haben. Wenn diese aber fehlt, muss der Beweis aufgenommen werden, da eine Abstimmung der Geschworenen darüber, ob sie die Kenntniss besitzen, nicht statthaft wäre. Aber verboten ist die Ablehnung eines Sachverständigenbeweises auch hier ebensowenig, wie die eines weiteren Zeugenbeweises.[48])

Der Satz nun, dass der Richter Sachverständige nur zuziehen darf, nicht muss, ist zunächst ein Satz des Beweisrechts, aber andererseits doch nur eine besondere Zuspitzung des allgemeineren, dass er seine Kenntniss von Erfahrungssätzen frei verwerthen darf. Es gilt nunmehr, diesen weiteren Satz durch den Prozess zu verfolgen.

Im Civilprozesse drängt sich naturgemäss zuerst die Frage auf, ob die freie Verwerthung der richterlichen Kenntniss vor den unter dem Namen der Verhandlungsmaxime zusammengefassten Rechtssätzen Stand hält. Dazu muss ich jedoch meine Auffassung

46) Anders bei den nicht-offenkundigen Einzelthatsachen. Oben S. 1 ff.

47) Vgl. dazu unten S. 154.

48) Die besonderen Verhältnisse des Schwurgerichts erklären den unfreien Standpunkt, den die englische law of evidence in unserer Frage einnimmt. Vgl. Best § 187 p. 193, sowie Greenleaf P. VI § 269 vol. III p. 254.

dieses Grundsatzes kurz feststellen. Ohne das Problem irgendwie erschöpfen zu wollen, und mit Beschränkung auf die hier allein interessirende Frage der Stoffsammlung und Thatsachenfeststellung möchte ich der herrschenden Lehre gegenüber nur auf folgende Punkte hinweisen.[49])

Die sog. Verhandlungsmaxime mag man immerhin von der Verfügungsfreiheit der Parteien ausserhalb des Prozesses, die von Manchen mit schlechtem Namen als Dispositionsmaxime bezeichnet wird[50]), trennen. Im Prozesse ist sie unter allen Umständen scharf gegen die Verhandlungsform abzugrenzen, d. h. gegen die Einrichtung, dass die Stoffsammlung nicht durch Ein Organ, den Richter, sondern durch das Zusammenwirken einer Mehrheit von Personen erfolgt.[51]) In der durch die Erfahrung gerechtfertigten Erwartung, dass das Eigeninteresse der Parteien sie treiben werde, ihr Bestes zur Aufklärung des Sachverhaltes zu thun, dass die „wohlthätige Hechel contradictorischer Verhandlung“[52]) die beste allseitige Beleuchtung des Thatbestandes verbürge, ist die Parteithätigkeit entfesselt. Aber dieser selbe Satz ist jetzt auch für den Strafprozess und zwar aus genau denselben Gründen anerkannt: auch hier ist jetzt, im Gegensatz zum früheren Recht, die Aufgabe der Stoffsammlung auf Ankläger und Angeklagten vertheilt, die voraussichtlich das Material gut und vollständig beibringen werden und die Kraft des Richters für seine entscheidende Thätigkeit aufsparen.[53]) Damit ist also noch keine Verhandlungsmaxime gegeben.[54]) Von ihr ist erst dann zu sprechen, wenn der Parteithätigkeit die Wirkung beigelegt wird, dass sie allein für die Stoffsammlung maassgebend ist, so dass

---

49) Vgl. das in der Einleitung über die Schmidt'schen Ergebnisse Gesagte, bes. S. 3 Anm. 7.

50) Vgl. Pollak S. 71f. Der Name bezeichnet nur dann Etwas Anderes als die Verhandlungsmaxime, wenn man die Letztere nicht als eine Verfügungsmacht ansieht. S. sogleich, S. 91.

51) Diese Unterscheidung lässt Pollak S. 68ff. sehr vermissen.

52) Schneider, Ermittelung des Sachverhaltes S. 53.

53) Vgl. den ausgezeichneten Aufsatz von Heinze, Goltd. Archiv Bd. 24 S. 265ff. (1876) und Rich. Schmidt, Staatsanwalt und Privatkläger, Leipig 1891, S. 1ff. Der Unterschied ist nur, dass der Ankläger kein selbständiges Interesse neben demjenigen am unparteiischen Urtheil vertritt. Mangels eines solchen Gegensatzes der Interessen glaube ich den Parteibegriff für den modernen Strafprozess leugnen zu müssen, so lange man ihn nicht ganz ausser Parallele zu dem des Civilprozesses stellt.

54) A. M. von Canstein S. 350 Anm. 50, Pollak S. 74.

die Parteien auch für das Ergebniss allein verantwortlich sind[55]), wenn also der Richter neben ihnen nur besten Falles Berather und Helfer ist, aber nicht von sich aus Prozessstoff schaffen kann. Deshalb gilt sie nicht im Strafprozesse, wo die Unthätigkeit der sog. Parteien sofort die Stoffsammlungsthätigkeit des Richters entfesselt, wie § 243 Abs. 3 vbd. mit § 220 u. s. w. der St. P. O. vorschreiben.[56]) Deshalb gilt die Verhandlungsmaxime im Civilprozesse als Regel, wo die Parteien durch ihr Vorbringen den Thatbestand für das Urtheil schaffen, § 284 Nr. 3 der C. P. O., wo sie die Beweise ausschliessend beizubringen haben, § 255, § 324 Nr. 3, wo ihre Anträge die Grenzen der Richterthätigkeit bestimmen, § 279, und wo das Prinzip der Beweislast sagt, dass diejenige Partei, welcher die Einführung einer Thatsache in den Prozess im Rechtssinne günstig wäre, die Initiative zu dieser Einführung ergreifen muss, widrigenfalls sie selbst die Folge der Nichtberücksichtigung trägt.[57]) Aber auch hier gilt sie nicht allein und nicht ausnahmslos. Wie die Maxime aus Zweckmässigkeitsgründen eingeführt ist[58]), so ist aus gleichem Grunde dem Richter die Aufgabe gestellt, die Parteien in ihrer Initiative zu unterstützen; er ist durch § 130 und die zahlreichen sonstigen Vorschriften über die Aufklärungspflicht mitverantwortlich für den Ausgang geworden, wenngleich er hier die Partei-Initiative nur anregen, nicht ersetzen kann: alles Fragen des Richters nach Thatsachen und Beweismitteln strandet an dem „ich will nicht“ der Partei. Daneben giebt es aber auch einige Fälle, wo er ein Inquisitionsrecht hat, §§ 581, 597, wo er also ebensowohl seine eigene, auch private Kenntniss zum Ersatz der Parteibehauptung verwerthen als auch für die Letztere von sich aus Beweise beschaffen kann. Diese zweite Befugniss hat er dann auch in § 402 Abs. 2 und durch den richterlichen Eid.[59])

Zu diesen vereinzelten Ausnahmen kommt aber noch eine andere von allgemeiner Bedeutung, die zwar täglich praktisch geübt wird,

---

55) Den Gedanken der Partei-Verantwortung hat besonders Bülow, Arch. f. civ. Praxis Bd. 62 S. 75ff., hervorgehoben.

56) Vgl. bes. RG. III. Str. S. 7. XII. 85 Strafs. Bd. 13 S. 159f.

57) So bes. Fitting, Zeitschr. S. 11ff. u. öfter. Vgl. auch Wach, Vorträge S. 158, Motive zur C. P. O. S. 202 u. s. w.

58) Pollak rennt m. E. offene Thüren ein, wenn er den Nachweis führt, dass die Verhandlungsmaxime keine denknothwendige Form eines Prozesses über Privatrechte ist. Damit ist nicht gesagt, dass sie nicht bei Privatrechtsnatur des Streitgegenstandes angemessen sei. Beides hat die Preuss. A. G. O. gelehrt.

59) Vielleicht treten dazu noch Fälle von der Art des § 260, 143 Abs. 2 u. dgl. m.

die aber, soweit ich sehe, der Aufmerksamkeit der Gelehrten bisher fast völlig entgangen ist.

Man scheint allgemein darüber einig zu sein, dass der Richter eine ihm aus Anlass und bei Gelegenheit der Beweisaufnahme entgegentretende Thatsache von rechtlicher Bedeutung, z. B. eine bisher nicht behauptete Einredethatsache, wenn etwa die für einen Erlass vorgeschlagenen Zeugen eine Stundung bekunden, nur dann berücksichtigen dürfe, wenn die Partei sich darauf beruft. Der Richter kann nicht mehr thun, als die Partei gemäss §§ 130, 464 auf die Erheblichkeit der Thatsache hinzuweisen und ihr anheimzustellen, ob sie die Rechtswirkung derselben in Anspruch nehmen, sich die Thatsache „aneignen" will. Ein damit verwandter Fall ist aber bisher nicht genügend analysirt worden.[60])

Wenn eine Partei nämlich den Beweis einer Thatsache führt und die Beweisaufnahme zwar nicht diese Thatsache selbst, wohl aber Indizien dafür ergiebt, so werden diese Indizien Urtheilsgrundlage, obwohl die Partei sie nicht behauptet hat. Es genügt, — wie es natürlich ist und ganz allein dem praktischen Bedürfniss entspricht, — dass die Partei behauptet eine Summe als Darlehn gegeben zu haben, damit das Gericht aus den Zeugenaussagen feststellen darf, dass Geld gegeben ist, dass der Beklagte am Tage vorher in Verlegenheit war und bei verschiedenen Dritten Anleiheversuche gemacht hat, dass er am Tage darauf seiner Dankbarkeit für den gefälligen Freund Ausdruck gegeben hat u. s. w.[61]) Selbstverständlich kann die Partei von vornherein die Indizien behaupten, und sie wird es thun, wenn sie im Voraus weiss, dass ihre Beweismittel die erhebliche Thatsache nicht direct ergeben werden. Da sie dies aber nur sehr selten wissen wird, und da ja der Richter ohnedies aus den Zeugen Alles Erhebliche, also auch ihr Wissen um Indizien, herausholen muss, so unterbleibt es in der Regel.

Ganz ähnlich liegt die Sache mit den Hilfsthatsachen des Beweises. Erfährt der Richter aus der Vernehmung des Zeugen über dessen persönliche Verhältnisse, dass der Zeuge vorbestraft oder mit der Partei verfeindet ist, oder entnimmt er ebendaher die Thatsache, dass der Zeuge ein Mann von hoher socialer Stellung ist, oder gewinnt er aus dem Auftreten desselben vor Gericht Beweisgründe für

60) S. jedoch jetzt Trutter, bona fides S. 139f., dessen Ausführungen sich mit dem Folgenden vielfach berühren.

61) Vgl. auch das Beispiel in Stein und Schmidt, Aktenstücke zur Einführung in das Prozessrecht, Leipzig 1890. Civilprozess Heft 1 S. 35f., 53.

oder gegen die Glaubwürdigkeit, so verwerthet er diese Thatsachen selbstverständlich bei der Beweiswürdigung, auch wenn die Parteien kein Wort darüber verloren oder sie gar nicht gekannt haben.[62])

In diesen beiden Fällen gilt also der Satz nicht, dass alle Thatsachen durch den Mund der Partei gegangen sein müssen, die der Richter verwerthen darf.[63])

Mit dem Gegensatze zwischen der Partei-Initiative zur Stoffsammlung, d. h. der Parteidisposition in der Rolle des Angreifers, und der richterlichen Initiative dazu (Inquisitionsmaxime) ist jedoch der Inhalt der sog. Verhandlungsmaxime nicht erschöpft. Unter dem gleichen Namen begreift man eine zweite Gruppe von Rechtssätzen, nämlich diejenigen, welche die Grenzen richterlicher Wahrheitsprüfung bestimmen, die Anerkennung der Parteidisposition gegenüber der „Prüfung von Amtswegen" (der Officialmaxime).[64]) Da nämlich vermöge der contradictorischen Gestaltung des Prozesses die Parteihandlungen in schroffer Einseitigkeit nur das der Partei Günstige enthalten, da eben deshalb die Controle durch die Gegenpartei erwartet wird, so bringt jeder Antrag, jede Behauptung, jedes Beweisangebot die gegnerische Partei in die „prozessuale Situation"[65]), dass sie sich darüber erklären muss, — gerade wie im Strafprozesse, vgl. St.P.O. §§ 136, 199, 242, 256 u. s. f. Während aber hier diese Erklärungen Nichts weiter sind als schätzbares Material für das Gericht, dem die alleinige Verantwortung für die Erforschung der Wahrheit und der ganzen Wahrheit obliegt, hat die Gesetzgebung des bürgerlichen Prozesses von jeher dem Verhalten des zur Erklärung Genöthigten

62) Dass diese Verwerthung im Falle commissarischer Beweisaufnahme nur insoweit statthaft ist, als die Thatsache aus dem Beweisprotokoll hervorgeht, RG. I. C. S. 26. II. 87 Civils. Bd. 17 S. 425 f., bestätigt nur die Regel des Textes.

63) Dass er auch hier seine ausserprozessualen, privaten Wahrnehmungen im Allgemeinen nicht verwerthen darf, halte ich durch Schmidt für erwiesen. Wie es mit notorischen Thatsachen zu halten ist, wird unten zu erörtern sein. — Für den gegenwärtigen Zweck kann die Streitfrage auf sich beruhen bleiben, ob im Falle des § 258 Abs. 2 die Partei nicht wenigstens nachträglich die Thatsache als Inhalt der Beweisaufnahme vortragen muss. Selbst wenn man dies bejahte, was ich allem Widerspruch zum Trotze für falsch halte, würde damit nur der Umfang der Ausnahme eingeschränkt, nicht sie selbst beseitigt sein.

64) Diese beiden Seiten der Sache haben schon Birkmeyer, Ztschr f. C. Pr. Bd. 7 S. 160 Anm. 15 und Grundriss S. 270, 276, sowie Planck Bd. 1 S. 195 f., Bd. 2 S. 103 Anm. 4, S. 447 und Fitting S. 143 Anm. 7 mehr oder weniger deutlich erkannt, aber nicht genügend durchgeführt.

65) Kohler, Prozess als Rechtsverhältniss S. 62 f.

prozessgestaltende Kraft beigelegt: nur wenn er die Thatsachen bestreitet, bedürfen sie des Beweises; was er auf sich sitzen lässt, gilt gegen ihn, den Richter geht's Nichts mehr an, — welches auch das Motiv des Nichtbestreitens gewesen sein mag.

Wie diese Verfügungsfreiheit zu „construiren" ist, ob als ein Dispositionsrecht oder als Etwas Anderes, lasse ich als eine auf dem Boden des geltenden Rechts schlechthin unpraktische Frage an dieser Stelle offen. Nur das möchte ich bemerken, dass ich den neuesten Versuch, dem gerichtlichen Geständnisse die Dispositionsnatur abzusprechen und es als ein formelles Beweismittel anzusehen[66]), für die deutsche C.P.O. als verfehlt ansehen muss. Er scheitert daran, dass das einfache Nichthandeln (§§ 129, 296) in Bezug auf die feststellende Wirkung (Bedeutung für das Gericht) dem Geständniss völlig gleichsteht, und dass die weitergehende Wirkung, die dem Geständniss vermöge §§ 263, 494 zukommt, die bindende Kraft (Bedeutung für den Gestehenden), zwar an sich aus der Beweismittelnatur heraus gedacht sein könnte, aber von § 263 C.P.O. nicht so gedacht ist. Sicherlich bildet die Erfahrung, dass Geständnisse als ungünstige Selbstaussagen meistens der Wahrheit entsprechen, den Ausgangspunkt ihrer Behandlung. Ein Gesetz aber, welches zum Widerruf nicht nur den Beweis der Unwahrheit, sondern daneben auch noch den des ursächlichen Irrthums verlangt, also ein in Kenntniss der Unwahrheit abgegebenes Geständniss zum absolut unwiderruflichen macht, behandelt damit das Geständniss unzweifelhaft als die Willenserklärung, die Thatsache gegen sich gelten zu lassen.[67])

Wie dem aber auch sei, jedenfalls bleibt der Satz bestehen, dass das Nichtbestreiten von Thatsachen[68]) im Civilprozesse die Wirkung hat, ihren Beweis zu ersparen, und dass vom Standpunkte des Gerichts diese Wirkung die in erster Linie stehende ist. Denn der Prozess fragt zunächst nicht, ob nebenher noch das Verhalten der

66) Pollak S. 104ff.

67) Gerade in diesem Punkte flackern die sonst klaren Ausführungen Pollak's wie Irrlichter hin und her. Wer seine Sätze auf S. 116f. liest, muss nothwendig glauben, § 263 fordere alternativ den Beweis der Unwahrheit oder den des Irrthums.

68) Dass die Anträge vom Gericht zu prüfen sind, auch wenn ihnen nicht widersprochen ist, arg. § 296, folgt daraus, dass jede richterliche Handlung nur bei Vorliegen ihrer gesetzlichen Voraussetzungen ergehen darf. Der Gegenantrag wird ja auch in diesem Falle höchstens „fingirt", d. h. erdichtet. Vgl. die Literatur bei Stein, Urkunden-Prozess S. 237 Anm. 17 und dazu noch Troll, Das Versäumnissurtheil, München 1887, S. 122.

Partei, wenn es Geständniss ist, eine Rückwirkung auf sie selbst übe, sie ans Wort binde. Auch die freie Widerruflichkeit des Geständnisses würde seine Bedeutung für die Thatsachenfeststellung nicht ändern.

Diese Parteidisposition in der Stellung des Angegriffenen, die maassgebende Bedeutung des Parteiverhaltens, findet ihr Gegenstück in der Aufgabe des Gerichts, die Wahrheit gewisser Thatsachen unbedingt zu erforschen, der Prüfung von Amts wegen. Hier ist das Gericht, wie im Strafprozesse, unabhängig vom Verhalten des Angegriffenen. Es kann und wird oft seinem Geständnisse als einer Wissenserklärung vollen Glauben beimessen, aber nur nach Prüfung seines Beweiswerthes. Das Gebiet der Prüfung von Amts wegen ist das des absoluten Privat- und Prozessrechts, vgl. u. A. §§ 54, 84, 577 f. u. s. w.

Die beiden Seiten der Verhandlungsmaxime stehen nun, was nahezu allgemein verkannt wird, nicht in nothwendiger Verbindung mit einander. Zwar wo die Partei-Initiative der Inquisition des Gerichtes weicht, wie nach §§ 581, 597 im Ehe- und Entmündigungsverfahren, ist regelmässig auch das Verhalten der Parteien gleichgiltig. Aber diese Inquisition ist nur in ganz minimalem Umfange zugelassen. Sie spielt im ordentlichen Prozesse als Einführung von Thatsachen gar keine Rolle und als Einführung von Beweismitteln eine geringe. Ein Recht, Zeugen von sich aus in den Prozess einzuführen, hat das Gericht im ordentlichen Verfahren nie[69]), Urkunden darf es von Amts wegen nur im Falle des § 402 Abs. 2 herbeiziehen u. s. w.

Der umgekehrte Satz aber ist falsch, so oft er auch wiederholt wird.[70]) Auch da, wo das Gericht die Wahrheit von Amts wegen zu prüfen hat, bleibt die Partei-Initiative bestehen. Weder hören die Grundsätze von der Beweislast auf noch der Satz, dass die Parteien die Beweismittel zu beschaffen haben. Ich bin auch keinen Moment im Zweifel, dass noch nie ein praktischer Richter von sich

69) Ausser wenn es sich um den Beweis von Rechtssätzen handelt. S. unten § 12.

70) Birkmeyer in seinem vorhin citirten Aufsatze passim, Troll a. O. S. 42 f., Hellmann S. 496, 603 f. Selbst Wach, Vorträge S. 156 und Gruchot Bd. 36 S. 11 ist von diesem Irrthum nicht ganz frei. Eine merkwürdige Wendung desselben in RG. IV. C. S. 25. IX. 90 Civils. Bd. 27 S. 187: bei Prüfung der gesetzlichen Vertretung sei das Revisionsgericht nicht an die Thatsachen des zweiten Urtheils gebunden.

aus ans Standesamt geschrieben hat, um sich einen Beweis für die Prozessfähigkeit des Beklagten zu verschaffen, oder die Hilfe der Polizei angerufen hat, um Zeugen für einen Ehebruch zu ermitteln, dessen Wahrheit doch „von Amts wegen zu prüfen" ist. Und wenn der Kläger den Beweis des Ehebruchs schuldig bleibt, wird er ebensogut abgewiesen, als wenn er die Zuständigkeit des Gerichts u. s. w. nicht darzuthun vermag.[71]) Das steht denn auch deutlich genug im Gesetz. § 54 Abs. 2 gebietet bei Zweifeln über die Prozessfähigkeit, dass der Partei eine Frist „zur Beseitigung des Mangels" zu setzen ist, das Gleiche gilt nach § 85 für die Vollmacht. Es ist also an ihr den Beweis zu liefern. Und ganz allgemein steht in § 300 Nr. 1, dass das Gericht von der erschienenen Partei wegen der von Amts wegen zu berücksichtigenden Umstände die erforderlichen Nachweise verlangen, sie also nicht selbst beschaffen soll. — Beiläufig bemerkt gilt dieser Satz natürlich auch dann, wenn die erschienene Partei der Beklagte ist. Die Beweislast ist nicht an die Parteirolle gebunden[72]), sondern liegt demjenigen ob, der an der Berücksichtigung der Thatsache im Urtheil interessirt ist, — das aber ist der Beklagte, wenn er in Abwesenheit des Klägers ein Sachurtheil verlangt, in Bezug auf die Prozessvoraussetzungen.[73])

Nur insofern findet bei den von Amts wegen zu berücksichtigenden Punkten eine Abweichung statt, als das Gericht den Parteibeweis zu fordern hat (§ 300 Nr. 1), aus eigener Initiative die Parteien auf seine Bedenken hinweisen muss (§ 127 Abs. 3), — aber die Hebung der Bedenken durch den Nachweis der gesetzlichen Voraussetzungen bleibt Sache der Partei. Man kann sagen, dass auch hier die Behauptungs- und die Beweislast sich trennen. Jene fällt fort, diese bleibt. Die Thatsache zur Sprache zu bringen, sie in den Prozess einzuführen, ist, wenn es die Partei nicht thut, Sache des Gerichts, sie zu beweisen, stets Sache der Partei. Damit und mit dem oben S. 89f. Ausgeführten ist freilich die seit Menschenaltern von Buch zu Buch geschleppte Legende zerstört, dass Behauptungs- und Beweislast identisch seien und man „richtiger" von der Ersteren zu reden habe.

71) Wie hier jetzt bes. Fitting a. O., nur halb Planck a. O. — Vgl. auch Trutter, bona fides S. 138.

72) Vgl. RG. III. C.S. 13. IV. 83 Civils. Bd. 9 S. 337 ff. und dazu Fitting, Ztschr. S. 29.

73) Es kommt hier die Selbständigkeit seines Anspruchs auf Rechtsschutz zu deutlicher Geltung. — Wie hier Wach a. O., Fitting S. 530 Anm. 32 und RG. II. C.S. 15. VI. 88 Civils. Bd. 21 S. 375. A. M. Troll a. O. und RG. I. C.S. 5. IV. 84 Civils. Bd. 12 S. 364 f.

Der unmittelbare Vortheil, den die vorstehende Abschweifung vom Thema bietet, besteht darin, dass die Fragestellung im Folgenden und namentlich später in der Lehre von den offenkundigen Thatsachen getrennte Dinge auseinanderzuhalten vermag, ein mittelbarer kommt darin zur Geltung, dass der niederschmetternde Satz: „das ist ja ein Bruch der Verhandlungsmaxime" jeden Schrecken verliert. Die sog. Maximen haben nur insoweit eine wirkliche Existenz, als sie aus dem geltenden Recht abgeleitet werden können, und von einer gesunden Gesetzgebung, die nicht Theorien zu codificiren, sondern praktische Zwecke zu erfüllen hat, werden sie genau so weit durchgeführt oder von Ausnahmen durchbrochen, als ihre praktischen Ziele das Eine oder Andere verlangen. Eine „Ausnahme" mehr oder weniger ist also ganz unbedenklich: eine Unbequemlichkeit für das Auswendiglernen, Nichts weiter.[74])

Aber auch für den Strafprozess sind die angestellten Erwägungen nicht ohne Bedeutung. Zwar ist hier die Verhandlungsmaxime ausgeschlossen, und Niemand trägt eine Behauptungs- oder Beweislast, Niemand hat das Recht durch sein Zugeständniss der Wahrheitsprüfung des Gerichts ein Ende zu machen. Aber die Verhandlungsform gilt, und aus ihr fliesst der allgemein anerkannte Grundsatz, dass diejenigen Thatsachen, die im Urtheile festgestellt werden sollen, auch zur Verhandlung gestellt werden müssen, dass insbesondere belastende Umstände nicht festgestellt werden dürfen, ohne dass der Angeklagte auf sie hingewiesen worden ist, sei es durch den Eröffnungsbeschluss oder gemäss § 264 St.P.O. Dieser Satz gilt jedoch nur für die den Thatbestand der strafbaren Handlung bildenden oder straferhöhenden Thatsachen. Nicht dagegen für Indizien oder Hilfsthatsachen, die im Laufe der Beweisaufnahme hervortreten. Vgl. oben S. 89. Kein Gericht braucht — von der formalen Bestimmung des § 256 abgesehen — dem Angeklagten besonders zu sagen, es werde den von einem Zeugen bekundeten Besitz der gestohlenen Sache als Indiz für den Diebstahl ansehen, kein Gericht ihn darüber zu belehren, ob und nach welcher Richtung das Vorleben des Zeugen für dessen Glaubwürdigkeit von Bedeutung

74) Daher denn der Versuch von Pollak S. 84 f., aus der Existenz von Ausnahmen, die durch praktische Gründe mehr als genügend gerechtfertigt sind, die Verfehltheit des Grundsatzes selbst abzuleiten, ein untaugliches Mittel zur Hand nimmt.

sein werde. Und ich wage die Behauptung, dass thatsächlich in allen Gerichten so verfahren wird.

Wir haben nunmehr zunächst für den Civilprozess zu fragen, ob die Erfahrungssätze wie die Thatsachen von den Parteien behauptet sein müssen, um überhaupt Berücksichtigung zu finden. Das Nein auf diese im Gesetze nicht beantwortete Frage ist ebenso naheliegend als leicht begründet. Die Erfahrungssätze sollen dazu dienen die Thatsachen und Beweismittel daraufhin zu beurtheilen, ob sie das enthalten, was die Partei mit ihnen erreichen will. Sie sind für sich niemals „erhebliche“ rechtserzeugende Thatsachen, weil sie überhaupt nicht zum Untersatze des Syllogismus gehören; sie sind nur das Maass, mit dem der Richter das Parteivorbringen beurtheilen soll. Da nun die Verhandlungsmaxime noch niemals den Ausdruck gefunden hat, dass der Richter lediglich ein Urtheils-Automat sein soll, so hat auch von jeher jedes Gericht der Welt ohne Parteibehauptung erwogen, was in einem bestimmten Falle das Uebliche, der guten Sitte Entsprechende sei, wie viel Aufmerksamkeit ein guter Hausvater anzuwenden hat, ob Verwandten als Zeugen zu glauben ist: vorausgesetzt nur, dass die Partei durch die Thatsachen und Beweismittel, die sie vorbrachte, und die Anträge, die sie daran knüpfte, ihm die praktische Veranlassung dazu gab.[75]) Höchstens bei den Handelsgebräuchen ist gelegentlich einmal geschwankt worden.[76]) Dem Gesetze gegenüber, welches hierin sicherlich Nichts an jahrhundertelanger Uebung ändern wollte, ist dieses Verhalten dadurch gerechtfertigt, dass ja selbst bestrittene Erfahrungssätze aus der eigenen Kenntniss des Gerichts festgestellt werden dürfen. Denn damit ist anerkannt, dass die Verwerthung derselben nicht von der Partei-Initiative abhängig ist.

Auf demselben Gebiete liegt die Frage, ob das Gericht ihm unbekannte Erfahrungssätze von sich aus erforschen darf. Sie ist durch §§ 135, 337 u. s. w. bejahend beantwortet. Das Gericht zieht Sachverständige heran, so oft es ihrer bedarf. Es ist aber darauf

75) Uebereinstimmend, soweit er überhaupt die Verwerthung eigenen Wissens gestattet, Planck Bd. 1 S. 446, und in der Sache das sonst recht bedenkliche Urtheil des RG. V. C. S. 18. V. 87 Gruchot Bd. 32 S. 421, welches den Gegensatz der concreten Thatsachen und des allgemeinen Erfahrungssatzes zwar verwerthet, aber Nichts weniger als klar erfasst hat.

76) RG. I. C. S. 29. I. 87 Civils. Bd. 19 S. 209. Dieses Erkenntniss, welches auch in anderer Beziehung vielfache Bedenken hervorruft, steht in scharfem Gegensatze zu der sonstigen Praxis des Senates. Vgl. unten S. 122.

nicht beschränkt. Vermag es die erforderliche Belehrung z. B. aus Büchern zu gewinnen, so mag es sich dieser bedienen, da es prozessualisch gleichgiltig ist, wann und wie der Richter seine Kenntniss erworben hat. Gerade die Entscheidungen des Reichsgerichts zeigen in oft bewundernswerther Weise, wie tief eindringende Kenntnisse technischer Fragen sich dieses Gericht auch ohne förmliche Beweisaufnahme verschafft hat.[77])

Zweifelhafter scheint auf den ersten Blick die weitere Frage, ob es dazu auch verpflichtet ist, oder ob ein von der Partei behaupteter, aber beweislos gelassener Erfahrungssatz bei Seite zu bleiben hat, wenn ihn das Gericht nicht kennt. Die gemeinrechtliche Theorie und Praxis dürfte mit der Antwort im letzteren Sinne nicht gezögert haben. Es ist Partei-Sache „den Beweis mit Sachverständigen" anzutreten.[78]) Aber die C. P. O. gestattet dem Richter nicht mehr jenes hämische Gefühl befriedigten Besserwissens, mit dem der gemeinrechtliche die guten Rechte der Parteien an ihrer Ungeschicklichkeit scheitern sah. Der Richter des heutigen Prozesses ist mitverantwortlich für den Ausfall, und da ihm das Gesetz die Mittel in die Hand gegeben hat, sich die nöthigen Erfahrungssätze selbst zu beschaffen (bes. § 135)[79]), so hat er auch die Pflicht sich dieser Mittel zu bedienen.[80]) Diese Pflicht ist aber ausser in den früher erwähnten Fällen keine absolute, prozessualische, auf deren Verletzung sich eine Revision gründen liesse, sondern eine Amtspflicht. Die Zuziehung von Sachverständigen von Amts wegen ist in das Ermessen des Gerichts gestellt, — freilich in das pflichtmässige Ermessen, und das Urtheil muss erkennen lassen, dass es sich seiner Befugniss bewusst war.[81]) Dabei mag es dann freilich thatsächlich eine gewisse Rolle spielen, welcher Art die Kenntnisse sind, um die es sich handelt. Das Gericht wird bereitwilliger nach Kenntnissen forschen, deren Mangel ihm den

77) Beispiele dafür s. unten S. 124.

78) Vgl. z. B. OAG. Lübeck in Seuffert's Archiv Bd. 19 Nr. 282.

79) Wäre der Beweis nur durch Zeugenbeweis von einzelnen Fällen möglich (oben S. 52f.), so fehlte ihm freilich ein Mittel dazu.

80) Die Pflicht nehmen an: Windscheid Bd. 2 § 265 Anm. 18 (in der Meinung, die Erfahrungssätze über Verschuldung seien Rechtssätze), Planck S. 445 (es sind notorische Thatsachen), Heusler S. 261 f., von Wilmowski-Levy vor § 367 und Anm. 4 zu § 368. Dagegen Engelmann, Der Civilprozess, Breslau 1889, Bd. 1 S. 83.

81) So bes. RG. I. C. S. 7. X. 82 Civils. Bd. 7 S. 391 f. — RG. Ver. C. S. 28. VI. 88 Civils. Bd. 21 S. 368 verlangt allgemein, dass der Richter von den ihm gewährten Befugnissen pflichtmässigen Gebrauch mache.

Spott der besser unterrichteten Partei eintragen würde, ohne dass indessen dieser Gesichtspunkt von rechtlicher Bedeutung wäre.[82])

Hat aber der Richter bezüglich der Erfahrungssätze das Recht der Inquisition in jedem Sinne, so ergiebt sich schon daraus eine starke Vermuthung dafür, dass ihm hier auch die Wahrheitsprüfung von Amts wegen gebührt: das Gegentheil wäre mit der ihm ausdrücklich gewährleisteten Befugniss zur Verwerthung eigner Kenntniss unvereinbar. Es ist daher gleichgiltig, ob ein Erfahrungssatz, insbes. ein Handelsgebrauch, bestritten oder unbestritten bezw. zugestanden ist, es ist gleichgiltig, ob er zur Beweiswürdigung oder zur Subsumtion, zur Auslegung oder zur Aufstellung von Berechnungen gebraucht wird.[83]) Für den letzteren Fall gewährt übrigens § 290 C.P.O. ein starkes argumentum a potiori, da er die Berichtigung von Rechnungsfehlern auch im Urtheil gestattet, gleichviel ob sie vom Gericht oder von der Partei begangen sind.[84]) Ohne Bedeutung ist endlich auch, ob der Satz im contradictorischen oder im Versäumnissverfahren gebraucht wird. Auch im letzteren Falle darf der Richter nicht die Räumung einer Wohnung verfügen, wenn er weiss, dass die ortsübliche Kündigungsfrist drei Monate beträgt, und der Kläger vor sechs Wochen gekündigt zu haben behauptet, und ebensowenig wird er von der Prüfung befreit, ob in dem ihm geschilderten Verhalten ein grobes Verschulden liegt.

Diese Auffassung kann nahezu als die herrschende gelten, wenngleich sie in dieser Form nur selten ausgesprochen ist. Gewöhnlich spricht man nämlich nur von dem Geständniss der unmöglichen Thatsachen, die obendrein bei dieser Gelegenheit ganz besonders gern mit den notorisch falschen zusammengebracht und verwechselt werden.[85]) Schon oben (S. 37 f.) wurde aber dargelegt, dass jene die einem sicheren Erfahrungssatz zuwiderlaufenden sind. Auch handelt es sich dabei keineswegs immer um so alberne Dinge, dass man an Ungebührstrafen denken könnte[86]), mit denen übrigens auch die Behauptung

82) Wenn Fitting S. 342 die Dinge aufzählt, deren Kenntniss das Gericht sich verschaffen müsse, um seiner Würde Nichts zu vergeben, so ist das ein versteckter Versuch, eine gesetzliche Beweisregel aufzustellen.

83) Uebereinstimmend Planck Bd. 1 S. 446, Bolze S. 426 und bes. Kohler, Gruchot Bd. 31 S. 3, der sich nur auf die Notorietät der Lebensverhältnisse beruft. Entscheidend ist aber nur, ob der Richter sie kennt.

84) Vgl. Bolze S. 422, LG. Oppeln Ztschr. f. C.Pr. Bd. 15 S. 517 f. A. M. OLG. Dresden Sächs. Archiv Bd. 2 S. 320.

85) So bes. Stein, Urkundenprozess S. 132 f. und die Meisten dort Citirten.

86) Seuffert Bem. 3a zu § 261.

nicht beseitigt wäre[87]), sondern um Fragen des Aberglaubens, um freche Lügen bei Schadensberechnungen u. dgl. m. Soll nun der Richter einen Miethsvertrag aufheben, weil es in der Wohnung spukt, oder den Werth eines alten Rockes auf 80 Mk. feststellen, lediglich, weil diese Thatsache nicht bestritten oder zugestanden wird? Die verneinende Antwort[88]) ergiebt sich daraus, dass die feststellende Wirkung der Nichtbestreitung nur dann zur Geltung kommen kann, wenn die Alternative: bestreiten oder gegen sich gelten lassen, überhaupt prozessgestaltender Kraft fähig ist. Wo aber auch die Bestreitung nicht fähig wäre die Thatsache zu einer ungewissen, beweisbedürftigen zu machen, weil das Gericht vermöge der ihm innewohnenden Kenntniss des Obersatzes den Beweis ablehnen müsste, worüber sogleich, da kann auch ihr Widerspiel von keiner grösseren Bedeutung sein. Das Entscheidende ist, dass das Gericht die Ueberzeugung von der Unmöglichkeit bereits früher hat, als die Partei sich darüber erklärt. Die berechtigte Verwerthung des die Unmöglichkeit begründenden Obersatzes bewahrt uns vor einer Verzerrung des Gedankens der Parteidisposition.[89])

Für den Strafprozess folgt aus dem vorhin Gesagten, dass auch hier die Erfahrungssätze, welche das Gericht anzuwenden gedenkt, nicht zur Discussion gestellt zu werden brauchen. Das Maass von Sorgfalt, welches zur Verneinung der Fahrlässigkeit erforderlich ist, die Berufspflichten eines Kutschers (§ 222 Abs. 2 St.G.B.), wie die Sätze, welche den Beweiswerth der Indizien und Beweismittel bestimmen, bedürfen keiner Erörterung in der Verhandlung.

Für beide Prozesse sind endlich noch einige beweisrechtliche Fragen zu erwähnen.

Dass das Gericht, wie bei jeder Beweiswürdigung, so auch bei der des Sachverständigenbeweises selbst die vollste Freiheit in der Verwerthung des eignen Wissens besitzt, bestimmen § 377, 612 Abs. 2 C.P.O., § 83 St.P.O. Es ist von Rechts wegen nicht gezwungen ein zweites Gutachten einzufordern, wenn das erste ihm nicht genügt.[90]) Es ist nicht immer richtig, dass der Richter mit der Heran-

---

87) Treffend gegen Seuffert Trutter, Prozessualische Rechtsgeschäfte, München 1890, S. 372 f.

88) Vgl. auch Best § 471 p. 425, § 572 p. 512.

89) Wie hier die bei Stein a. O. S. 134 Anm. 31 Citirten, zu denen noch Trutter a. O. und Pollak a. O. treten. Zu den ebenda angeführten Gegnern ist Schneider, Ermittelung des Sachverhaltes S. 61 hinzuzufügen.

90) Vgl. Prot. der R. Justiz-Comm. S. 150 f. und RG. I. C. S. 28. V. 84 Seuff.

ziehung Sachverständiger erklärt habe, die Frage nicht selbst entscheiden zu können, und deshalb jetzt nicht in Widerspruch mit sich selbst treten dürfe.[91]) Denn jene Erklärung fehlt natürlich da, wo der Richter vom Gesetze zur Zuziehung gezwungen wird, und auch in allen übrigen Fällen wäre sie unverbindlich. Es wird aber auch kaum einen Richter geben, der die Sachverständigen nur befragt, wo er muss. Vgl. unten S. 101.

Des Weiteren ist die Berechtigung des Gerichtes, den Beweis oder Gegenbeweis von Erfahrungssätzen abzulehnen[92]), nicht die einzige, die sich aus seiner Kenntniss derselben ergiebt. Es kann auch den Beweis von Thatsachen ablehnen, und zwar nicht nur dann, wenn dieselben rechtlich unerheblich sind, sondern auch dann, wenn das Ergebniss des Beweises vermöge seiner Erfahrung ohne Bedeutung in thatsächlicher Beziehung sein müsste. Das trifft sowohl dann zu, wenn eine unmögliche Thatsache unter Beweis gestellt werden soll[93]), als wenn ein Indizienbeweis unternommen wird, der der Schlüssigkeit deshalb entbehrt, weil der Erfahrungssatz, der das Indiz und die erhebliche Thatsache verknüpfen soll, vom Gerichte verneint wird, oder wenn Hilfsthatsachen behauptet werden, welche z. B. die Glaubwürdigkeit der Zeugen erschüttern sollen, aber selbst im Falle ihrer Erweislichkeit dazu unfähig sind.[94]) Das Gleiche gilt aber in engen Grenzen auch dann, wenn Beweismittel angeboten werden, deren Unwerth durch ganz sicheren Erfahrungssatz im Voraus feststeht. Es ist zwar richtig, dass der Grundsatz der freien Beweiswürdigung nicht die Befugniss in sich schliesst Beweise deshalb abzulehnen, weil sie kein glaubwürdiges Ergebniss haben würden, oder weil die Sache schon durch die bisherige Beweisaufnahme genügend aufgeklärt sei. Darin läge eine Beweiswürdigung a priori, welche bei der nie ausgeschlossenen Irrthumsmöglichkeit um so vermessener wäre, als der individuelle, persönliche Eindruck der allerwichtigste

---

Arch. Bd. 40 Nr. 68. Ebenso das französ. Recht, Sirey a. 322 no. 7 ss. A. M., wie es scheint, III. C. S. 2. XII. 84 Civils. Bd. 12 S. 402 ff.

91) Von Kries S. 393.

92) Dass diese Berechtigung a potiori besteht, wenn der Erfahrungssatz unmöglich oder unerheblich ist, versteht sich von selbst. Vgl. RG. I. C. S. 24. IV. 80 und 21. III. 83 Civils. Bd. 1 S. 269 und Bd. 9 S. 55.

93) Darüber herrscht Einigkeit. Vgl. Glaser, Beiträge S. 34 f., Stein a. O. und dort Citirte.

94) Auch hier ist mir keine Abweichung bekannt. S. bes. Seuffert Anm. 4 zu § 259, von Kries S. 334 f., RG. I. C. S. 13. II. 86 Civils. Bd. 15 S. 146 f. und indirect die zahlreichen unten S. 116 f. angezogenen Entscheidungen.

Factor für die Bewerthung der Beweismittel ist. Es ist dem Reichsgericht zu danken, dass es den Grundsatz, wenn auch nicht ganz ohne Schwankungen, so doch schliesslich mit consequenter Energie zur Geltung gebracht und dadurch verhindert hat, dass das Schlagwort der „freien Beweiswürdigung" zum bequemen Deckmantel für die freilich oft entschuldbare Neigung der unteren Gerichte wurde, durch Abschneidung weiterer Beweise zu einer baldigen Beendigung der Prozesse zu gelangen.[95]) Auf der anderen Seite lässt sich nicht verkennen, dass dieses Verbot eine Grenze finden muss, auch ehe man an den äussersten Punkt nicht ernstlich gemeinter, subjectiv und objectiv nur verschleppender Beweisanträge gelangt, gegen die der Civilprozess wenigstens theilweise Mittel gegeben hat (§ 339, 398 sowie § 411 C.P.O.), deren Nichtberücksichtigung aber auch im Strafprozesse jetzt in besonderen Fällen als berechtigt anerkannt ist. Die Grenze wird vielleicht darin zu finden sein, dass dem Gericht die Freiheit bleibt zu erklären, es würde nach dem bisherigen Beweisergebniss einem entgegenstehenden Zeugniss niemals Glauben beimessen können, vielmehr stets annehmen, dass der Zeuge dann irren oder die Unwahrheit sagen müsse.[96])

Die Freiheit des Richters in der Verwerthung eignen Wissens geht sonach ausserordentlich weit, so weit, dass sie diejenigen mit Angst und Sorge erfüllt hat, welche aus früheren Rechtszuständen

95) Einen Ueberblick giebt folgende Zusammenstellung: Die Ablehnung eines Beweises, weil die Sache schon genügend aufgeklärt sei, missbilligen mit dem im Texte angegebenen Grunde: II. Str.S. 6. II. 80 Strafs. Bd. 1 S. 189, IV. Str.S. 20. VI. 84, 15. V. 85, 20. IV. 86 Rechtspr. Bd. 6 S. 453, Bd. 7 S. 296, Bd. 8 S. 306. Auch die Begründung: dass das Gegentheil erwiesen sei, lässt nicht gelten II. C. S. 11. X. 89 Civils. Bd. 24 S. 336 f. Es verwerfen ferner die Ablehnung wegen voraussichtlicher Ergebnisslosigkeit des Beweises: II. Str.S. 9. I. 80 und 7. XII. 81 Strafs. Bd. 1 S. 51 und Rspr. Bd. 3 S. 768, III. Str.S. 23. XII. 81 Strafs. Bd. 5 S. 312 (mit überflüssigem Eindringen in die concrete Sachlage, vgl. Stahl S. 151 f.), sowie III. C. S. 21. III. 81 Civils. Bd. 4 S. 375 f. und 23. VI. 91 Gruchot Bd. 37 S. 138, IV. C.S. 21. IX. 85 und 11. III. 86 Gruchot Bd. 30 S. 159 f. und 1028, I. C.S. 3. I. 85 ebda. Bd. 29 S. 1100 (ebenfalls unnöthig auf die Thatsachen eingehend), V. C.S. 9. I. 86 und 28. III. 88 ebda. Bd. 30 S. 1034, Bd. 32 S. 1187 f. Dagegen erlauben in diesem Falle eine Ablehnung III. Str.S. 10. I. 80 Strafs. Bd. 1 S. 138 f., I. Str.S. 23. VI. 82 Rechtspr. Bd. 4 S. 633 f.

96) Vgl. die ähnlichen Formulirungen in RG. III. C. S. 11. III. 86 Gruchot Bd. 30 S. 1121 und in mehreren der eben erwähnten Urtheile. Verwerthet ist der Gedanke von I. C. S. 6. IV. 81 Civils. Bd. 4 S. 86, wo die Ablehnung gebilligt wird, weil der Zeuge das Gegentheil von dem bekunden soll, was er erwiesener Maassen selbst gethan hat. Freilich ist dies in I. C.S. 16. VI. 84 Civils. Bd. 15 S. 335 wieder aufgegeben.

her das Misstrauen in die Fähigkeit und den gesunden Sinn unserer Richter auch für die Gegenwart bewahrt haben.[97]) War ja doch das ganze System der gesetzlichen Beweistheorie Nichts Anderes als der Ausdruck dieses Misstrauens, welches verhindern wollte, dass der Mensch im Richter zur Geltung komme. Die Erlösung von diesem Banne legt freilich dem Richter viel ernstere Pflichten auf, als das blosse Berechnen des Beweisergebnisses nach feststehendem Tarif. Er wird sich der gewissenhaftesten Selbstprüfung über das Maass seiner eigenen Kenntnisse und angesichts der Relativität des menschlichen Wissens auch über die Sicherheit derselben nicht entziehen dürfen und namentlich dann ihnen zu misstrauen Anlass haben, wenn wichtige Folgen in Frage stehen. Aber nur seine pflichtmässige Erwägung entscheidet.

Jede Gesetzgebung muss eben das Maass von Zwang und Freiheit des Gerichtes nach dem Werthe bemessen, welchen ihr Richterpersonal hat. Ein anderes gebührte ihm in Zeiten des Stellenkaufs, wo kein Studiengang und keine Prüfung die wissenschaftliche und keine Dienstaufsicht die sittliche Tüchtigkeit gewährleistete, ein anderes in der unsrigen.[98]) Die collegialische Besetzung der Gerichte, die sorgliche Vorbildung, welche freilich noch mehr als jetzt über die engsten Grenzen des Faches hinaus geben sollte, die sociale Stellung und die anerkannte Integrität des jetzigen deutschen Richterstandes lassen es als Hirngespinst erscheinen, dass unsere Gerichte in schülerhafter Ueberhebung dilettantische Kenntnisse missbrauchen werden. Je tiefer gebildet, je mehr des Lebens kundig unsere Richter sind, desto weniger ist zu besorgen, dass sie sich als Laien technischer Fragen bemächtigen oder die vierte Dimension und die Klopfgeister ernst nehmen werden.[99]) Und namentlich unsere Strafrichter, die ja leider meist in ihren thatsächlichen Annahmen ohne Controle arbeiten, werden sich bewusst sein, dass sie im Sinne unserer Gesetzgebung nie zu viel Beweis erheben können.[100])

Dass Missgriffe nicht ausbleiben werden, ist ebenso sicher, als dass sie vorgekommen sind. Das Reichsgericht selbst hat den elektrischen Strom mit wissenschaftlich unhaltbaren Gründen unter die

---

97) Es ist hier vor Allem auf die oben Anm. 5—11 angeführten Schriftsteller hinzuweisen, die z. Th. solchen Erwägungen direct Ausdruck geben.

98) Vgl. auch Schmidt, Wahrnehmungen S. 287 ff., 298.

99) Vgl. Schaper S. 181, John Bd. 1 S. 663, Kohler, Prozess als Rechts verhältniss S. 27, OAG. Oldenburg Seuff. Arch. Bd. 20 Nr. 88.

100) John a. O. S. 660, Stenglein, Ztschr. f. Str. W. Bd. 10 S. 480.

beweglichen Sachen gestellt[101]), ein anderes Gericht soll neulich Eis als Frucht des Wassers erklärt haben, und was unsere Gerichte bis vor kurzer Zeit bei Anwendung des Pressgesetzes an Unkenntniss der Verhältnisse in den Redactionen und Druckereien der grossen Zeitungen geleistet haben, übersteigt reichlich das Maass einer iusta ignorantia.[102]) Aber solche Dinge werden hoffentlich in demselben Maasse seltener werden, als unsere Richter, denen man bei Einführung der freien Beweistheorie viel zu viel von ihren neuen Rechten vorgeschwätzt hat, sich auch ihrer neuen Pflichten bewusst werden. Und wenn sie doch nicht aufhören: besser die Freiheit mit ihren gelegentlichen Irrthümern als der Zwang und die grundsätzliche Ertödtung der Individualität in den Gerichten.[103]) Nur durch die vollste Freiheit kann das ganze Maass von Bildung, Erfahrung und Wissen, dass unser Richterstand besitzt, den Zwecken der Rechtspflege dienstbar gemacht werden.

---

101) RG. IV. C. S. 10. III. 87 Civils. Bd. 17 S. 272 thut es, weil der elektrische Strom in der Vorstellung (d. h. in der falschen von Laien) als Sache erscheint, weil er (wie jede Kraft) gemessen und aufgespeichert werden kann u. s. w. — Neulich wurde gemeldet, ein findiger Kopf habe sich die elektrische Anlage seines Nachbarn zu Nutze gemacht, indem er einen Draht in dieselbe einschaltete und damit seine Lampen speiste. Das RG. müsste den Mann wegen Diebstahls bestrafen, obwohl er Nichts Anderes that als derjenige, der seinen Handwagen an ein fremdes Fuhrwerk anbindet, um ihn ziehen zu lassen. Er benutzte fremde Kraft.

102) Vgl. dagegen jetzt die erfreuliche Sachkunde in RG. III. Str. S. 2. XI. 92 Strafs. Bd. 23 S. 275 f.

103) Von Wilmowski-Levy vor § 367: „Wenn ein Richter Dilettant in einem . . . Specialfache ist, so kann das zwar bald ein Glück und bald, bei übermässigem Selbstvertrauen, ein Unglück für die Entscheidung sein; in keinem Falle kann und darf er . . von seiner Ueberzeugung abstrahiren."

§ 7. VI. Berufung und Revision.

Das Berufungsgericht steht in Bezug auf Beweisfragen und Subsumtionen in beiden Prozessen dem Gericht erster Instanz gleich. Es geniesst daher dieselbe Freiheit mit denselben Schranken. Für die ihm obliegende Anwendung von Erfahrungssätzen ist es jedoch von grosser Bedeutung, wenn ein solcher schon von dem Gericht erster Instanz bejaht oder verneint ist. Wie das Letztere seine Kenntniss auch aus Quellen schöpfen durfte, die nicht Beweismittel im Sinne der Prozessordnung sind, so darf das zweite Gericht die Ansicht des ersten als ein solches Erkenntnissmittel ausnutzen, es steht ihr gegenüber wie einem Gutachten von Sachverständigen[1]), gleichviel übrigens, ob das erste Gericht seine Ansicht auf eigne Sachkunde oder selbst auf das Gutachten Sachverständiger gegründet hat. Aber ein Zwang dazu ist für das obere Gericht in keinem Falle vorhanden. Der sachliche Werth der Ansicht allein entscheidet, ob das Obergericht sie annehmen will oder nicht. Insbesondere ist es ein mehr als bedenklicher Gedanke, dass das Berufungsgericht so lange an den Erfahrungssätzen des Erstinstanzgerichts festhalten müsse, als diese Sätze nicht durch Gegenbeweis erschüttert sind.[2]) Damit wird die selbständige Aufgabe des Berufungsgerichts bezüglich der Beweisfrage gründlich verkannt.

Nur in Einem Punkte kann man schwanken. Beim Ausbleiben des Berufungsbeklagten verordnet § 504 Abs. 2 der C.P.O., dass, soweit nicht die Versäumnissfolge des sog. fingirten Geständnisses Platz greift, „in Ansehung einer zulässigerweise beantragten Beweisaufnahme anzunehmen ist, dass sie das in Aussicht gestellte Ergebniss gehabt habe.“ Dass das fingirte Geständniss die Erfahrungs-

---

1) Goldschmidt, Handelsrecht Bd. 1 § 35 Anm. 40 und bes. RG. I. C.S. 6. X. 83 Civils. Bd. 10 S. 92 ff., vgl. auch 8. XII. 83 Civils. Bd. 13 S. 71 f.

2) So scheinbar OLG. Dresden, Annalen Bd. 3 S. 82 f., welches der Feststellung eines Handelsgebrauches im ersten Urtheil „formale Beachtlichkeit“ zuspricht. Ich bin allerdings in den Curialstil, dessen beharrliche Pflege dieses Gericht sehr zu seinem Nachtheil auszeichnet, nicht tief genug eingedrungen, um den Sinn dieses Ausdruckes sicher bestimmen zu können. — Bedenklich nähert sich diesem Standpunkt RG. I. C. S. 22. IX. 80 Civils. Bd. 2 S. 383 f., während das vorher citirte Urtheil v. 6. X. 83 denjenigen des Textes theilt.

sätze nicht ergreift, dürfte hier ebenso sicher sein, wie in der ersten Instanz. Wie aber, wenn dort bestritten geblieben und durch die Beweisaufnahme nicht geklärt worden ist, ob ein zur Beurtheilung des Falles erheblicher Handels- oder Ortsgebrauch besteht, und der Berufungskläger jetzt Sachverständige dafür benennt? Im contradictorischen Verfahren könnte dieser Beweis abgelehnt werden, wenn das Gericht das Nichtbestehen oder die Unmöglichkeit des Gebrauches kennt. Dass es im Versäumnissfalle anders sein soll, ist sicherlich unvernünftig. Aber das Gesetz spricht unzweideutig, und eine beantragte Beweisaufnahme in seinem Sinne ist auch die des Sachverständigenbeweises.[3]) Trösten wir uns damit, dass der Fall kaum jemals praktisch werden wird.[4])

Der Verfolgung des Schicksals der Erfahrungssätze in der Revisionsinstanz möchte ich zwei Bemerkungen vorausschicken, die im Allgemeinen wenig beachtete Punkte betreffen.[5])

Zunächst nämlich, dass es Fragen giebt, in denen dem Revisionsgericht unbestritten thatsächliche Feststellungen obliegen, dass also der Satz, es könne vor dem Reichsgericht keine Beweisaufnahme stattfinden, Ausnahmen erleidet, auch abgesehen von den hier nicht interessirenden Fällen, wo das Reichsgericht als Berufungsgericht in Consular- oder Patentsachen oder als Beschwerdegericht gemäss § 533 C.P.O. oder behufs Feststellung des Werthes des Revisionsgegenstandes gemäss § 508 Abs. 2 und § 3 C.P.O. zu Beweisaufnahmen, wozu auch die Entgegennahme einer Glaubhaftmachung gehört, schreitet. Wenn auch anfangs zögernd, hat das Reichsgericht doch immer mehr sein Recht und seine Pflicht anerkannt, in Fällen, wo es sich um Verstösse gegen Prozessgesetze handelt, die thatsächlichen Hergänge von sich aus festzustellen, wie ihm dies ja für den Civilprozess durch § 516 Nr. 2 C.P.O. nahe genug gelegt ist.[6]) Diese Beweisaufnahmen beschränken sich keines-

3) Vgl. oben S. 69.

4) Ich habe ihn nirgends erwähnt gefunden.

5) Dass im Folgenden fast ausschliesslich die Praxis des Reichsgerichts in Betracht gezogen ist, rechtfertigt sich aus der geringeren Bedeutung der übrigen Revisionsgerichte, deren Urtheile auch vielfach nur im Auszuge bekannt sind.

6) Vgl. Stahl S. 130 ff. und jetzt vor Allem den eingehenden Aufsatz von Stenglein, Gerichtssaal Bd. 46 S. 1—26, der mich der Nothwendigkeit von Einzelnachweisungen völlig überhebt. Vgl. etwa noch VI. C. S. 7. II. 87 Seuff. Arch. Bd. 43 Nr. 243. Zu weit geht sogar IV. C. S. 25. IX. 90 Civils. Bd. 27 S. 187, welches die thatsächliche Prüfung aller absoluten Prozessvoraussetzungen bean-

wegs auf Feststellungen aus den Akten. Es werden auch Zeugen vernommen, freilich nur selten unmittelbar vor dem Reichsgericht, weil die „grosse Entfernung“ es meist hindert, doch soll auch die directe Zeugenvernehmung nach glaubwürdiger Mittheilung schon vorgekommen sein.[7]) Ja, das Reichsgericht hat sich sogar für diesen Zweck ein ebenso praktisches als sachlich einwandfreies Beweismittel selbst geschaffen, die „dienstliche Aeusserung“ der betheiligten Beamten, ein Seitenstück zu der früher (S. 71) erwähnten amtlichen Auskunft.[8]) Es wäre öder Formalismus, wollte man das Reichsgericht schelten, dass es den Landgerichtsrath nicht durch den Amtsrichter (als ersuchten Richter) als Zeugen vernehmen lässt. Nur sollte nicht vergessen werden, dass es sich um einen Ersatz des Zeugenbeweises handelt.[9]) Das Reichsgericht fungirt dabei als Rechtspflegeorgan, nicht als vorgesetzte Dienstbehörde, wie denn auch nicht sein Präsident, sondern der erkennende Senat die Aeusserung einfordert. Die Dienstpragmatik der Behörden hat also hier Nichts zu suchen, und es ist deshalb nicht angängig, anstatt des Beamten selbst dessen an der Sache unbetheiligten Vorgesetzten „berichten“ zu lassen, wo persönliche Wahrnehmungen oder Handlungen des Ersteren in Frage stehen.[10]) Vgl. oben S. 72.

Es braucht schliesslich kaum betont zu werden, dass diese Befugniss, Vorgänge des anhängigen Prozesses festzustellen, selbstverständlich auch die Befugniss umfasst, den Sinn der Urtheile und sonstigen Urkunden dieses Prozesses, insbesondere des angefochtenen Urtheils selbst, durch Auslegung festzustellen, dass sie aber einer analogen Ausdehnung auf Thatsachen a u s s e r h a l b des Prozesses ganz unfähig ist. Es fehlt dazu die erste Voraussetzung der gleichen Rechtslage.[11])

---

spricht. — Damit und mit dem Hinweise auf § 285, 150 C. P. O., § 274 St. P. O. erledigt sich die mindestens in ihrer Allgemeinheit unhaltbare Ansicht von S c h n e i d e r, Ermittlung des Sachverhaltes S. 7 f. und K o h l e r, Prozess als R. Verh. S. 27 Anm., dass Prozessvorgänge überhaupt nicht Gegenstand des Beweises sein können.

7) S t e n g l e i n a. O. S. 6.

8) Vgl. z. B. II. Str. S. 22. II. 81 Rechtspr. Bd. 3 S. 68, III. Str. S. 22. I. 85 Rspr. Bd. 7 S. 41, III. Str. S. 11. VI. 88 Strafs. Bd. 18 S. 9 f., II. Str. S. 27. V. 92 Strafs. Bd. 23 S. 167.

9) RG. I. Str. S. 17. X. 92 Strafs. Bd. 23 S. 262 spricht sehr richtig von „amtlicher Bezeugung.“

10) So in dem cit. Erk. v. 22. I. 85, sowie II. Str. S. 22. IV. 84 Strafs. Bd. 10 S. 318, wo jeweils der Landgerichtspräsident über Vorgänge berichtet, denen er nicht beigewohnt hat.

11) A. M. RG. II. C. S. 4. VII. 82 Civils. Bd. 7 S. 351 a. E.

Das Zweite ist, dass das Revisionsgericht bei der ihm obliegenden Auslegung des Gesetzes bezw. bei der Nachprüfung derjenigen des unteren Gerichtes zweifellos seine gesammte Lebenserfahrung frei verwerthen darf und verwerthet.[12]) Vor Allem wird der Sprachgebrauch des täglichen Lebens in unzähligen Fällen festgestellt, es werden aber ebensogut auch die Bedürfnisse und Gepflogenheiten der ländlichen Bevölkerung untersucht, um die rechtliche Natur der Gutsüberlassungsverträge aufzuhellen u. s. w.[13]) Es liegt nun verführerisch nahe zu schliessen, dass eine Auslegungsthätigkeit, die das Gericht unbeanstandet am Texte von Gesetzen übt, doch genau ebenso am Texte von anderen Urkunden müsse geübt werden dürfen.[14]) Und was der Urkunde recht ist, müsste anderen Beweismitteln billig sein. Wir kämen dann zu dem Ergebniss: das Reichsgericht darf die abstracten Erfahrungssätze überall frei verwerthen. Aber diese Erwägung geht fehl, weil die Feststellung und Ermittlung des Gesetzesinhaltes als des juristischen Obersatzes gerade die eigentliche Aufgabe des Revisionsgerichtes ist, weil sie ferner in jeder Beziehung anderen Regeln als die Feststellung des Untersatzes folgt, so sehr, dass der Beweis der Rechtssätze das völlige Gegenstück zu dem der Thatsachen bildet, und endlich, weil die Analogie zu viel beweisen würde. Denn bei der Gesetzesauslegung ist das Revisionsgericht — wie jedes andere — berechtigt und verpflichtet, auch solche Thatsachen, d. h. concrete Einzelgeschehnisse, in Rücksicht zu ziehen, die von keiner Partei auch nur gekannt, geschweige denn behauptet sind. So alle Thatsachen aus der Geschichte des Gesetzes, insbesondere die Vorgänge bei seiner Berathung, die bisherige Praxis, beim Gewohnheitsrecht die Uebungsfälle u. s. w.[15]) Ja, dem Reichsgericht

---

12) Es geht deshalb sicherlich zu weit, wenn Wach, That- und Rechtsfrage S. 6 und Fitting S. 570 Anm. 19 alle Erfahrungssätze aus der Revisionsinstanz verbannen wollen.

13) Vgl. RG. V. C. S. 30. I. 92 Civils. Bd. 29 S. 173 ff. und als weitere besonders belehrende Beispiele I. C. S. 8. XII. 83 Civils. Bd. 13 S. 70 (Begriff der Seefahrt), III. Str. S. 22. I. 83 Strafs. Bd. 8 S. 15 (Vertragsnatur der Eheschliessung für § 263 St. G. B.).

14) So Bolze S. 428 f. Einen Anklang daran enthält auch RG. I. C. S. 12. I. 81 Civils. Bd. 3 S. 428. Dagegen schon Wach, That- und Rechtsfrage S. 23, dessen Aeusserung in der dtsch. Ztschr. für Kirchenrecht Bd. 2 S. 187 daher wohl nur in der Fassung ungenau ist, sowie — hierin zutreffend — das Anm. 11 citirte Urtheil.

15) So erzählt RG. I C. S. 18. V. 89 Civils. Bd. 24 S. 392 die Geschichte eines in England verhandelten Prozesses mit allen Einzelheiten; RG. III. Str. S. 28. VI. 88 Strafs. Bd. 18 S. 69 thut das Gleiche behufs Feststellung eines Gewohn-

liegt vermöge des § 137 G.V.G. sogar eine Forschungspflicht bezüglich solcher Einzelthatsachen ob, insofern jeder Senat sich darum kümmern muss, ob nicht ein anderer dieselbe Frage schon entschieden hat. Dass aber eine solche Freiheit auf anderem Gebiete nicht besteht, beweist ein Blick auf das Gesetz.

So ist denn aus der Thätigkeit des Revisionsgerichts in den beiden bezeichneten Richtungen zunächst Nichts dafür zu gewinnen, wie es sich zu den im angefochtenen Urtheil angewandten oder übersehenen Erfahrungssätzen zu verhalten habe, es sei denn der nicht unwichtige verneinende Satz, dass nicht die Natur des Erfahrungssatzes als solchen von Bedeutung sein kann, sondern die Gelegenheit, bei der er verwendet wird.

Bei der Untersuchung, wie die Aufgabe des Revisionsgerichtes zu begrenzen ist, haben wir uns nun davor zu hüten, gewissen Schlagwörtern nachzugehen, in die man, meist ohne jeden Anhalt im Gesetze, den Gegensatz zwischen dem nachzuprüfenden und dem unanfechtbaren Theile des Urtheils gefasst hat, und die ebenso sicher im Allgemeinen zutreffen, als sie für eine auf dem Boden des geltenden Rechts stehende wissenschaftlich genaue Forschung unbrauchbar sind.[16]) Ich meine die oft, besonders vom Reichsgericht selbst wiederholte, aber darum nicht minder falsche Behauptung, dass ‹die Revision nur bei einem „Rechtsirrthum" des vorigen Urtheils begründet sei,› eines der vom verflossenen preussischen Obertribunal übernommenen Erbstücke, oder die Zuspitzung auf die Gegensätze „That- und Rechtsfrage"[17]) oder „Thatsachen und Rechtssätze." Geht man z. B. von der letzteren Gegenüberstellung aus, so ergiebt sich, da die Erfahrungssätze unter die eine oder andere Kategorie gebracht werden müssen, ohne Weiteres die Unterscheidung, dass die zu Rechtssätzen gewordenen Erfahrungssätze, Beweisregeln, Auslegungsregeln u. s. w. (oben S. 47 f.), vom Revisionsgericht unbedingt anzuwenden und zu berücksichtigen sind, — was beiläufig bemerkt richtig und allseitig anerkannt ist[18]), — während die nichtjuristischen schlechthin unter

heitsrechtes in Bremen, nachdem es die amtliche Auskunft des dortigen Landgerichts eingeholt hat.

16) So schon Bolze S. 420.

17) Das Wort Rechtsfrage kommt nur in § 137 G. V. G. vor, in der nach dem Inhalte dieser Vorschrift unzweifelhaften Bedeutung „Frage des objectiven Rechts". Für die Bestimmung dieses Begriffes wird aber die Begrenzung der Revision vorausgesetzt; sie kann also nicht von hier aus gewonnen werden.

18) Vgl. Stahl S. 112 f., Bolze S. 447 f. u. s. w.

die Thatsachen fielen, so dass also gegen die „thatsächliche Feststellung", eine Kutsche sei ein Gebäude im Sinne des § 243 St. G. B., kein Kraut gewachsen wäre. An ähnlicher Schiefheit leidet der Gegensatz Thatsachenfeststellung und Rechtsanwendung, da ja auch die Erstere in Anwendung von (Prozess-) Rechtssätzen besteht. Von ihm aus wäre die Anwendung von Erfahrungssätzen stets oder nie revisibel, je nachdem man in ihr einen speciellen Fall der Subsumtion oder einen Akt der Thatbestandsfeststellung erblickte.

Ebenso ist es abzulehnen, „rechtsvergleichend" etwa die Rechtsprechung des Cassationshofes oder des Obertribunales heranzuziehen[19],) die nur dann für uns von Bedeutung wäre, wenn Cassationsrecurs und Nichtigkeitsbeschwerde nicht nur auf denselben Grundgedanken beruhten, wie unsere Revision, was bekanntlich nur sehr zum Theil der Fall ist, sondern auch die unleugbar ziemlich willkürlich gezogene Grenze bei jenen genau ebenso verlaufen wäre, wie bei dieser, was bekanntlich keineswegs der Fall ist, — bezüglich des Ersteren nicht, weil unsere Revision in beiden Prozessen echtes Rechtsmittel ist, d. h. ein Rechtsbehelf der durch das Urtheil beschwerten Partei behufs Beseitigung oder Aenderung des sie beschwerenden Urtheils. Das deutsche Reichsgericht ist ein Organ der Rechtsprechung, der Cassationshof ein Organ der Justizverwaltung. Jenes spricht, auch wenn es aufhebt, ein Urtheil und stellt darin den anzuwendenden rechtlichen Obersatz mit bindender Kraft auf (§ 528 C. P. O., § 398 St. P. O.), dieser schafft den Parteien nur freien Weg zu einem neuen Urtheil. Die Nichtigkeitsbeschwerde aber mit ihrem trostlosen Formalismus[20]) ist ein heut völlig überwundenes Gebilde.

Endlich haben wir jede Nützlichkeitserwägung, jedes argumentum ad absurdum, jede Anrufung des Rechtsgefühls und dgl. m. zu vermeiden. Die Beschränkungen der Revision sind, so lange man sich auf den Standpunkt der beschwerten Partei stellt, ebensoviele Ungerechtigkeiten: ob ein Angeklagter verurtheilt wird, weil einem willkürlich unbeeidigten Belastungszeugen geglaubt, oder weil einem

19) So auch Bolze S. 428, der freilich, wie sich sogleich zeigen wird, zu Unrecht auch die gleichmässige Behandlung der Revision im Civil- und Strafprozess ablehnt. Vgl. auch RG. IV. C. S. 22. XII. 81 Civils. Bd. 12 S. 410. Anders II. C. S. 4. VII. 82 Civils. Bd. 7 S. 351 f.

20) Sie hatte bekanntlich nur die Prüfung der Parteirüge, nicht des Urtheils, zum Gegenstande. Preuss. VO. v. 14. XII. 1833 § 4 verbd. mit Instruction vom 7. IV. 1839 Nr. 8.

vorschriftsmässig vereidigten Entlastungszeugen willkürlich nicht geglaubt wurde, ob eine Klage fällt, weil ein revisibles oder ein locales Gesetz verletzt ist, — die Beschwer der Partei ist die gleiche. Das Gesetz lässt aber mit vollem Bedacht einen Theil dieser Beschwerden, auch wenn ihr Grund offen zu Tage liegt, ohne Abhilfe.[21]) Muss doch, wenigstens im Civilprozess, das Revisionsgericht zuweilen sogar die offenbar falsche Rechtsauffassung des Berufungsrichters unangerührt lassen (§ 525 C. P. O.). —

Die Gesetzesverletzung, auf welche allein die Revision beider Prozesse gestützt werden kann[22]), ist gesetzlich dahin erläutert, dass sie in der Nichtanwendung oder nicht richtigen Anwendung einer Rechtsnorm besteht. § 512 C.P.O., § 376 Abs. 2 St.P.O. Dass dieser Fall auch dann vorliegt, wenn ein Rechtssatz nicht angewendet wurde, obwohl seine thatsächlichen Voraussetzungen gegeben waren, oder angewendet wurde, obwohl sie nicht vorlagen, ist wohl keinem Zweifel unterworfen[23]). Wenn ein Unschuldiger zum Tode verurtheilt wird, ist der § 211 St.G.B. verletzt, so gut wie § 56 St. P.O. verletzt ist, wenn versehentlich ein Vierzehnjähriger vereidigt wird. Bei prozessrechtlichen Vorschriften ist uns diese Vorstellung durchaus geläufig. Um so befremdlicher wird sie Manchem für die materiellrechtlichen klingen. Das liegt aber nur daran, dass wir hier mit derjenigen Voreingenommenheit denken, welche der uns geläufige Begriff der Revision in uns erweckt.

Der eigentliche Sitz der Beschränkung des Rechtsmittels ist also nicht hier zu suchen, sondern zunächst für den Civilprozess in § 524 C.P.O., wonach die vom Berufungsrichter festgestellten Thatsachen — mit gewissen Ausnahmen, die hierher keine Bedeutung haben, — für die Entscheidung des Revisionsgerichtes maassgebend sind, soweit nicht eben ihre Feststellung unter Verletzung des Prozessgesetzes zu Stande gekommen ist. Daraus folgt, dass der Revision das Ergebniss einer Thatsachenfeststellung entzogen ist, die gesetzmässig mittels Beweisaufnahme oder auf anderem Wege, sei es gemäss § 129, 261, 264[24]),

---

21) Es ist daher kein Argument von durchschlagender Kraft, wenn der zweite Civilsenat in der eben angeführten Entscheidung die Auslegung früherer Urtheile mit den schlimmen Consequenzen des Gegentheils rechtfertigt.

22) Der Ausdruck des Gesetzes ist nicht ganz genau. Es handelt sich um die Voraussetzung der Wirksamkeit der Revision, nicht um die ihrer Zulässigkeit. Eine Revision, die nur die thatsächlichen Feststellungen angreift, ist unbegründet, nicht unzulässig.

23) So auch Stahl S. 95.

24) Wegen der Anführung dieses Paragraphen s. unten S. 172.

oder durch Schlussfolgerungen aus erwiesenen oder sonst festgestellten Indizien erfolgt ist. Sowie aber die Thätigkeit des unteren Gerichtes die bereits festgestellten Thatsachen zum Gegenstande hat, d. h. sobald die allein noch übrigbleibende Erwägung beginnt, ob diese Thatsachen dem Thatbestande eines Rechtssatzes subsumirt werden können, hat das Revisionsgericht seine nachprüfende Aufgabe zu erfüllen. Dass dabei das Wort Thatsachen in dem engeren Sinne zu nehmen ist, in welchem es die concreten Einzelgeschehnisse im Gegensatz zu allgemeinen Erfahrungen bedeutet, ergiebt sich aus der Erwägung, dass die Feststellung der letzteren überhaupt keine Aufgabe des Prozesses ist: sie kommen nur als Hilfsmittel der thatsächlichen Feststellung in Betracht. So wenig als ein Urtheil den juristischen Obersatz seiner Subsumtion „feststellt", so wenig den thatsächlichen.[25])

Eine ähnlich scharfe Formulirung fehlt leider für den Strafprozess. Aber indem § 392 St.P.O. nur diejenigen Thatsachen der Prüfung des Revisionsgerichtes unterstellt, welche nach § 384 Abs. 2 den Mangel, d. h. die Verletzung einer Rechtsnorm über das Verfahren, enthalten, hat es die übrigen vom Untergericht festgestellten Thatsachen dieser Prüfung unzweifelhaft entzogen, worüber ja auch nie ein Bedenken obgewaltet hat.

Daraus folgt zunächst, dass die Grenze in beiden Prozessen so absolut gleich verläuft, dass die gemeinsame Behandlung im Folgenden ohne Bedenken ist. Denn die Vorschrift des § 516 Nr. 3 C.P.O., der ein Gegenstück in der St.P.O. fehlt, ist keine sachliche, sondern eine rein formale: ihr Inhalt ist Nichts als die Hervorhebung eines besonderen Falles der Verletzung des Gesetzes in Bezug auf das Verfahren, der auch im Strafprozesse in derselben Weise vorkommt, wenn z. B. Thatsachen festgestellt sind, die nicht Gegenstand der mündlichen Hauptverhandlung waren.[26])

Es ergiebt sich sonach zunächst der wohl kaum bestrittene Satz, dass das Beweisergebniss in demjenigen Umfange unanfechtbar ist, in welchem dem Untergericht eine von Rechtsregeln freie Prüfung oblag, bezw. im Strafprozess die in sein Ermessen gestellte Macht zur Heranziehung von Beweismitteln zustand.[27]) Mag

25) Vgl. den Wortlaut des § 525 C. Pr. O. mit dem des § 524.

26) Vgl. unten S. 113 u z. B. RG. III. Str. S. 17. XI. 92 Strafs. Bd. 23 S. 300.

27) Mit Recht lehnt RG. III. Str. S. 23. III. 82 u. 7. XII. 85 Strafs. Bd. 6 S. 135 f und Bd. 13 S. 159 eine Prüfung darüber ab, aus welchen Gründen ein Gericht von der Befugniss des § 243 Abs. 3 keinen Gebrauch gemacht hat. Dass übrigens auch hier zuweilen das RG. bei allzu schlimmen Dingen Uebergriffe begangen hat, ist nicht zu leugnen. Vgl. z. B. I. C. S. 10. XII. 81 Civils. Bd. 6 S. 345 f.

der untere Richter von dem tollen Satz ausgegangen sein, dass ein Zeuge nach drei Jahren noch den genauen Wortlaut einer zweistündigen politischen Rede im Kopfe haben könne, mag er geleugnet haben, dass der Besitz der erweislich gestohlenen Sache ein Indiz für den Diebstahl sei, mag er die Glaubwürdigkeit des Zeugnisses einer Schwiegermutter nach den bekannten Anschauungen der „Fliegenden Blätter" bemessen oder den Causalzusammenhang zwischen einer Ohrfeige und dem acht Tage später eingetretenen Herzschlage angenommen haben: in allen diesen Beziehungen ist er von rechtlichen Schranken und damit von jeder Nachprüfung in der Revisionsinstanz frei.[28]) Entscheidend ist, dass diese thatsächlichen Erwägungen lediglich die Grundlage für die Feststellung der Thatsachen gebildet haben oder — was dem gleich steht — für die Erklärung, dass gewisse Thatsachen nicht festgestellt seien. Die Art der Schlussfolgerung aber ist bei der Würdigung der Beweismittel und derjenigen der Indizien dieselbe, so dass die theoretische Trennung Beider für die vorliegende praktische Frage gleichgiltig ist.[29]) Die Verführung ist freilich gross zu glauben, dass ein Richter, der durch Beweisaufnahme eine Anzahl von Indizien festgestellt hat, damit am Ende der „thatsächlichen Feststellung" angelangt sei, so dass, wenn er jetzt die Schlüssigkeit der Indizien für die Annahme der erheblichen Thatsache prüft, damit eine jenseits des Beweises liegende Thätigkeit vorgenommen werde[30]), und dies liegt besonders dann nahe, wenn die Indizien in urkundlicher Form vorliegen. Aber dabei wird übersehen, dass die Indizien für sich betrachtet schlechthin unerhebliche Thatsachen sind und nur als Hilfsthatsachen festgestellt werden. Wenn Beweisthema die Frage ist, ob A am 6. März eine Uhr gestohlen hat, so ist die Thatsache, dass er am zwölften im Besitz dieser Uhr war, kein Theil des gesetzlichen Thatbestandes des § 242, also des eigentlichen Beweissatzes, und das Gleiche gilt, wenn die briefliche Aeusserung des Beklagten an seinen Geschäftsfreund, N. N. befinde sich in Nöthen, in einem Anfechtungsprozesse vorgelegt wird. Ihre Feststellung ist für sich rechtlich bedeutungslos. Erst wenn aus ihr auf die allein erhebliche Thatsache der Wegnahme in Aneignungsabsicht bezw. der Kenntniss von der Zahlungsein-

28) Einen beinahe so schlimmen Fall s. RG. III. C. S. 11. V. 88 Civils. Bd. 21 S. 165. Das OLG. Celle nahm als erwiesen an, dass Bekl. i. J. 1882 Kenntniss davon erlangt habe, dass in seinem Hause der Schwamm sei, dass aber damit seine Kenntniss davon i. J. 1885 nicht erwiesen sei.

29) Vgl. oben S. 32.

30) So Heusler S. 230, 301.

stellung[31]) geschlossen worden ist, liegt die Feststellung einer subsumtionsfähigen Thatsache vor. § 266 der St.P.O. bringt dies zu deutlichstem Ausdruck, indem er verlangt, dass die „anderen Thatsachen", aus denen der Beweis der „für erwiesen erachteten Thatsachen" gefolgert wird, neben den Letzteren anzugeben sind, und die Forderung der Angabe von Gründen für die Beweiswürdigung in § 259 C.P.O. ergiebt bei sachgemässer Auslegung das Gleiche.

Wenn daher der vierte Civilsenat in seiner Entscheidung vom 31. März 1884 (Civils. Bd. 11 S. 425f.) den Indizienbeweis einer Eheschliessung daraufhin prüft, ob „die thatsächlichen Erwägungen des Berufungsgerichts zureichend für die darauf gegründete Feststellung" seien, so läge darin ein Verstoss gegen § 524, wenn nicht das Urtheil trotz der irreführenden Ueberschrift die reine Rechtsfrage behandelte, ob unter den Begriff „eheliche Kinder" nur die Nachkommen solcher Personen zu subsumiren sind, die erweislich zu bestimmter Zeit und an bestimmtem Ort eine giltige Ehe eingegangen sind, oder auch die von Personen, die als Eheleute gelebt haben. Dies tritt besonders am Schlusse des Urtheils, das freilich in einzelnen Sätzen seiner Gründe stark in das Thatsächliche hinübergreift, hervor.

Eine grundsätzlich abweichende Entscheidung habe ich weder unter denen des Reichsgerichts noch unter denen der anderen Revisionsgerichte gefunden.

Ist sonach dem Revisionsgericht eine Prüfung der zur Würdigung der Beweismittel und Indizien vom Untergericht verwertheten Erfahrungssätze grundsätzlich verschlossen, soweit die Feststellung selbst prozessordnungsmässig erfolgt ist, so wird die Sache sofort anders, wenn ein Verstoss gegen die Vorschriften über das Verfahren bei der Thatsachenfeststellung[32]) gerügt wird.

Drei Möglichkeiten sind hier zu unterscheiden.[33])

---

31) Hier kommt es nämlich nicht auf die Erklärung, sondern auf das aus ihr geschlossene Wissen an. Anders bei der Auslegung von Erklärungen, s. unten S. 127ff.

32) Wenn RG. V. C. S. 18. III. 83 Civils. Bd. 9 S. 325 meint, bei Benutzung eines nicht prozessordnungsmässig erhobenen Beweises liege kein „Mangel des Verfahrens", sondern eine falsche Entscheidung vor, so ist diese zunächst ganz unverständliche Aufstellung daraus zu erklären, dass das RG. die Anwendbarkeit des § 501 leugnen wollte und im Uebereifer den Gegensatz zu dem dort bezeichneten „wesentlichen Mangel des Verfahrens" nicht im unwesentlichen, sondern im Mangel der Entscheidung gesucht hat.

33) Der Fall einer Verkennung der freien Beweiswürdigung, wie ihn etwa

1. Das untere Gericht hat unzulässiger Weise Thatsachen oder Beweismittel berücksichtigt, die nicht ordnungsmässig zum Prozessstoff geworden sind, insbesondere Indizien, die nicht Gegenstand der mündlichen Verhandlung bezw. Beweisaufnahme waren, wobei die notorischen vorläufig noch ausser Betracht bleiben mögen, oder Beweismittel, die nicht formgerecht behandelt sind, z. B. unbeeidigte oder rechtswidrig beeidigte Zeugenaussagen, unzulässiger Weise verlesene Protokolle u. s. w., im Civilprozesse auch solche, die das Gericht aus eigner Initiative eingeführt hat. Da in solchem Falle das Urtheil stets auf dem Verstosse beruht, wenn nicht etwa das Gericht jene Momente lediglich im Urtheil erwähnt, um sie für unerheblich zu erklären, so braucht die Prüfung des Revisionsgerichts sich nur darauf zu erstrecken, ob das unzulässig verwerthete Beweismittel oder Indiz bei der Beweiswürdigung in Betracht gezogen ist. Eine Untersuchung darüber, ob etwa das nach Abzug dieses Beweisgrundes noch übrig bleibende Material zu demselben Ergebniss geführt haben würde, steht dem Revisionsgericht deshalb nicht zu, weil sie undurchführbar wäre. Der Antheil, den das einzelne Moment am Gesammtergebniss thatsächlich gehabt hat, lässt sich nie wieder zu isolirter Darstellung bringen. Eine Beweiswürdigung ist kein Rechenexempel. Das Reichsgericht hat eine solche Prüfung auch m. W. nie beansprucht.[34])

Die „rechtliche Beurtheilung", an welche hier das Untergericht

---

RG. II. C. S. 24. II. 82 Civils. Bd. 6 S. 356, IV. C. S. 12. VII. 86 Gruchot Bd. 31 S. 74 behandeln, interessirt hier nicht. Ebensowenig der Fall der Aktenwidrigkeit, sofern nämlich angebotene Beweise als unerheblich nicht erhoben wurden, dann aber im Urtheil ihr Fehlen als erheblich behandelt wird. So z. B. RG. III. C. S. 10. V. 84 Civils. Bd. 4 S. 212, III. Str. S. 10. u. 20. V. 82 Rechtspr. Bd. 4 S. 465, 502. Die Rüge einer unzulässigen Beschränkung der Vertheidigung (§ 377 Nr. 8 St. P. O.) betrifft keinen selbständigen prozessualen Verstoss. Sie trifft nur zu, wenn ein anderer Paragraph verletzt ist. Vgl. Löwe Anm. 18 zu § 377, von Kries, Die Rechtsmittel, Breslau 1880, S. 236 ff.

34) Vgl. unter vielen Beispielen für den Civilprozess I. C. S. 15. XI. 82 Civils. Bd. 8 S. 406 f. und V. C. S. 14. VI. 84 Gruchot Bd. 28 S. 1149, beide unbeeidigtes Zeugniss betr.; III. C. S. 21. III. 81 und 20. VI. 82, sowie II. C. S. 20. XI. 82 Civils. Bd. 4 S. 379, Bd. 8 S. 325, 326 betr. nicht vorgetragene Urkunden; V. C. S. 28. III. 85 Gruchot Bd. 29 S. 1080: Vernehmung der Partei als Zeuge, V. C. S. 30. III. 92 Civils. Bd. 29 S. 29, u. s. w. In Strafsachen gehören hierher die zahlreichen Entscheidungen, welche zu § 248 ff. St. P. O. ergangen und dort in den Commentaren zusammengestellt sind. Sie haben bei unzulässiger Verlesung von Protokollen u. s. w. stets ohne Weiteres aufgehoben. Vgl. noch III. Str. S. 17. XI. 92 Strafs. Bd. 23 S. 301 betr. Berücksichtigung früherer Akten.

gebunden ist, § 528 C.P.O., § 398 St.P.O., besteht lediglich in dem Verbote das Indiz oder Beweismittel in der bisherigen Art zu berücksichtigen. Das Untergericht muss also jetzt den Zeugen beeidigen oder unvereidigt lassen, das Indiz zur Verhandlung stellen. Dann aber ist es frei. Es kann ihm denselben Werth wie früher beilegen.[35])

2. Es sind vom unteren Gerichte Thatsachen oder Beweismittel übergangen, die zum Inhalt der Verhandlung gehört haben, Zeugen, die vernommen, Urkunden, die verlesen bezw. vorgetragen sind, Indizien, die im ersten Urtheile festgestellt sind, — wobei natürlich scharf zu trennen ist zwischen der hier allein hergehörigen völligen Uebergehung und der ablehnenden Würdigung, welche die Thatsache oder das Beweismittel für thatsächlich unerheblich erklärt. Freilich spielt dieser Fall praktisch im Strafprozess fast gar keine Rolle. Denn während man alle möglichen „Garantien" gegen die übeln Folgen suchte, die sich aus dem Wegfalle der Berufung ergeben könnten, hat man den allerdringendst nothwendigen Satz fortgelassen, dass das Gericht über die Quellen seiner Beweiswürdigung Rechenschaft ablegen müsse. § 266 St.P.O. gestattet im Gegensatz zu § 259 C.P.O. die bequeme Fassung, dass eine Thatsache „auf Grund der Zeugenaussagen" oder „nach dem Inhalte der Beweisaufnahme" festgestellt sei[36]), und ein Urtheil ist deshalb um so sicherer gegen Revisionsangriffe nach dieser Richtung, je oberflächlicher es begründet ist, da ja die Protokolle nur sehr selten eine Handhabe zum Nachweise sachlicher Lücken bieten. Man darf sich also nicht wundern, wenn die Strafkammern kein Bedürfniss empfinden ihre Beweiswürdigung ausführlich darzulegen und ein Beweis der Uebergehung deshalb fast nie zu führen ist.[37])

Von dieser Schwierigkeit abgesehen ist aber durch die Uebergehung zweifellos der Satz verletzt, dass die thatsächliche Feststellung auf Grund des „gesammten" Inhaltes der Verhandlungen (§ 259 C.P.O.) erfolgen, aus dem „Inbegriffe" der Verhandlungen (§ 260 St.P.O.) geschöpft werden soll.[38])

35) So auch RG. I. C. S. 15. XI. 82 Civils. Bd. 8 S. 414.

36) Vgl. RG. II. Str. S. 2. IV. 80 Rspr. Bd. 1 S. 532. Anders im Civilprozess. RG. IV. C. S. 29. III. 83 Gruchot Bd. 27 S. 933, V. C. S. 13. XII. 82 ebd. S. 1093 f. Abw. III. C. S. 31. I. 82 Civils. Bd. 6 S. 169 f.

37) Vgl. RG. IV. Str. S. 5. X. 86 Rspr. Bd. 8 S. 598, sowie II. Str. S. 1. V. 88 Strafs. Bd. 17 S. 346 ff.

38) Wenn das Gericht sich gar nicht ausgesprochen hat, concurrirt im Civilprozess alternativ auch § 513 Nr. 7. Vgl. RG. I. C. S. 26. IX u. 10. X. 83 Gruchot Bd. 28 S. 258 f., 1161.

Um aber zur Aufhebung des Urtheils zu führen, muss die Uebergehung für dasselbe causal sein, und folgeweise kann sich das Revisionsgericht hier der Frage nicht entziehen, ob die richtige Würdigung des übergangenen Momentes eine andere Thatsachenfeststellung herbeigeführt haben würde, wobei die Streitfrage offen bleiben mag, ob es genügt, dass die Entscheidung möglicher Weise anders ausgefallen wäre, oder ob die Sicherheit eines anderen Ausfalls gefordert werden muss. Denn auch im ersten Falle ist die Revision zurückzuweisen, wenn es sich um ein für die Entscheidung völlig unerhebliches Moment handelt. Damit ist aber das Revisionsgericht berufen, den Beweiswerth des übergangenen Momentes zu beurtheilen, m. a. W. es unter seine Erfahrungssätze zu subsumiren.[39])

Das Berufungsgericht stellt z. B. fest, dass der Beklagte, ein vermögensloser Kaufmann, bei einem Bankier zu bestimmtem Termin gewisse Werthpapiere gekauft habe, und zieht alle Momente des Falles in Betracht, um schliesslich das Vorliegen eines blossen Differenzgeschäftes zu verneinen, — nur die festgestellte Vermögenslosigkeit spielt in seinen Erwägungen keine Rolle. Dem Revisionsgerichte aber ist aus Erfahrung bekannt, dass gerade die Mittellosigkeit des Käufers ein besonders wichtiges Indiz gegen die Absicht wirklicher Lieferung ist.

Es gelangt also scheinbar auf Grund rein thatsächlicher Erwägungen zur Aufhebung. Freilich nur sehr scheinbar, wie sich alsbald zeigt, wenn erwogen wird, woran denn nun das Untergericht gemäss § 528 bezw. 398 gebunden ist. Das Revisionsgericht stellt nicht von sich aus die Thatsachen fest, sondern es verwendet seine Erfahrung nur, um auszusprechen, dass die Thatsachenfeststellung des unteren Gerichts vermöge ihrer Unvollständigkeit das Prozessgesetz verletze. Nur dieser Satz ist die „rechtliche Beurtheilung", welche für das Untergericht maassgebend wird. Es muss also bei erneuter Würdigung das übergangene Indiz oder Beweismittel in Betracht ziehen: aber wie es dasselbe bewerthen will, steht ihm

39) Vgl. solche Beurtheilungen z. B. in RG. I C. S. 3. XII. 84 und V. C. S. 4. III. 85 Gruchot Bd. 29 S. 1002, 1085, I. C. S. 8. I. 83, 26. II. und 18. V. 87 Civils. Bd. 9 S. 416 f., Bd. 17 S. 425 f. u. Bd. 19 S. 229, IV. C. S. 24. IX. 88 Civils. Bd. 22 S. 299 (übergangene Zeugenaussagen bei Auslegung eines Rechtsgeschäftes) sowie II. C. S. 11. XII. 91 Civils. Bd. 29 S. 343 f. (Nichtberücksichtigung einer Zeugenaussage, an deren Heranziehung sich das Gericht rechtlich behindert glaubte). Hierher gehören weiter alle oben S. 35 f. in anderem Zusammenhange dargestellten Fälle.

frei, und wenn Muth und Gewissenhaftigkeit es ihm gestatten, so mag es immerhin erklären, dass ihm die Mittellosigkeit des Käufers unerheblich oder gar eine Anzeige gegen das Differenzgeschäft sei, oder dass es Entlastungszeugen grundsätzlich keine Bedeutung beimesse, wenn sie von der Vertheidigung geladen sind u. s. w.

Wem dieses Ergebniss auf den ersten Blick anstössig erscheint, der vergegenwärtige sich, dass das Revisionsgericht nicht aufheben durfte und nicht aufgehoben hat, weil das Ergebniss der Thatsachenfeststellung des ersten Urtheils falsch war, sondern weil sein Verfahren so mangelhaft war, dass das Resultat falsch sein konnte. Kommt also jetzt in formell tadellosem Verfahren das untere Gericht zu demselben Ergebniss wie früher, so ist dies sein gutes Recht, wie die Anwendung des § 259 bezw. 260 in dem neuen Verfahren seine Pflicht ist.[40])

3. Der praktisch wichtigste Fall ist, besonders im Strafprozesse, der dritte, dass nämlich das untere Gericht die Aufnahme von Beweisen um ihrer thatsächlichen Unerheblichkeit willen abgelehnt oder unterlassen hat, sei es, weil das Beweismittel kein für die Sache bedeutsames Ergebniss haben, unglaubwürdig sein würde, oder weil das zu erweisende Indiz, auch wenn es erwiesen wäre, keinen Schluss auf die „erhebliche" Thatsache gestatten würde, oder weil eine zum Zwecke der Beweiswürdigung vorgetragene Thatsache (Vorleben des Zeugen u. dgl.) dafür nicht in Betracht komme. Diese Gruppen von Fällen sind scharf zu trennen von den völlig anders gearteten, in denen Beweisanträge deshalb abgelehnt werden, weil ihr Ergebniss aus rechtlichen Gründen, also nicht für die Feststellung der Thatsachen, sondern für ihre Subsumtion unter das Gesetz, ohne Bedeutung sein würde.[41]) Mit dieser Entscheidung haben wir uns in ganz anderem Zusammenhange zu beschäftigen (unten S. 121).

Schon oben ist dargelegt, dass es regelmässig unstatthaft ist

40) Wie im Text RG. II. C. S. 4. XI. 81 Civils. Bd. 6 S. 374 f., IV. C. S. 11. XII und 22. XII. 84 Gruchot Bd. 29 S. 1122 f. und Civils. Bd. 12 S. 410. — Aehnlich liegt die Sache, wenn das RG. aufgehoben hat, weil ein Anspruch, z. B. eine nach § 491 C. P. O. zulässiger Weise erhobene Gegenforderung, bei der Entscheidung übergangen war. Das untere Gericht muss jetzt darüber sprechen. RG. I. C. S. 28. X. 91 Civils. Bd. 28 S. 416 lässt es offen.

41) Die Trennung betont z. B. Gaupp Bd. 1 S. 523 Anm. 7. S. ferner RG. II. Str. S. 6. II. 80 Strafs. Bd. 1 S. 189: die Ablehnung muss erkennen lassen, ob die Thatsache rechtlich oder thatsächlich unerheblich sei, sowie III. C. S. 21. III. 81 Civils. Bd. 4 S. 375 ff.

Beweismittel als unglaubwürdig oder dem bisherigen Beweisergebniss gegenüber belanglos abzulehnen, weil darin eine a-priori-Würdigung derselben liegt, und es ist stehende Uebung des Reichsgerichts aus diesem Grunde aufzuheben, sofern nur das Beweisthema rechtlich erheblich ist.[42]) Wenn aber das Revisionsgericht hier vernichtet, spricht es nicht dem concreten Beweismittel einen Werth zu, sondern es äussert sich nur über das Verfahren, genauer über die Begründung der Ablehnung.[43]) Das untere Gericht muss also zwar jetzt das Beweismittel heranziehen, kann ihm aber nachträglich wiederum den Werth absprechen.

Umgekehrt ist dem Revisionsgericht jede Möglichkeit entzogen die Ablehnung eines Beweises dann zu corrigiren, wenn dessen mögliches Ergebniss im Voraus auf seinen indizirenden oder sonstigen Werth geprüft und dieser verneint oder die zu beweisende Thatsache für unmöglich erklärt worden ist. In diesem Falle bewegt sich das Gericht in formell gerechtfertigter Weise auf dem Gebiete thatsächlicher Würdigung. Formell gerechtfertigt ist es den Beweis ganz unerheblicher und unmöglicher Thatsachen abzulehnen, und formell wie sachlich besteht kein Unterschied, ob eine Thatsachenbehauptung vor oder nach der Beweisaufnahme auf ihren Werth nach dieser Richtung geprüft wird. Der persönliche und individuelle Eindruck, der beim Beweismittel eine so grosse Rolle spielt, fällt hier ganz fort, die hypothetische Würdigung ist der thetischen gleichwerthig.[44])

Regelmässig hat denn auch das Reichsgericht in solchen Fällen die Bewegungsfreiheit des unteren Gerichts unangetastet gelassen[45]), und nur in wenigen Fällen hat die naturgemässe Entrüstung über

---

42) S. die Zusammenstellung oben S. 100.

43) Stenglein, Gerichtssaal Bd. 46 S. 4 leugnet deshalb für diese Fälle nicht mit Unrecht die Nothwendigkeit thatsächlicher Prüfung des möglichen Ergebnisses der abgelehnten Beweise, die sich in mehreren der oben S. 100 Anm. 95 angezogenen Entscheidungen findet.

44) Ebenso RG. II. Str. S. 16. XII. 90 Strafs. Bd. 21 S. 227, wo nur in m. E. ganz unzulässiger Weise das Gleiche für die Augenscheinseinnahme ausgesprochen wird, scheinbar in dem Glauben, dass dieselbe ein objectiv sicheres Ergebniss habe. Darüber ist schon oben S. 29 das Nöthige gesagt.

45) So RG. I. Str. S. 12. I. 80 Rechtspr. Bd. 1 S. 218, II. Str. S. 10. II. 80 und 25. I. 81 Rechtspr. Bd. 1 S. 331 f. und Strafs. Bd. 3 S. 298, III. Str. S. 20. IV. 81 Strafs. Bd. 4 S. 138 f. Nur verlangt der zweite Senat Begründung der Ablehnung. Ferner I. C. S. 13. II. 86 Civils. Bd. 15 S. 146 f. Vgl. auch I. C. S. 24. IV. 80 Civils. Bd. 1 S. 269 (Ablehnung des Beweises eines unmöglichen Handelsgebrauches), wo freilich das Thatsächliche erwogen wird.

die offensichtlich falsche Beurtheilung in Civilprozessen zu einer Aufhebung geführt, sofern die übliche knappe Begründung der Ablehnung die Handbabe zur Anwendung des § 513 Nr. 7 C.P.O. (Mangel der Entscheidungsgründe) darbot.[46])

Die Nachprüfung des Verfahrens bei der Thatsachenfeststellung giebt nach alle dem dem Revisionsgericht ziemlich oft Gelegenheit, seine Kenntniss von Erfahrungssätzen zu bethätigen. Noch viel öfter aber bietet ihm die Veranlassung dazu seine eigentliche Hauptaufgabe, die Prüfung, ob auf die festgestellten Thatsachen der Rechtssatz richtig, bezw. der richtige Rechtssatz angewendet ist. Es ist heut kaum mehr nöthig die Auffassung zu vertheidigen, dass das Revisionsgericht sich nicht nur um die ziemlich seltenen Verstösse contra ius in thesi clarum, also um missverständliche Auslegung des Gesetzes oder um den Ausspruch von Rechtsfolgen, die dem Gesetze nicht entsprechen, zu bekümmern hat, sondern dass ihm auch obliegt darüber zu wachen, dass nicht unter die Rechtsbegriffe Thatsachen subsumirt werden, welche nicht darunter gehören.[47]) Es hat auch das juristische Urtheil, welches in jeder Subsumtion liegt[48]), auf seine Richtigkeit zu prüfen.

Der bei der Subsumtion möglicher Weise begangene Fehler kann darauf beruhen, dass das untere Gericht den Rechtsbegriff selbst unrichtig begrenzt hat, indem es etwa aus der Entstehungsgeschichte und dem Zusammenhange des Gesetzes (Auslegung i. e. S.) seine wahre Bedeutung zu erforschen suchte. Ebenso häufig kommt aber die fehlerhafte Subsumtion dadurch zu Stande, dass der Mittelbegriff in Folge falscher thatsächlicher Erfahrungssätze verkannt wird, dass das Gericht die gesetzlichen Merkmale in Thatsachen findet (vgl. § 266 St. P. O.), in denen sie nicht zu finden waren,

46) So z. B. IV. C. S. 29. III. 83 Gruchot Bd. 27 S. 933, V. C. S. 22. IX. 86 ebenda Bd. 31 S. 913, IV. C. S. 24. IX. 88 Civils. Bd. 22 S. 298 unten, I. C. S. 22. III. 90 Civils. Bd. 25 S. 88 f., sowie der besonders interessante Fall III. C. S. 29. IX. 82 Civils. Bd. 8 S. 14, wo auf diese Weise die offenbar falsche Auslegung einer Beweisurkunde zur Aufhebung benützt wird.

47) So die Motive zur C. P. O. S. 319 f., zur St. P. O. S. 201. Vgl. ferner Wach, That- und Rechtsfrage S. 3 f., 14; Gaupp Bd. 2 S. 83; von Wilmowski-Levy Anm. 4 zu § 511; Bolze S. 437. Der anfängliche Widerspruch von Bähr, Stahl u. z. Th. Rocholl darf als abgethan gelten.

48) Vgl. oben S. 13 und RG. I. C. S. 5. I. 81 Civils. Bd. 3 S. 109. Vgl. auch § 266 St. P. O., wo die Dreitheilung scharf hervortritt: die erwiesenen Thatsachen als Untersatz, das Strafgesetz als Obersatz, der Schluss, dass die Merkmale des Letzteren in den Ersteren gefunden werden.

und dann ist es die Aufgabe des Revisionsgerichtes, diesen auf thatsächlichem Gebiete liegenden Fehler der Subsumtion zu verbessern, soweit überhaupt eine Nachprüfung möglich ist, also mit Ausnahme des schwurgerichtlichen Urtheils.

Die Berechtigung dazu hat man, in dem Glauben, dass jede bessernde Thätigkeit des Reichsgerichts einen „Rechtsirrthum" des unteren Richters voraussetze, daraus herleiten wollen, dass die Subsumtion einer nicht unter das Gesetz gehörigen Thatsache nachträglich beweise, dass der gesetzliche Obersatz, wenn auch sein Wortlaut richtig angezogen ist, doch seinem Sinne nach verkannt ist: ein Richter, der ein Schiff als ein Gebäude im Sinne des § 243 Nr. 2 St.G.B. ansieht, zeigt damit eine irrthümliche Auffassung des gesetzlichen Begriffs „Gebäude". Es ist bekannt, dass das Reichsgericht dieser auch in der Literatur vertretenen[49]) Anschauung regelmässig folgt.

Ohne übrigens auf solche „Constructionen" allzuviel Gewicht zu legen, möchte ich dagegen einhalten, dass es mir einerseits als gewaltsam erscheinen will, in dieser Weise den häufig offenbar rein thatsächlichen Irrthum in ein rechtliches Gewand zu hüllen, und dass damit nur neue Schwierigkeiten geschaffen werden. Wenn es sich um dispositives Recht handelt, wo die Abrede der Parteien den Thatbestand bildet, der von der Rechtsordnung in blanco sanctionirt ist, so fehlt es trotz der vollkommen gleichen Sachlage[50]) an einem der Verkennung fähigen gesetzlichen Oberbegriff, und es scheint mir gekünstelt und vor Allem ohne praktischen Werth, in solchem Falle den an sich inhaltlosen Satz: die Parteien können vereinbaren, was sie wollen, als den verkannten Rechtssatz anzusehen.[51]) Noch bedenklicher aber wird die Sache, wenn das Gesetz, wie oben S. 40 ff. mit Beispielen belegt worden ist, seinen Thatbestand nicht selbst aufgestellt hat, sondern durch die Formeln üblich, gewöhnlich, gebräuchlich u. dgl. m. den Richter anweist, die Grenzen des Oberbegriffes von sich aus festzustellen, — wie man sich ausdrückt: von Fall zu Fall. Dass hierbei nicht lediglich eine Feststellung der Umstände des concreten Falles ohne Aufstellung eines allgemeinen Obersatzes stattfinde, ist schon oben S. 42 dargelegt

49) Von den oben Anm. 47 citirten Schriftstellern, sowie von Stahl S. 97 ff.

50) Oben S. 43 Anm. 49.

51) Darauf scheint Bolze S. 435 heraus zu wollen. Verletzt ist in Wahrheit der Satz, dass die Rechtsfolgen eintreten sollen, welche der Parteiabrede entsprechen. Vgl. unten S. 130.

worden. Es wird stets zunächst in Ausfüllung des gesetzlichen Blanketts der allgemeine Obersatz festgestellt, z. B. das Maass der Sorgfalt eines ordentlichen Kaufmanns oder die Berufspflichten eines Kutschers u. dgl., und nunmehr darunter der concrete Thatbestand subsumirt, — nur dass der richterliche Obersatz nicht wie der gesetzliche ein für alle Mal Geltung beansprucht, sondern immer wieder von Neuem aufgestellt werden muss, wie es das Gesetz durch seine Verweisung auf die im Flusse befindlichen Lebenserscheinungen verlangt.

Das Reichsgericht müsste von seinem Standpunkte aus in solchen Fällen folgerichtig annehmen, dass der vom Gericht aufzustellende, lediglich aus der Erfahrung geschöpfte Obersatz zum Theile des Rechtssatzes werde: eine zweite Künstlichkeit, um die erste zu verdecken, und obendrein eine Verführung, die dem Gesetz fremde Forderung des „Rechtsirrthums" weiter zu nähren.

Es scheint mir deshalb natürlicher, die Nachprüfung der Subsumtion auf den oben S. 109f. aus der Fassung unserer Prozessordnungen gewonnenen Satz zu gründen, dass jedes falsche Urtheil das Gesetz verletzt, und dass das Revisionsgericht jede causale Gesetzesverletzung zu beachten hat, soweit nicht die festgestellten Thatsachen, d. h. die concreten im Wege der Beweiswürdigung ermittelten Vorgänge, welche den zu subsumirenden Untersatz darstellen, dies verhindern.

Von dem einen wie dem anderen Standpunkte aus ist ihm aber damit grundsätzlich die Aufgabe gestellt, jede Subsumtion, die im Urtheile enthalten und für den schliesslichen Ausspruch causal ist, nachzuprüfen, sofern ihr Ergebniss nicht die Feststellung einer nackten Thatsache ist, sondern den juristischen Ausspruch zum Ziele hat und sich als eine Hilfsoperation zu diesem darstellt. Wie die Würdigung der Beweismittel und Indizien Hilfsoperation der Thatsachenfeststellung ist, so ist die Bewerthung der festgestellten Thatsachen an der Hand der Erfahrung Hilfsthätigkeit für die Rechtsanwendung.

Die Berechtigung des Grundsatzes selbst ist im Allgemeinen unstreitig, aber seine wirkliche Geltung ist noch lange nicht überall zum vollen Bewusstsein gelangt, und es steht zu vermuthen, dass viele Juristen den Satz bezweifeln werden, dass das Revisionsgericht auch die Subsumtion auf Grund falscher nicht-juristischer Erfahrungssätze nachzuprüfen habe, oder dass es dies thue. Da aber nur von ihm aus später die Zweifelsfrage wegen der Urkundenauslegung zu lösen ist, so möchte ich den Nachweis für seine thatsächliche Uebung durch eine Reihe von Rechtsfällen aus der Rechtsprechung aller Senate des Reichsgerichts führen.

Vorweg sei nur bemerkt, dass es offenbar gleichgiltig ist, ob das untere Gericht eine Thatsache festgestellt und dann falsch subsumirt oder aus Rechtsgründen für unerheblich erklärt hat, oder ob es sich der Feststellung einer nach richtiger Ansicht für die Subsumtion rechtlich erheblichen Thatsache entzogen hat und dadurch zur Verneinung einer Rechtsfolge gelangt ist: dass die irrthümliche Ablehnung eines Beweises aus Rechtsgründen die Revision begründet, ist nie bezweifelt worden, und das Reichsgericht hat dann mit vollem Fug die rechtliche Erheblichkeit der nicht berücksichtigten Thatsache hypothetisch gewürdigt.[52])

Aus der Fülle der Beispiele wähle ich die folgenden:

Erster Civilsenat 11. XII. 80 Civils. Bd. 3 S. 87ff.: Frage, ob eine Leistung als Zahlung oder als Deckung (Vorschuss) zu behandeln sei. Lösung durch Heranziehung des „allgemeinen Verkehrswillens", welcher eingehend geprüft wird.

I. C.S. 8. X. 81 Civils. Bd. 5 S. 84ff.: Parteiabrede, dass von Consignationen Provision zu zahlen ist. Behauptung, dass die „Indentgeschäfte", für welche die Klage Provision verlangt, feste Käufe seien. Es folgt eine tiefeindringende Untersuchung der Indentgeschäfte im Allgemeinen (nicht etwa der in der Klage behaupteten) auf ihre wirthschaftliche Bedeutung, auf die regelmässige Auffassung der Contrahenten (bes. S. 87 Mitte) u. s. w.

I. C. S. 7. I. 88 Civils. Bd. 20 S. 95: Die Frage, ob es bei einem Patentverkauf zu den „gewöhnlich vorausgesetzten Eigenschaften" der Kaufsache gehöre, dass kein entgegenstehendes Patent vorhanden ist, wird bejaht, weil „nach der Lebenserfahrung" der Werth des Patentes dadurch verringert wird. „Aus diesem Erfahrungssatze" rechtfertigt sich der Schluss u. s. w. Vgl. noch I. C.S. 11. II. 88 Civils. Bd. 20 S. 115f., wo S. 116 unten erwogen wird, ob ein Geschäft gegen die guten Sitten verstösst, ferner 18. V. 89 Civils. Bd. 23 S. 117, wo die Annahme des OLG., ein zu Reklamezwecken dienendes Bild sei kein Werk der bildenden Kunst, verworfen wird,

---

52) Vgl. z. B. III. Str. S. 7. I. 80 Strafs. Bd. 1 S. 49, III. C. S. 4. III. 81 Civils. Bd. 4 S. 25 f. (wo die materiellrechtliche Auffassung des R. G. selbst nicht ohne Zweifel ist), III. C. S. 11. I. 84 Civils. Bd. 10 S. 108, IV. C. S. 21. IV. 84 Gruchot Bd. 28 S. 1155 f., IV. C. S. 8. V. 85 Civils. Bd. 13 S. 267. Besonders deutlich tritt die hypothetische Würdigung u. A. hervor in RG. I. C. S. 15. VI. 91 Civils. Bd. 28 S. 220 ff., III. Str. S. 2. IX. 92 Strafs. Bd. 23 S. 275 f.

weil es, „wie die Erfahrung lehrt", häufig vorkommt, dass u. s. w., sowie 22. III. 82 Civils. Bd. 6 S. 95, wo geprüft wird, ob ein gewisses Verhalten den nur nach den Anschauungen des Verkehrslebens (Motive zur Konk.-Ordg. S. 323) zu bestimmenden Begriff der Zahlungseinstellung erfüllen.

Besonders hinweisen möchte ich noch auf die Entscheidung dieses Senates vom 20. IV. 87 Civils. Bd. 17 S. 96ff., welches die bestehenden thatsächlichen Handelsgebräuche bezüglich der Uebernahme von Handelsgeschäften eingehend feststellt. Hier wie sonst oft zeigt sich der erste Civilsenat als der würdige Erbe der Ueberlieferungen des Reichs-Ober-Handelsgerichts, dessen Entscheidungen ihren einzig dastehenden Werth sicherlich weniger ihrer juristischen Schärfe als der hervorragenden und mit ebensoviel Freiheit als Takt und Geschick verwertheten Kenntniss der thatsächlichen Verhältnisse des Handelsverkehrs verdanken.[53])

Zweiter Civilsenat 19. V. 82 Civils. Bd. 7 S. 44: Das Untergericht hatte a. 355 f. H.G.B. angewandt, obwohl eine formelle In-Verzug-Setzung nicht stattgefunden hat. „Nach der im kaufmännischen Verkehr herrschenden Auffassung, die auch die Natur der Sache für sich hat", wird näher ausgeführt, dass die im Voraus abgegebene Erklärung des Verkäufers, nicht liefern zu wollen, eine nochmalige Aufforderung unnöthig mache. (Subsumtion der Erfüllungsverweigerung vor Fälligkeit unter den Begriff des Verzuges.)

Dritter Civilsenat 10. XII. 80 Civils. Bd. 3 S. 203 (206): Festgestellt ist, dass ein Kapital dem Ehemann ausgehändigt und von ihm für sich verbraucht ist. Aus eigner Erfahrung stellt das RG. fest, unter welchen Voraussetzungen darin ein Verzicht auf den Vorbehalt seitens der Ehefrau gefunden werden kann.

Derselbe Senat hat in dem Urtheil vom 8. XI. 81 Civils. Bd. 6 S. 149f. die Prüfung vorgenommen, ob die vom Unterrichter thatsächlich festgestellten Misshandlungen einer Ehefrau erheblich genug seien, um ihr das Zusammenleben mit dem Ehemann zu einer unerträglichen Last zu machen, und später in gleicher Weise die erfahrungs-

---

53) Vgl. dazu besonders die oben S. 35 angeführten Entscheidungen. — Schon oben S. 95 Anm. 76 ist erwähnt, dass derselbe Senat in dem Urtheil vom 29. I. 87 Civils. Bd. 19 S. 209 insofern „umgefallen" ist, als er, anstatt einfach zu erklären, dass der vom Unterrichter angenommene Handelsgebrauch nicht existire, wie er dies ja auch sonst gethan, sich auf eine in jedem Betracht verfehlte Kritik der prozessualischen Ermittlung desselben zurückzieht, welche stark in die Beweiswürdigung des Unterrichters eingreift.

mässige Bedeutung einer zeitlichen Freiheitsstrafe für die Stellung der Ehegatten zu einander gewürdigt. Urtheil v. 9. II. 83 Civils. Bd. 8 S. 159; vgl. das ähnliche v. 29. V. 84 Civils. Bd. 11 S. 412 ff.

Besonders anschaulich ist die gleichmässige Heranziehung rechtlicher und thatsächlicher Obersätze in dem Urtheil des vierten Civilsenates vom 15. II. 92 Civils. Bd. 29 S. 8 ff. Zur Frage stand, ob bei einem Verkaufe von Waldparzellen eine „Menge von Sachen" verkauft sei (Tarif zum Reichsstempelgesetz v. 29. V. 85). Das RG. bestimmt zunächst im Wege der Auslegung den Begriff der Menge und fährt fort: „Wird dieser Maassstab im Streitfalle angelegt" (also der festgestellte Sachverhalt unter den eben gewonnenen rechtlichen Obersatz subsumirt), „so fragt es sich, ob nicht der Umstand, dass stehendes Holz zum Vertragsgegenstande gemacht ist, angesichts der Erwägung, dass Waldbäume mit Bezug auf die Verschiedenheit der Holzgattung in der Höhe, in der Stärke und in der Gesundheit an sich keine gleichartigen Sachen sind (rein thatsächlicher Erfahrungssatz), der Anwendung .... entgegensteht". Vgl. ferner das oben S. 102 Anm. 101 citirte Urtheil dieses Senates v. 10. III. 87 Civils. Bd. 17 S. 272 über die Natur des elektrischen Stromes.

Kurz erwähnt seien noch die Urtheile des fünften Civilsenates vom 12. XI. 84 Civils. Bd. 12 S. 268, welches mit Heranziehung bergtechnischer Schriften prüft, ob die Aufbereitungsanstalten zum Bergwerksbetriebe gehören, vom 27. II. 92 Gruchot Bd. 36 S. 1104 f., welches die Erheblichkeit gewisser Thatsachen für die Entschädigungsberechnung bei Enteignungen erwägt, ferner des sechsten Civilsenates vom 27. II. 90 Civils. Bd. 25 S. 54, wo geprüft wird, ob ein Chausseegraben ein „Abhang" im Sinne des § 367 Nr. 12 St.G.B. ist, vom 23. VI. 90 Civils. Bd. 26 S. 302, wo einer Chaussee die Natur einer „deichähnlichen Erhöhung der Erdoberfläche" zugesprochen wird, sowie vom 25. V. 92 Gruchot Bd. 36 S. 995 f., wo mit genauester Kenntniss von der Eigenart artesischer Brunnen ihre Anlegung auf die Fähigkeit als „Bau" zu gelten untersucht wird. Vgl. auch noch die Entsch. v. 21. III. 92 Civils. Bd. 29 S. 121 ff., welche den Werth einer Handlung des Geschädigten für die sog. Unterbrechung des Causalzusammenhanges nach ihrer erfahrungsmässigen Bedeutung feststellt.

Als Gegenstück dazu diene das muthlose Erkenntniss des Obersten Landgerichts für Bayern v. 6. XII. 86 Seufferts Archiv B. 42 Nr. 98, welches die Subsumtion eines Etablissements unter den Rechtsbegriff „Fabrik" als eine thatsächliche Feststellung hinnimmt, — mit

Gründen, welche gelesen zu werden verdienen, aber einer Widerlegung kaum bedürfen.

Am Glänzendsten aber tritt die Verwerthung des eignen Wissens zur Subsumtion in den beiden ausgezeichneten Erkenntnissen des ersten Civilsenates vom 24. XI. 86 und vom 19. XII. 88 Civils. Bd. 18 S. 102 ff., Bd. 22 S. 174 ff. hervor, welche die bekannten Urheberprozesse über die Herstellung der Lithophanien und der Noten des Herophons betreffen. In beiden Fällen handelte es sich um Subsumtionen, die nach technischen bezw. kunstwissenschaftlichen Gesichtspunkten vorzunehmen waren, und bei denen das Reichsgericht seine Kenntniss von der Art und Verwendung der mechanischen Musikwerke und besonders in dem ersten Urtheile diejenigen von dem Unterschiede der malenden und plastischen Kunst in geradezu bewundernswerther Weise, den ganzen Kern der Sache erfassend, verwerthet hat. Der Widerspruch, den der preussische künstlerische Sachverständigenverein gegen die Auffassung des Reichsgerichts erhob, hat dann dazu geführt, dass der zweite Strafsenat sich ihr im Urtheil v. 18. V. 88 Strafs. Bd. 17 S. 365 in nicht minder gründlicher Ausführung und unter Widerlegung der erhobenen technischen Bedenken vollkommen anschloss.

Noch tiefer in die technischen Fragen eingedrungen sind nur noch wenige Entscheidungen in Strafsachen, vor Allem die des dritten Senates, der die Nachrichtenvermittlung durch den Fernsprecher auf ihre technische Verwandtschaft mit der durch den Telegraphen prüft (Urtheil v. 28. II. 89 Strafs. Bd. 19 S. 55 ff.) und die bekannte der vereinigten Strafsenate über die Telegrammfälschung (Urtheil v. 6. III. 83 Strafs. Bd. 8 S. 92), welche ganze Kapitel der Elektrotechnik in Erwägung zieht, um die vom ersten Richter festgestellten Thatsachen unter das Gesetz zu subsumiren.

Noch mehr ist das natürlich auch in Strafsachen da geschehen, wo die anzuwendenden Erfahrungssätze sich mehr dem Gebiete alltäglicher Wahrheiten nähern.

Die Vergleichung des Rohrpostbetriebes mit dem der Telegraphenanstalten (II. Str.S. 20. IX. 81 Strafs. Bd. 4 S. 406 f.), die Subsumtion der Schwangerschaft unter den Begriff der Gebrechlichkeit in § 222 St.P.O. vermöge der Kenntniss des Zustandes schwangerer Frauen vor und nach der Entbindung (III. Str.S. 25. VI. 88 Rechtspr. Bd. 10 S. 451 ff.), die gleichfalls medizinischen Erörterungen über den Begriff der Lähmung in § 224 St. G. B. (I. Str.S. 8. XII. 90 Strafs. Bd. 21 S. 223), die bautechnischen, um einen Abbruch bezw. die Herstellung eines Bahnkörpers unter den Begriff „Bau“ zu bringen (IV. Str. S. 4. XI. 90 Strafs. Bd. 21 S. 142, I. Str. S. 10. XI. 92 Strafs. Bd. 23 S. 277), die den „Lebensbedingungen der periodischen Presse“ entnommenen, mit denen die Fahrlässigkeit des Verlegers festgestellt wird (III. Str. S. 2. XI. 92 Strafs. Bd. 23 S. 276), die erstaunlich gründlichen Kenntnisse von Gärtnerei und Pflanzenphysiologie, mit deren Hilfe II. Str. S. I. XI. 92 Strafs. Bd. 23 S. 269 ff. die Blumenstöcke auf Gräbern als „Bodenerzeugnisse“ qualificirt, die theologischen Erwägungen, welche zu § 166 St. G. B. über Einrichtungen der Kirchen angestellt sind, — sie alle und unzählige andere zeigen, dass das Reichsgericht auch hier, und vielleicht hier zu allermeist, sich seiner Aufgabe bewusst ist, die Lebenserscheinungen auf ihren erfahrungsmässigen Inhalt zu untersuchen. Man schlage den Olshausenschen Commentar oder einen anderen auf, wo man wolle, um sich zu überzeugen, wie die Thätigkeit des Reichsgerichts immer wieder diese Subsumtionsaufgabe zu lösen hat und mittels genauer Kenntniss der Lebensverhältnisse löst. Nur da hat das Reichsgericht die Subsumtion als thatsächliche Feststellung erachtet, wo der gesetzliche Oberbegriff dem richterlichen Ermessen Spielraum lässt, wie z. B. der Begriff der „geringen Menge“ in § 370 Nr. 5.[54]) Es ist hier offenbar dem oben S. 42 u. S. 119 erwähnten Irrthum, dass die sog. Entscheidung von Fall zu Fall ohne allgemeine Obersätze erfolge, anheimgefallen.

Für die Nachprüfung der erfolgten Subsumtion erwiesener Thatsachen ist aber Voraussetzung nur, dass der Unterrichter sie festgestellt hat. Es ist ohne jede rechtliche Bedeutung, wie dies geschehen ist, d. h. ob auf Grund einer Beweisaufnahme oder anders, und mit welchen Beweismitteln die Feststellung erfolgte, und ebenso ob das Thatbestandsmoment ein objectives Ereigniss, ein Naturzustand, eine menschliche Einrichtung oder eine menschliche Handlung ist: was immer im rechtlichen Obersatze die Rolle eines „Thatumstandes, der zum gesetzlichen Thatbestande gehört“ oder eines „gesetzlichen Merkmales“ erhalten hat, ist für die Subsumtion gleichwerthig.

Wenn daher Thatbestandsmerkmal eines Rechtssatzes ein richterliches Urtheil ist, so ist die Thatsachenfeststellung erschöpft, nach-

54) Vgl. die Nachweise bei Olshausen Anm. f. zu § 370 Nr. 5 und dagegen Geyer, Ztschr. f. Str. W. Bd. 2 S. 309, welcher freilich hier eine „Rechtsfrage“ annimmt. Sein weiteres Argument, dass das RG. auch die „grosse Entfernung“ des § 222 St. P. O. nachprüfe, trifft wegen des oben S. 104f. Ausgeführten nicht zu.

dem die Existenz und der Wortlaut dieses Urtheils festgestellt ist. Ob das Urtheil denjenigen Inhalt hat, welchem das Gesetz die Rechtswirkung beilegt, ist die Aufgabe der Subsumtion. Das Reichsgericht hat z. B. Ehescheidungsurtheile der Auslegung unterzogen, um festzustellen, ob der zur Anklage stehende und der die Scheidung tragende Ehebruch identisch seien (I. Str.S. 1. VI. 82 Strafs. Bd. 6 S. 334 f., vgl. auch II. Str.S. 28. XII. 86 Strafs. Bd. 15 S. 122 f.)[55]), und ebenso ist bei der Frage nach dem Verbrauch der Strafklage die Auslegung der beiden Urtheile in Bezug auf die Identität der abgeurtheilten Handlungen Etwas schlechthin Alltägliches.[56]) Befremdlich ist es daher, wenn hier — ganz entgegen dem späteren umgekehrten Verhältnisse bei der Subsumtion von Erklärungen — die Civilsenate so zaghaft sind. Nur das Oberste Landesgericht für Bayern (Urtheil v. 14. II. 87 Seufferts Archiv Bd. 42 Nr. 373) nimmt frank und frei die Urtheilsauslegung für sich in Anspruch; der zweite Civilsenat des Reichsgerichts, der im Urtheil v. 4. VII. 82 Civils. Bd. 7 S. 351 ff. das Gleiche thut, begiebt sich dabei ganz unnöthiger Weise auf das hier ganz besonders schlüpfrige Gebiet von Nützlichkeitserwägungen (vgl. oben S. 108 f.), anstatt anzuerkennen, dass die Auslegung eines festgestellten Wortlautes immer Subsumtionsthätigkeit ist. Das hat zu Nichts Anderem geführt, als dass der fünfte Senat (Urtheil v. 31. III. 83 Civils. Bd. 9 S. 322) die Auslegung eines Arrestbeschlusses daraufhin, ob sich derselbe gleichzeitig als Pfändungsbeschluss darstelle, also eine blanke Subsumtion des erwiesenen Wortlautes unter den Rechtsbegriff, als Sache thatsächlicher Beurtheilung ablehnt, und dass der dritte Senat (Urtheil v. 26. I. 83 Civils. Bd. 8 S. 377 f.) ebenso die Auslegung eines Schiedsspruches von sich weist, wegen der angeblichen, nicht näher dargelegten „erheblichen Unterschiede“ zwischen Schiedsspruch und Urtheil. In

55) Zu der bekannten Streitfrage, ob die Scheidung in § 172 Str.G.B. Prozessvoraussetzung oder Bedingung der Strafbarkeit ist, sei mir die beiläufige Anmerkung erlaubt, dass beide Theile Recht haben. Dass die Ehe wegen Ehebruchs geschieden ist, bildet eine Prozessvoraussetzung; es ist sonst keine Anklage statthaft. Dass sie aber wegen dieses Ehebruchs geschieden ist, der sich als Ergebniss der Verhandlung darstellt, ist Bedingung der Strafbarkeit. Daher Einstellung, wenn die Ehe gar nicht oder nicht wegen Ehebruchs geschieden ist, — Freisprechung, wenn sie wegen eines anderen Ehebruchs geschieden ist.

56) Vgl. die zahlreichen Urtheile, welche Löwe Bem. 30 zu Buch 2 Abschn. 1 (7. Aufl. S. 439) und zu § 263 anführt, ganz bes. aber RG. II. Str.S. 30. IX. 90 Strafs. Bd. 21 S. 78 ff., wo die Identität im directen Gegensatz zu der „Feststellung“ des unteren Gerichts bejaht wird.

dem hier fraglichen Punkte sehe ich aber auch nicht den Schatten eines Unterschiedes! Eine menschliche Gedankenäusserung hat unter bestimmten Voraussetzungen bestimmte Rechtswirkungen; die im concreten Falle erfolgte Aeusserung ist ihrem Wortlaute nach erwiesen; Aufgabe ist, sie zu subsumiren; dazu muss sie mit Kenntniss des Wortsinns, des Sprachgebrauchs u. s. w. ihrer erfahrungsmässigen Bedeutung nach gewerthet (hier ausgelegt) werden. Der Vorgang ist prozessualisch absolut derselbe, wie wenn irgend eine andere Thatsache, der Abbruch eines Hauses oder eine Zahlung oder was sonst in derselben Weise gewerthet wird, — was das Reichsgericht alle Tage unbedenklich übt. Der Beweis, dass hier ein Unterschied besteht, ist bisher nicht unternommen worden[57]), — abgesehen davon, dass man gemeint hat, es handle sich hier um die Auslegung von Urkunden. Diese aber sei ein Theil der Beweiswürdigung oder der Thatsachenfeststellung.

Dass sie es nun an sich sein kann, ist schon oben S. 44f. dargelegt worden. Sie ist es immer dann, wenn die in der Urkunde verkörperte Erklärung ein Zeugniss über eine ausserhalb der Urkunde liegende Thatsache oder ein Indiz für eine solche ist. Wenn das Untergericht aus der Fassung eines Pfändungsprotokolles schliesst, dass der Gerichtsvollzieher Siegel angelegt habe, oder wenn aus einer brieflichen Aeusserung des Thäters an einen Dritten sein Vorsatz oder die Kenntniss von gewissen Thatumständen gefolgert wird, so bewegt sich das Gericht auf dem Gebiete der Beweiswürdigung, und eine Nachprüfung seitens des Revisionsgerichtes ist nur in den vorhin dargelegten Grenzen möglich. Denn dann ist die in der Urkunde bezeugte Thatsache (Siegelanlegung, Vorsatz u. s. w.) diejenige, die festgestellt wird, nicht die Thatsache der Abgabe der Erklärung.

Daneben stehen aber zunächst im Civilrecht die Fälle, wo den Thatbestand eines Rechtssatzes eine Parteierklärung bildet. Alsdann ist, da jede Urkunde ihren Inhalt beweist, mit der Feststellung der Echtheit und Beweiskraft der Urkunde, welche diese Erklärung enthält, die Thatsachenfeststellung abgeschlossen: es ist erwiesen, dass eine Erklärung des bestimmten Wortlautes abgegeben ist. Das

57) Wenn Kohler, Gruchot Bd. 31 S. 320 die Autoritätsakte von den autoritätslosen trennen will, so übersieht er, dass es für den Prozess nur darauf ankommt, ob der Akt ein Moment des Thatbestandes ist. Das Wort des letzten Proletariers und die Entscheidung des obersten Gerichts sind als Thatbestandsmomente prozessualisch gleich: Thatsachen, welche subsumirt werden sollen.

ist die vom Unterrichter festgestellte Thatsache. Diese Thatsache aber ist genau gleichwerthig mit der durch Zeugenaussagen oder Zugeständniss oder wie sonst festgestellten Abgabe der mündlichen oder concludenten Willenserklärung. Nicht um die Form, sondern um die rechtliche Bedeutung des Inhaltes handelt es sich. Nicht Urkunden auslegen, sondern Rechtsgeschäfte auslegen ist die Aufgabe des Revisionsgerichtes, deren Berechtigung in Frage steht.[58])

Wenn aber der Wortlaut darauf geprüft wird, ob er geeignet ist bestimmte Rechtswirkungen hervorzubringen, so beginnt damit die jenseits der Thatsachenfeststellung liegende Subsumtion.[59]) So gut es nun das Recht und die Pflicht des Revisionsgerichtes ist nachzuprüfen, ob die Anlage eines artesischen Brunnens oder die Aufschüttung eines Bahnkörpers als ein Bau im Rechtssinne anzusehen ist, so gut ist es seine Aufgabe zu prüfen, ob eine ihm vorliegende Erklärung ein Kaufvertrag oder eine Einkaufscommission sei. Das ist ein juristisches Urtheil, zu dem das untere Gericht nur unter Anwendung des Rechtssatzes gelangen kann (oben S. 13f. und S. 40f.), es muss also auch derjenige, welcher dem Revisionsgericht nur die Nachprüfung der Rechtsanwendung gestatten will, diese „Auslegung“, genauer diese Subsumtion, seiner Nachprüfung überlassen.

Andererseits muss es aber auch, ebenso wie vorhin, gleich sein, ob diese Anwendung des Rechtssatzes durch falsche Auffassung des Rechtssatzes selbst oder durch Vermittelung eines falschen Obersatzes thatsächlicher Natur zu Stande gekommen ist. Auch wenn ein Gericht die Worte eines Vertrages sprachbrauchwidrig so verstanden hat, dass sie einen anderen Rechtsinhalt erhalten, als sie ihrem Wortsinne oder ihrer verkehrsüblichen Verwendung nach haben können, ist eine falsche Subsumtion unter den Rechtssatz zu Stande gekommen. Die Sache liegt nicht anders, als wenn die Bedeutung des Verkaufes stehender Hölzer aus der Kenntniss des Waldes heraus bewerthet wird.[60])

Im Einklange damit hat der erste Civilsenat des Reichsgerichts

58) So im Wesentlichen schon Wach, That- und Rechtsfrage S. 27 und bes. Bolze a. O.

59) Dass natürlich auch hierbei ein Verstoss gegen den Grundsatz der Berücksichtigung des gesammten Inhaltes der Verhandlung vorkommen kann, bedarf keiner Ausführung. Vgl. RG. I. C.S. 22. I. 80 Civils. Bd. 3 S. 23.

60) In grundsätzlicher Uebereinstimmung damit steht das Urtheil des RG. I. C. S. 12. I. 81 Civils. Bd. 3 S. 427f., das nur leider durch seine wenig ansprechende Form (es ist eines der bekannten Klammernurtheile) einen guten Theil seiner Ueberzeugungskraft einbüsst.

Rechtsgeschäfte daraufhin geprüft, ob sie Kauf oder Einkaufscommission seien (5. I. 81 Civils. Bd. 3 S. 109 f.), ob eine mündliche Aeusserung die Uebernahme eines Auftrages enthalte (9. VI. 88 Civils. Bd. 21 S. 90 f.), ob ein Schriftstück ein Ladeschein im Sinne des a. 413 H. G.B. sei (8. XII. 83 Civils. Bd. 13 S. 74) oder eine Ladung im Sinne der C.P.O. enthalte (29. IX. 80 Civils. Bd. 2 S. 398)[61]; ob die Clausel quality unknown in einem Connossement unter a. 619 H. G. B. falle (16. IV. 81 Civils. Bd. 4 S. 87 f.)[62]; es hat ferner der vierte Senat ein urkundlich vorliegendes Rechtsgeschäft daraufhin gewürdigt, ob es die Natur eines Hoffnungskaufes im Sinne von § 528 I. 11. A. L. R. habe (21. X. 85 Civils. Bd. 14 S. 84 ff.).

Im Gegensatz dazu hat freilich derselbe Senat (12. I. 82 Civils. Bd. 6 S. 236) es als thatsächliche Feststellung erachtet, dass in einem Testament durch bestimmte Worte nicht ein Theil einer Hypothekenforderung legirt sei, sondern eine Geldsumme, welche vom Erben aus dem Betrage dieser Forderung zu berichtigen sei, und in einem Urtheile des fünften Senates (13. V. 86 Civils. Bd. 16 S. 169) wird es als eine der Revision entzogene thatsächliche Feststellung betrachtet, dass durch einen Vertrag ein Pfandrecht lediglich an dem Dokument über eine Forderung und nicht an dieser selbst begründet worden ist, — offensichtlich eine juristische Subsumtion unter Heranziehung der Rechtssätze über Pfandrecht, welche ohne Anwendung derselben ganz undenkbar wäre. In einem Falle, wo ebenfalls zur Frage stand, ob durch gewisse Vorgänge ein Pfandrecht erworben sei, hat der zweite Senat (29. V. 83 Civils. Bd. 10 S. 364) ein Geständniss dieser Thatsache für unverbindlich erklärt, weil damit eine rechtliche Folgerung gezogen sei.[62]) Was aber nicht durch Geständniss festgestellt werden kann, sollte auch für die Revision nicht Gegenstand thatsächlicher Feststellung sein können, — es werde denn der Nachweis erbracht, dass „Thatsache" in § 261 eine andere Bedeutung habe als in § 524.

Dann aber hat der fünfte Senat wiederum in dem Urtheil vom

---

61) Dieses Urtheil ist kein vollwichtiger Beleg für die vorgetragene Ansicht wegen des oben S. 104 Ausgeführten.

62) In diesem Urtheil, sowie in dem prozessualisch ganz ähnlich liegenden desselben Senates v. 21. III. 85 Civils. Bd. 9 S. 55, in dem die rechtliche Bedeutung verschiedener Fassungen einer englischen charte partie gewürdigt wird, ist auch die Verwerthung der eignen Kenntniss des englischen Sprachbrauchs und des Seeverkehrs beachtenswerth.

13. VII. 89, welches Bolze, Ztschr. für Civilprozess Bd. 14 S. 438 f. ausführlich mittheilt, die Subsumtion einer ihm vorliegenden Polizeiverfügung unter den Begriff des „gewöhnlichen Bauconsenses" (Preuss. Ges. v. 11. V. 42) selbst vorgenommen, und zwar mit Hilfe des thatsächlichen Obersatzes, dass „ohne Weiteres angenommen werden darf, dass ... eine Eisenbahnverwaltung zum Umbau eines Bahnhofes ... nur dann schreiten wird, wenn die Rücksicht auf den öffentlichen Verkehr .... dies nothwendig macht."[63])

Der Sachverhalt ist nun kein wesentlich anderer in den Fällen, wo nicht die Subsumtion unter einen gesetzlichen Begriff in Frage steht, sondern eine Parteiabrede, der vermöge dispositiven Rechtssatzes diejenige Rechtswirkung zukommt, welche ihren Inhalt bildet. Alles dispositive Recht der Welt variirt den Satz der zwölf Tafeln „uti lingua nuncupassit, ita ius esto." Der Parteiwille soll den rechtsbegründenden Thatbestand bilden.[64])

Freilich scheint es auf den ersten Blick, als ob in solchen Fällen die Aufgabe sei „den Willen der Contrahenten" zu erforschen, und da es sich beim Willen zweifellos um eine Thatsache handelt, so hält man die Folgerung für unabweislich, dass diese Aufgabe „eine ihrer Natur nach und unter allen Umständen dem Revisionsrichter entzogene Thatfrage" sei[65]), so dass nur dann eine Nachprüfung stattfinden könne, wenn bei der Auslegung „eine Rechtsnorm verletzt" sei.[66]) Das Letztere ist zunächst, wie oben S. 109 f. dargelegt, ohne Anhalt im Gesetz. Denn nicht durch die Auslegung, sondern durch den Ausspruch der falschen, dem Parteiwillen nicht entsprechenden Rechtsfolge ist das Gesetz verletzt, und nur das ist die Frage, ob die falsche Rechtsfolge in Folge richtiger Bewerthung der falsch, aber bindend festgestellten rechtsbegründenden Thatsachen, eben der Parteiabrede, zu Stande gekommen ist.

Das wäre nun auch der Fall, wenn der Wille als innerer Vorgang in Wahrheit immer der maassgebende Thatbestand wäre, für den die Erklärung nur als Indiz, um auf ihn zu schliessen, in Betracht käme. Aber dem ist nicht so. Wie man auch über die Frage denken mag, ob beim Auseinanderfallen von Wille und Willens-

---

63) Zahlreiche weitere Urtheile, die Bolze a. O. anführt, kann ich, da sie nicht im Wortlaute vorliegen, nicht als Belege verwerthen.

64) Vgl. dazu und zum Folgenden Bülow, Archiv f. civ. Pr. Bd. 64 S. 39 ff., Stammler, ebenda Bd. 69 S. 13 ff.

65) RG. II. C.S. 4. VII. 82 Civils. Bd. 7 S. 353.

66) RG. III. C.S. 11. I. 84 Civils. Bd. 10 S. 107.

erklärung die Letztere wirksam bleibt oder nicht[67]), — darüber besteht doch wohl kein Streit, dass so lange ein solches Auseinanderfallen nicht erwiesen ist, die Erklärung des Willens die allein erhebliche Thatsache ist. Der Richter hat es nur mit ihr und ihrer objectiv und nach allgemeinen Erfahrungssätzen zu bestimmenden Bedeutung zu thun, wenn nicht Thatsachen erwiesen sind, die im concreten Falle die Erklärung als den Ausdruck eines Willens erscheinen lassen, der nach allgemeiner Auslegung darin nicht zu finden wäre.[68]) In diesem Momente beginnt allerdings für ihn die Aufgabe unter Würdigung der indizirenden Kraft und der rechtlichen Erheblichkeit dieser Thatsachen[69]) thatsächlich festzustellen, ob die Erklärung einen anderen Inhalt haben sollte, als sie objectiv betrachtet haben würde. Denn jenes Auseinanderfallen lässt die Erklärung mindestens dann nur in dem gewollten subjectiven, nicht in dem erfahrungsmässigen objectiven Sinne bestehen, wenn beide Parteien über jenen einig waren.[70])

Der Beweis für die Richtigkeit dieser Unterscheidung liegt darin, dass, wie auch das Reichsgericht selbst wiederholt anerkannt hat[71]), ein Eid über die „Thatsache", dass eine Vertragsurkunde einen bestimmten Sinn habe, so lange als unzulässig betrachtet werden muss, als nur die Auffassung des Wortlautes, nicht seine Umstossung durch anderweite Umstände in Frage steht. Da die Parteien alle Thatsachen, welche überhaupt festgestellt werden können (§ 524), unter gewissen Voraussetzungen auch durch den Eid beweisen können, so muss entweder der Eid über den Sinn zugelassen oder das Vorliegen einer thatsächlichen Feststellung verneint werden.

Es ist deshalb zwar gerechtfertigt, wenn das Reichsgericht grundsätzlich die Nachprüfung von Auslegungen abgelehnt hat, welche

---

67) Vgl. die weitschichtige Literatur dieser Frage bei Windscheid Bd. 1 § 75 Anm. 1a.

68) Dass dies möglich, wenn auch nicht nothwendig ist, vgl. Oetker in Goltdammer's Archiv Bd. 26 S. 266 ff.

69) Vgl. das Urtheil des III. C. S. 6. VII. 83 Civils. Bd. 10 S. 229 f., wo S. 232 eine solche Erwägung wegen rechtlicher Unerheblichkeit der herangezogenen Thatsachen gemissbilligt wird.

70) RG. I. C. S. 16. IV. 84 Civils. Bd. 14 S. 117 lehnt die Berücksichtigung solcher individueller Momente bei negoziablen Papieren dem Dritten gegenüber grundsätzlich ab.

71) III. C. S. 8. I. 86 u. 25. VI. 86 Gruchot Bd. 30 S. 1137 f., Bd. 31 S. 101. — Vgl. auch I. C. S. 26. IX. 83 ebenda Bd. 28 S. 258: die Urkundenauslegung bedarf nicht der Begründung gemäss § 259.

sich als Ermittlungen des wahren Willens aus den Umständen des einzelnen Falles darstellten. Denn hier ist es in Wahrheit nicht mehr die Erklärung allein, welche den Thatbestand bildet, sondern eine Thatsachengesammtheit, in der die Erklärung nur ein indizirendes Moment neben anderen darstellt.[72])

Wo indessen jeder solche Anhalt fehlt, wo die thatsächliche Feststellung Nichts weiter als den Wortlaut des Vertrages oder sonstigen Rechtsgeschäftes beigebracht hat, da ist die Auslegung desselben schlechthin nur Subsumtion unter den Rechtssatz. Denn wenn der Letztere bei Vertrag oder Testament anordnet, dass die Rechtsfolge eintreten solle, welche vereinbart oder ausgesprochen ist, so liegt darin das Gebot zu prüfen, ob die von der Partei beanspruchte Rechtsfolge sich als Ergebniss des Vertrages oder Testamentes darstelle, m. a. W. ob die Erklärung die Rechtswirkung habe, welche die Partei ihr zuschreibt. Denn dass eine Partei, die sich zur Zahlung eines Kaufpreises von 100 verpflichtet, dazu von Rechts wegen nicht um ihres Vertrages willen verbunden ist, sondern deshalb, weil diesem Vertragswillen von der Rechtsordnung in blanco rechtliche Kraft beigelegt ist, darf heute, besonders nach den Forschungen von Bülow, als unbestreitbar gelten. Der sog. rechtschaffende Wille ist ein Thatbestandsmoment der Rechtsordnung, dessen Schöpferkraft von ihr nach socialen und ethischen Rücksichten bald mehr bald weniger freie Entfaltung erhält. Jede der zahllosen Schranken der Vertragsfreiheit liefert den Beweis dafür.

Es ist sonach auch im Sinne der strengsten Anforderungen das Gesetz verletzt, wenn einer Erklärung, die für sich den rechtsbegründenden Thatbestand darstellt, eine andere Rechtsfolge gegeben worden ist, als ihr nach dem Willen des Gesetzes gebührt. Damit ist die Rechtswirkung der Erklärung bestimmt, nicht mehr nur ihr Inhalt festgestellt, wenngleich die beiden Operationen sich hier, wo es sich nicht um hypothetische, sondern um thetische Rechtssetzung handelt, derart in einem Akte vollziehen, dass es geschärfter Aufmerksamkeit bedarf, um sie auseinanderzuhalten.

---

72) Vgl. I. C. S. 23. VI. 80 Civils. Bd. 2 S. 123, 8. III. 84 Civils. Bd. 12 S. 27, 16. IV. 84 Civils. Bd. 14 S. 118, III. C. S. 23. IV. 80 Civils. Bd. 1 S. 338 ff., 20. III. 83 Civils. Bd. 8 S. 189 f. u. s. w. Ebenso Oberstes Landesgericht für Bayern 14. II. 87 Seuff. Arch. Bd. 42 Nr. 373. Hierher gehört wohl auch IV. C. S. 8. V. 85 Civils. Bd. 13 S. 266. Uebereinstimmend Wach, That- und Rechtsfrage S. 24. Sehr anschauliche Beispiele dieser Art s. in RG. II. Str. S. 19. V. 82 Strafs. Bd. 6 S. 289 (Unterschrift als Nachweis erfolgter Präsentation) und 29. X. 84 Strafs. Bd. 11 S. 184 (blosse Zahlenangabe als Bescheinigung über gelieferte Arbeit).

Daraus folgt die Berechtigung des Revisionsgerichts, in allen den Fällen auch die Vertrags- und Testamentsauslegung nachzuprüfen, wo nur die Erklärung den Thatbestand bildet. Das wird naturgemäss am Häufigsten dann zutreffen, wenn typische, formularmässige Verträge abgeschlossen sind, bei denen jeder Einfluss eines individuellen Willens fehlt, wie bei Eisenbahnfrachtverträgen, Versicherungsverträgen u. dgl. m.[73])

Es ist bekannt, dass in diesem Punkte die Rechtsprechung des Reichsgerichts nicht einheitlich ist. Während der erste Civilsenat grundsätzlich auf dem hier vertretenen Standpunkt steht[74]), ist der dritte Senat offenbar schwankend[75]), und die übrigen lehnen, soweit ich sehe, die Vertragsauslegung grundsätzlich ab.[76]) Ihnen hat sich das preussische Kammergericht angeschlossen, und zwar mit ausserordentlichem Radicalismus: auch die reine Subsumtion von Erklärungen unter gesetzliche Oberbegriffe wird als thatsächliche Feststellung behandelt.[77]) Nur für den Fall gesetzlicher Auslegungsregeln wird, wie nicht anders möglich, eine Ausnahme zugestanden, die freilich starkem Missbrauche zu unterliegen scheint. Wie einerseits Auslegungsregeln ohne ersichtlichen Anhalt im Gesetze aufgestellt werden[78]), so darf man andererseits stark bezweifeln, ob namentlich die preussischrechtlichen Entscheidungen des vierten und fünften Senates, die so

---

73) Dies betont auch RG. I. C. S. 12. I. 81 Civils. Bd. 3 S. 428 und besonders 13. II. 86 Civils. Bd. 15 S. 146 f.

74) Vgl. die in den letzten Anm. angeführten Entscheidungen, sowie ferner 23. VI. 80 Civils. Bd. 2 S. 123 ff., 22. I. 80 Civils. Bd. 3 S. 21 ff., wo die Verwerthung der Lebenserfahrung besonders hervortritt, 7. VI. 84 Civils. Bd. 12 S. 38 f., 20. I. 86 Civils. Bd. 20 S. 106 f.

75) Für die Auslegung s. z. B. III. C. S. 23. IV. 80 Civils. Bd. 1 S. 341 f., 11. VI. 86 Civils. Bd. 16 S. 121 f., dagegen 23. I. 83 Civils. Bd. 8 S. 140, 11. I. 84 Civils. Bd. 10 S. 107.

76) Vgl. die Begründungen der oben S. 129 und Anm. 65 angeführten Urtheile des zweiten, vierten und fünften Senates, die natürlich a potiori den Fall des Textes treffen, sowie etwa noch IV. C. S. 16. IV. 84 Civils. Bd. 12 S. 27 Anm.

77) Vgl. die Jahrbücher desselben, Bd. 1 S. 6 f., S. 141, Bd. 3 S. 93, Bd. 7 S. 129 u. s. w.

78) II. C. S. 27. IV. 83 Civils. Bd. 9 S. 179 stellt z. B. in einer in Stuttgart verhandelten Sache, von der nicht ersichtlich ist, dass sie nach anderem als gemeinem Recht entschieden sei (unter dieser Rubrik steht sie auch in den Entscheidungen), die „Auslegungsregel“ als verletzt hin, dass Verträge, durch welche einseitige Verpflichtungen übernommen werden, streng zu interpretiren sind. Mir ist nicht bekannt, dass eine solche in den Pandekten steht. Die bei Windscheid Bd. 1 § 84 angeführten Stellen enthalten sie nicht.

rasch mit der „thatsächlichen Feststellung" bei der Hand sind, stets die Frage genügend erwogen haben, ob das Untergericht dem überreichen Schatze der preussischen Auslegungsregeln auch wirklich gerecht geworden ist. Dass das Reichsgericht die Veranlassung dazu auch dann hat, wenn das Untergericht jene Rechtssätze nicht erwähnt hat, ergiebt sich aus § 511 f. der C.P.O.

Wenden wir uns nunmehr den gleichen Fragen der Auslegung in Strafsachen zu, so stossen wir auf eine trostlose, die Revision ungebührlich beschränkende Verneinung.

Das Gesetz unterscheidet nirgends und niemals verschiedene Arten von Thatbestandsmerkmalen; alle gelten ihm nach § 266 St. P.O. gleich; bei allen kann sich also in gleicher Weise die fälschliche Subsumtion von Lebensverhältnissen ergeben, in welchen die gesetzlichen Merkmale nicht hätten gefunden werden dürfen. Es ist oben dargelegt worden, mit welcher Freiheit und Feinheit die Strafsenate an der Hand thatsächlicher Erfahrungssätze diese Subsumtionen nachprüfen, wenn es sich darum handelt, ob eine Fernsprechanstalt eine Telegraphenanstalt, eine Diaphanie ein Werk der plastischen Kunst sei u. s. f. Sobald aber das Thatbestandsmerkmal eine menschliche Gedankenäusserung ist, versagen dieselben Senate grundsätzlich die Nachprüfung. Man sollte meinen, dass es keinen sichtbaren Unterschied gäbe zwischen der Frage:

Ist das Durchklettern eines Spaltes im Scheunthor ein Einbruch? und der anderen:

Ist die unwahre Aeusserung: „ich bin ein sicherer Mann", die Vorspiegelung einer „falschen Thatsache"?

Und doch hat derselbe zweite Strafsenat im ersten Falle sich der Nachprüfung unterzogen (5. VII. 81 Strafs. Bd. 4 S. 353) und im zweiten die Subsumtion unter den Rechtsbegriff als thatsächliche Feststellung behandelt (1. VI. 83 Rechtspr. Bd. 5 S. 395), — und das nicht etwa, weil das erste Gericht aus den besonderen Umständen des Falles den Sinn der Aeusserung entnommen hätte, sondern lediglich in dem Glauben, die „Auslegung" sei grundsätzlich thatsächliche Feststellung. Es will mir aller Mühe zum Trotz nicht gelingen, einen Grund für diese Behauptung zu finden, — es sei denn, dass man in Zukunft auch als thatsächliche Feststellung gelten lassen will, dass das Durchklettern ein Einbruch sei.

Die Strafsenate sind aber hierin vollkommen einstimmig[79]) und

79) Stenglein, Gerichtssaal Bd. 46 S. 3 bezeugt es ausdrücklich.

lassen sich ebenso „thatsächlich" feststellen, dass in einem bei den Akten befindlichen Artikel Thatsachen verbreitet (§ 130 St. G. B.) sind (III. Str. S. 8. III. 82 Rspr. Bd. 4 S. 233), dass „Humbug", in Bezug auf die Ausstellung des sog. heiligen Rockes in Trier gebraucht, die ausstellenden Priester als Schwindler und Betrüger, die gläubigen Katholiken als Dummköpfe bezeichne (!!) (IV. Str. S. 24. XI. 91 Strafs. Bd. 22 S. 240)[80]), ja sie lassen sogar einen vom Unterrichter in sein Urtheil aufgenommenen Auszug aus einem bei den Akten liegenden (!) Zeitungsartikel als thatsächliche Feststellung der in dem Artikel ausgesprochenen Sätze gelten (IV. Str.S. 13. X. 91 Strafs. Bd. 22 S. 159) u. s. w. u. s. w. Es wäre zu wünschen, dass endlich einmal einer der Strafsenate, was bisher nicht geschehen ist, seine besondere Behandlung der Subsumtion von Gedankenäusserungen rechtfertige, — freilich mit besseren Gründen als der fadenscheinigen Wendung, dass er nur gegen den „Rechtsirrthum" des ersten Richters einzuschreiten habe, die selbst erst als Inhalt des Gesetzes zu erweisen wäre und durch die thatsächliche Uebung des Reichsgerichts mehr als genügend widerlegt wird.

Neben der Subsumtion der Thatsachen unter den gesetzlichen oder vertragsmässigen Thatbestand steht im Urtheile des unteren Gerichts der Ausspruch der dem Thatbestand entsprechenden Rechtsfolge. Soweit dieselbe eine gesetzlich absolut bestimmte ist, wie z. B. die Todesstrafe, der Ehrverlust bei Meineid und schwerer Kuppelei oder die Pflicht zur Zahlung von 6 % Zinsen in Art. 289, 287 H.G.B., hat das untere Gericht keine Gelegenheit zur Anwendung von Erfahrungssätzen. Anders dagegen bei der Strafzumessung i. e. S. und in denjenigen Fällen des Civilrechts, wo das richterliche Ermessen in den Dienst des Ausspruches der Rechtsfolge gestellt ist, wo also ein Ersatz oder eine andere Leistung nach Treu und Glauben, nach Verkehrssitte, Billigkeit, Gebrauch und dgl. oder schlechthin „nach richterlichem Ermessen" festzustellen ist. Es ist oben S. 42f. dargelegt, dass hier die Lebenserfahrung und Sachkunde des Richters, nicht seine Laune und Willkür die Bestimmung treffen soll. Hat der Richter aber einmal seinen vom Gesetz in blanco gebilligten Ausspruch gethan, so ist derselbe dem Gesetze gemäss, wie er auch ausgefallen und von welchen Ansichten er auch getragen sein möge. Das Urtheil ist ungerecht, aber das Gesetz ist nicht

80) Vgl. dazu die sehr berechtigte Kritik von Wach, Dtsch. Ztschr. f. Kirchenrecht Bd. 2 S. 180 ff.

verletzt, wenn der Richter das hohe Object des Diebstahls als Milderungsgrund oder den einzigen benannten „mildernden Umstand“ des § 213 St.G.B. bei der Körperverletzung als einen Erschwerungsgrund ansieht. Das Gesetz ist nicht verletzt, wenn das Gericht bei Anwendung des § 260 C.P.O. thörichte Schätzungsgrundsätze anwendet oder die Gewinnbetheiligung des stillen Gesellschafters nach Art. 254 H.G.B. im umgekehrten Verhältniss zur Höhe seiner Einlage berechnet. Es verhält sich damit ebenso, wie bei der Beweiswürdigung. Eine Nachprüfung durch das Revisionsgericht ist unzweifelhaft und unbestrittener Maassen ausgeschlossen. Aber auch hier ist die Innehaltung formgerechten Verfahrens und die Beachtung der gesetzlichen Grenzen des Ermessens vom Revisionsgericht zu controliren. Ich erinnere nur an die allbekannten, sehr zahlreichen Entscheidungen des Reichsgerichts zu § 260 C.P.O., in denen die Frage der Substantiirung erörtert ist, und diejenigen über die Berechnung des Strafmaasses beim Versuche, bei Jugendlichen, bei Strafverwandlung u. s. w., welche mit den früher erwähnten über die Grenzen der freien Beweiswürdigung und über die Anwendung gesetzlicher Beweisregeln in Parallele stehen. Ihre Anführung im Einzelnen darf ich mir ersparen, sie sind aus dem erstbesten Commentar ohne Weiteres zu entnehmen.

Soweit nun nach dem Vorhergehenden das Revisionsgericht das Verfahren oder die Subsumtion des Unterrichters an der Hand thatsächlicher Erfahrungssätze nachzuprüfen hat, gelten für deren Anwendung die oben S. 74 ff. entwickelten Sätze über das Recht der Verwerthung eigener Kenntniss, die Unnöthigkeit der Parteibehauptung, u. s. w. In der That hat denn auch das Reichsgericht stets seine Sachkunde, besondere oder allgemeine, ohne Bedenken ausgenutzt (vgl. bes. oben S. 124)[81]), und es dürfte keinem Zweifel unterliegen, dass es dieselbe nicht nur aus dem Inhalte der mündlichen Verhandlung geschöpft hat.

Ob das Reichsgericht jemals von sich aus Sachverständige herangezogen hat, ist mir nicht bekannt. Es scheint, als ob es vorgezogen hätte sich die erforderlichen Erfahrungssätze durch das Studium

---

81) Dass es sich zur Rechtfertigung dieses Verfahrens gelegentlich (IV. C. S. 10. III. 87 Civils. Bd. 17 S. 271) auf die Allgemeinbekanntschaft eines wissenschaftlichen Satzes beruft oder den Erfahrungssatz für eine notorische Thatsache erklärt (I. C. S. 8. XII. 83 Civils. Bd. 13 S. 77, vgl. 29. I. 87 Civils. Bd. 19 S. 209), ist schon oben S. 77 erwähnt.

von Büchern zu verschaffen, — wie es andere Gerichte ja auch thun dürfen (oben S. 96). Gesetzlich stände aber einer solchen Beweisaufnahme ebensowenig Etwas im Wege als derjenigen über Prozessvorgänge (oben S. 104 f.), namentlich dann, wenn das Reichsgericht sich, wie es z. B. der zweite Strafsenat in dem Urtheil v. 18. IV. 88 Strafs. Bd. 17 S. 365 gethan hat, zu den Sachverständigen der vorigen Instanz in Gegensatz stellt, durch deren Auffassung es ja natürlich, da dieselben keine Thatsachen feststellen (oben S. 60, 68), sondern nur Thatsachen würdigen, nie gebunden ist.

Spricht aber das Revisionsgericht einen Erfahrungssatz aus, um die Thatsachen des concreten Falles darunter zu subsumiren, so ist das untere Gericht nach § 528 C. P. O., § 398 St. P. O. daran gebunden. Während nämlich in den Fällen, wo lediglich das Verfahren des Unterrichters mangelhaft war, der bindende Ausspruch niemals die thatsächliche Würdigung mitumfasst, ist hier die rechtliche mit der thatsächlichen untrennbar verbunden. Hat also das Revisionsgericht eine Thatsache für rechtlich erheblich erklärt, z. B. die Anwendung von Vorsichtsmaassregeln bei Schlägermensuren[82]), oder ein bestimmtes Verhalten als ein schuldhaftes angesehen[83]) oder eine Erklärung in bestimmtem Sinne ausgelegt, so bindet eine solche Subsumtion den unteren Richer. Der Erfahrungssatz ist untrennbarer Theil der rechtlichen Beurtheilung geworden.

Zum Schlusse sei mir noch die Bemerkung gestattet, dass ich keineswegs verkenne, welche Schwierigkeiten sich bei der praktischen Anwendung der vorstehenden Sätze in der Revisionsinstanz ergeben. Ich wage indessen zu hoffen, dass die Nothwendigkeit scharfer Analysirung der einzelnen Fälle und sorgfältiger Auseinanderhaltung nahe verwandter Sachlagen, die ja das Reichsgericht bei Anwendung des § 137 G. V. G. stets geübt hat, kein Hinderniss für eine praktische Erprobung derselben bilden wird.

82) III. Str. S. 20. V. 82 Rechtspr. Bd. 4 S. 501.

83) III. C. S. 27. V. 84 Gruchot Bd. 28 S. 1121. — Vgl. noch III. C. S. 10. XII. 80 Bd. 3 S. 207 und von Wilmowski-Levy Anm. 3 a. E. zu § 528.

C. Die offenkundigen Thatsachen.*)

§ 8. I. Ausserhalb des Prozesses.

Die Notorietät, die wir gut deutsch als Offenkundigkeit bezeichnen können, ist kein specifischer Rechtsbegriff. Selbst wenn es Dinge, Thatsachen und Anderes, geben sollte, die nur bei Gericht offenkundig sind, wovon weiter unten zu handeln sein wird, so verschwinden sie an Zahl und Bedeutung neben den um ihrer Allgemeinbekanntschaft willen offenkundig genannten, die ihre Offenkundigkeit draussen im Leben haben, unbekümmert darum, ob je in einem Prozesse darauf Bezug genommen werden wird. Die Entlassung des Fürsten Bismarck aus seinem Amte ist offenkundig, gleichviel ob sie je in einem Gerichtssaal erwähnt wurde. Die Offenkundigkeit im Sinne der Allgemeinbekanntschaft ist ferner nicht auf Thatsachen beschränkt: es giebt notorische Schwindler und notorische Erfahrungssätze, notorische Rechtssätze wie notorische Gerüchte, Irrthümer und Unwahrheiten. Gerade darin liegt aber der Fehler aller bisherigen Arbeiten auf diesem Gebiete, dass die offenkundigen Obersätze und die offenkundigen Untersätze zusammengeworfen wurden. Ich erinnere nur an die allbekannte Definition von Wetzell und Anderen nach ihm, in denen die Thatsachen des Naturlebens, also die allgemeinen Sätze der Naturwissenschaft, fried-

*) Zur Literatur bemerke ich, dass der anonyme Aufsatz von S., Ger.-Saal Bd. 43 S. 299ff., im Folgenden nirgends bekämpft ist. Wer nicht den Muth hat, seine wissenschaftliche Ueberzeugung mit seinem Namen zu decken, hat keinen Anspruch darauf, als ebenbürtiger Gegner behandelt zu werden. — Nothgedrungen sind auch die Franzosen fast ganz ausser Betracht geblieben. Ihre Schriften enthalten Nichts über die Notorietät, die doch in ihren Gerichten nach allen Zeugnissen eine so grosse Rolle spielt. Offenbar ist ihrem weltmännischen Sinne die Sache zu einfach und zu selbstverständlich, um Worte darüber zu machen. — Was Dalloz, Jurispr. générale 1846 t. III v. acte de notoriété berichtet, bezieht sich auf öffentliche Urkunden, nicht auf offenkundige Thatsachen.

lich neben den ortskundigen Bränden stehen.[1]) Die Folge ist, dass bald das eine, bald das andere Element überwiegt. Der Eine verlangt die Verwerthung der eignen Kenntniss von Erfahrungssätzen, weil sie offenkundige Thatsachen seien, der Andere will den Gegenbeweis gegen offenkundige Thatsachen ausschliessen, weil ihr Gegentheil unmöglich wäre, d. h. der Erfahrung widerspräche.

Die folgende Erörterung darf deshalb insofern den Anspruch erheben einen Fortschritt zu enthalten, als sie zum ersten Male die Lehre von den offenkundigen Thatsachen, d. h. von den offenkundigen Einzelgeschehnissen, die im Prozesse als Untersätze des Syllogismus auftreten, „rein" darzustellen versucht, wodurch sie beiläufig sehr an Einfachheit gewinnt. Denn von den nicht-juristischen allgemeinen Obersätzen, den Erfahrungssätzen, ist oben S. 26 f. der Nachweis geführt, dass ihre Behandlung im Prozesse unabhängig davon ist, ob sie (in gewissem Sinne) „notorisch" sind, und von den Rechtssätzen ist der gleiche Nachweis unten S. 177 zu erbringen. Bei Beiden ist die Bekanntschaft an sich entscheidend. Damit entfallen sofort alle Erwägungen über die Notorietät von Dingen, „die sich jedem vernunftbegabten Wesen von selbst aufdrängen"[2]), oder „über die sich jeder vernünftige Mensch durch die tägliche Erfahrung selbst belehren kann"[3]), denn das können nie Einzelthatsachen sein, sondern nur allgemeine Sätze.

Als Beispiele offenkundiger Thatsachen aber bitte ich meine Leser sich möglichst nicht die Schlacht von Zama oder den Tod Karls des Grossen oder die Entdeckung Amerikas vor Augen zu stellen. Es ist ein bekanntes Verhängniss juristischer Lehrmeinungen, dass sie an einem bestimmten Paradigma heraufwachsen und sich ihm anpassen.[4]) Auch hier hat die Richtung auf Dinge, die im praktischen Leben keine Rolle spielen, die Theoretiker (der Name passt hier wirklich einmal für die Vertreter der Wissenschaft) zu dröhnender Betonung des „Wissenmüssens" und ähnlichen Schief-

---

1) Die Angloamerikaner, welche um ihrer law of evidence willen die offenkundigen Dinge einzeln aufzählen (!), höchstens mit einer allgemeinen Clausel am Ende, bringen mit wahrer Grazie Thatsachen, Erfahrungs- und Rechtssätze unter die „things judicially taken notice of, without proof". Vgl. Greenleaf P. I ch. II p. 6—13, Stephen P. II ch. VII art. 58, dürftig Best § 253.

2) Gross Bd. 1 S. 47.

3) Langenbeck, Beweisführung S. 161 und Ztschr. S. 471.

4) Dies gilt namentlich von den Causalitätstheorien, denen man regelmässig auf den ersten Blick ansieht, ob sie den Teich mit den vier Röhren oder welches andere Beispiel sonst zur Grundlage haben.

heiten verführt, auf der anderen Seite aber den Praktikern, denen die Schlacht von Zama wahrscheinlich noch nie in einem Prozesse begegnet ist, den Blick dafür verschlossen, wie gross die Rolle der Offenkundigkeit im Prozesse ist, und wie geradezu alltäglich sie mit offenkundigen Thatsachen zu arbeiten haben.

Jedes Gericht hat fast in jedem Prozesse mit den socialen und confessionellen Verhältnissen seines Bezirkes zu thun, die Entfernungen der einzelnen Ortschaften vom Gerichtsort oder die Persönlichkeit seiner Gerichtseingesessenen[5]) in Betracht zu ziehen. Vor Allem aber nehmen in Strafprozessen, besonders bei Beleidigungen durch die Presse und ähnlichen Delicten, die politischen Ereignisse und Verhältnisse einen so ausserordentlich breiten Raum ein, dass man nur mit Staunen feststellen kann, wie arg bis in die neuste Zeit die offenkundigen Thatsachen von der Lehre des Strafprozesses vernachlässigt worden sind.

Um aber einen Ersatz zu bieten, stelle ich ein paar Beispiele aus gerichtlichen Entscheidungen zusammen, zu denen man allenfalls noch die „notorischen" Winkelconsulenten, Wucherer und faulen Schuldner, das Datum der letzten Ostern und des letzten Jahrmarktes, sowie die Lage der Strassen und Plätze in der Stadt gesellen mag. Also: Die Aufstellung der Tribünen auf dem Pariser Platz zu Berlin bei der Beerdigung Kaiser Wilhelms I. (Civils. Bd. 24 S. 245), die Eröffnung einer neuen Eisenbahnbrücke über die Weichsel an einem bestimmten Tage (Gruchot Bd. 25 S. 1018), die Entfernung zwischen Berlin und Fürstenwalde bezw. Eberswalde (Rechtspr. Bd. 3 S. 301, Bd. 4 S. 120), die geographische Lage des Seeweges von Stettin nach Stralsund (Civils. Bd. 13 S. 171), die Lage eines Grundstückes am Gerichtsorte (Gruchot Bd. 36 S. 1133), die Flucht und steckbriefliche Verfolgung eines beim Gericht zugelassenen Anwaltes (Ztschr. für Civilprozess Bd. 18 S. 141), — wie man sieht, lauter sehr nüchterne Dinge, bei denen jede Entrüstung über ein Nichtwissen recht unangebracht wäre.

Diese Thatsachen sind als solche Gegenstand individueller Wahrnehmung gewesen, und folgeweise wären sie, wenn sie nicht offenkundig wären, durch dieselben individuellen Beweismittel zu beweisen, wie andere Thatsachen auch: Zeugniss, Urkunden, Eid, —

---

5) Vgl. den Fall in Goltd. Arch. Bd. 39 S. 342: Der Name eines gewissen S. wird mit der Person des Kaisers in Verbindung gebracht. Da S. notorisch ein heruntergekommener Fleischer in der betr. Stadt ist, wird Majestätsbeleidigung angenommen.

nie durch Sachverständige wie die Erfahrungssätze, — wobei vorläufig offen bleiben mag, ob und wie sie auch trotz ihrer Offenkundigkeit und trotz § 264 C. P. O. gelegentlich einmal zum Beweise gelangen können.

Als Thatsachen können sie im Uebrigen jede Rolle übernehmen, die überhaupt eine Thatsache im Prozesse haben kann. Sie können die „erhebliche" sein oder ein Indiz dafür oder eine Hilfsthatsache des Beweises. Dass sie dem rechtserzeugenden Thatbestande angehören, kommt praktisch nur verhältnissmässig selten vor[6]), meist nur bei der Anwendung von Prozessrechtssätzen (z. B. § 143, 302 C. P. O., 222 St. P. O.), meist fungiren sie als Indizien oder Hilfsthatsachen, wofür sich der Grund weiter unten ergeben wird. Besonders häufig werden offenkundige Ereignisse von gewöhnlichen Leuten zur Zeitbestimmung gebraucht. Zeugen pflegen selten zu wissen, dass sie den Angeklagten „am 21. Februar" sahen. Sie sagen: „am Tage nach dem grossen Maskenball im Tivoli" oder: „acht Tage vor Ostern."[7])

Die Offenkundigkeit, soweit sie uns für jetzt interessirt, ist sonach eine Eigenschaft einer Thatsache[8]), und zwar keine ihr ein für alle Mal anhaftende. Die Erfahrung lehrt vielmehr, dass eben dieselbe Thatsache heut offenkundig ist, die es gestern nicht war, und die es in Wochen oder Jahren nicht mehr sein wird. Heut weiss z. B. ein Jeder, dass Kaiser Wilhelm II. am 27. Januar 1859 geboren ist, während nur Wenigen geläufig sein wird, dass der deutsche Kronprinz am 6. Mai 1882 geboren wurde. Vor zwanzig Jahren war die erste Thatsache noch nicht offenkundig, in Zukunft, jedenfalls nach der Thronbesteigung des Kronprinzen, wird es die zweite sein. Noch schärfer prägt sich das natürlich bei Ereignissen von rein örtlicher Bedeutung aus. Heut kennt Jeder den grossen Brand von vor vierzehn Tagen mit allen Einzelheiten, — in fünf oder zehn Jahren heisst es: „Bei N. N. soll es ja wohl einmal gebrannt haben," und auf welchen Tag Ostern fiel, ist im November ziemlich allgemein vergessen.[9])

6) Vgl. auch Planck Bd. 1 S. 435, Glaser, Beiträge S. 38f.

7) Vgl. Schaper S. 183.

8) Dass sie kein Beweismittel ist, wie die kanonische Doctrin annahm, braucht nicht mehr bewiesen zu werden, obwohl diese Verkennung des Beweismittelbegriffes noch in RG. II. Str. S. 15. XI. 87 Strafs. Bd. 16 S. 328 unten, 329 leise nachklingt. Scharf dagegen IV. Str. S. 4. XII. 91 Goltd. Arch. Bd. 39 S. 342.

9) Der ähnliche Wechsel bei den Erfahrungssätzen, oben S. 26, führt kaum jemals nach rückwärts, zur Vernichtung ihrer Kenntniss.

Ebenso wie der Zeit nach wechselt die Offenkundigkeit örtlich. Es giebt selbstverständlich keine „weltkundigen" Thatsachen.[10]) Denn dass das Wasser abwärts fliesst und Alles, was lebt, sterben muss, sind eben keine Thatsachen, sondern allgemeine Sätze der Naturwissenschaft, welche nie als Untersätze auftreten. Thatsachen, d. h. Einzelgeschehnisse, sind aber besten Falles so weit verbreitet, als die abendländische Cultur reicht. Man kann als die notorischste aller Thatsachen aus neuerer Zeit den Tod Kaiser Wilhelms I. bezeichnen. „Die ganze Welt" erfuhr davon, überall, wo civilisirte Menschen wohnen, nahm man Theil an unserer Trauer, — und man rechne an der Hand der ersten besten Bevölkerungsstatistik nach, ein wie kleiner Bruchtheil der Erdbewohner es war, der an dieser Notorietät theilnahm. Selbst die fürchterliche „Entdeckung Amerikas" findet in Innerafrika und Innerasien immer noch Millionen von Menschen, die sie erst erfahren sollen.

Steigen wir aber von der Höhe solcher Thatsachen auf das praktische Gebiet herunter, so braucht man nur daran zu erinnern, dass die Verhältnisse des einen Staates im anderen, einer Provinz in der Nachbarprovinz, einer Stadt in der nächsten Umgebung gründlich unbekannt zu sein pflegen. Den notorischen Winkelconsulenten aus Berlin kennt in Potsdam kein Mensch.

Aber auch sonst wechseln die Kreise stark. Wie es Thatsachen giebt, die nur bei den Gebildeten oder nur in gewissen Berufskreisen offenkundig sind, etwa der Tod eines grossen Künstlers oder Gelehrten, greift die Kenntniss anderer, wie z. B. einer Reichstagsauflösung, bis tief in die untersten Schichten hinab.[11]) Aber auch das Umgekehrte ist möglich. Man denke nur an die Künstler der geringsten Vergnügungsstätten: dass der Bauchredner Y im Volksgarten aufgetreten ist oder der grosse Volksmaskenball am 20. Februar stattgefunden hat, pflegt in der Vorstadt und auf der Hintertreppe ebenso offenkundig, wie bei den „oberen Zehntausend" unbekannt zu sein. Dass es aber Thatsachen gebe, die jeder Einwohner eines Ortes weiss, ist eine jeder Erfahrung widersprechende und darum keiner Widerlegung bedürftige Behauptung, und dass nur solche Thatsachen offenkundig seien, ist natürlich noch weniger ernst zu nehmen.[12])

10) Noch Planck Bd. 1 S. 446 glaubt an „menschenkundige".

11) In England wäre als solche Thatsache etwa Name und Abstammung des letzten Derbysiegers anzusehen. Diese Verschiedenheit spiegelt ein Stück Culturgeschichte wieder.

12) Vgl. dazu RG. IV. Str. S. 5. I. 92 Goltd. Arch. Bd. 39 S. 343 f.

Einen aller Welt Entrückten, der von den grossen Zeitereignissen Nichts weiss, würde man immer finden.

Immer mit der Beschränkung auf die allgemeinbekannten offenkundigen Thatsachen[13]) ist nun zunächst die Frage aufzuwerfen, wann eine Thatsache offenkundig ist.

Als tautologisch ist die Ansicht abzulehnen, eine Thatsache sei dann offenkundig, wenn sie so bekannt ist, dass sie keines Beweises bedarf.[14]) Denn wir stehen ja gerade vor der Aufgabe zu sagen, welche Thatsachen als offenkundig des Beweises nicht bedürfen. Ebenso ist abzulehnen die an das kanonische Recht[15]) angeschlossene Entwicklung des Begriffes der Notorietät aus dem der Chicane.[16]) Offenkundig soll sein, was nur die Chicane bestreiten kann. Das geht deshalb schlechterdings nicht an, weil die Offenkundigkeit derselben Thatsache nach Zeit und Ort wechselt. Warum sollte ein Kläger, der zum ersten Male den Gerichtsort betritt, nicht mit ehrlichstem Unglauben die an diesem Orte allgemeinkundige Feuersbrunst bestreiten, warum nicht ebenso treuherzig ein Anderer behaupten, dass die Ostern im letzten Jahre in den April fielen, während sie im März waren?

Die Frage kann m. E. nur gelöst werden, wenn wir uns klar darüber sind, wie eine Thatsache allgemeinkundig wird. Dazu giebt es aber, soviel ich sehe, nur zwei Möglichkeiten: entweder die Art, wie sich die Thatsache vollzogen hat, oder die Art, wie die vollzogene verbreitet wird.

Es ist nämlich zunächst möglich, dass eine Thatsache von sehr vielen Menschen wahrgenommen wird, während sie sich ereignet. Wenn Tausende den Landesherrn feierlich in eine Stadt einziehen sehen oder einem Feste oder dem Auftreten eines berühmten Künstlers beiwohnen, wenn sie entsetzensvoll den stundenlang wüthenden Brand eines grossen Hauses beobachten, und namentlich dann, wenn ein Zustand, etwa die Lage eines Hauses, einer Brücke oder Strasse in der Stadt, die Vollendung eines Baues, die Eröffnung des Bahnbetriebes, die Entfernung zweier Nachbarorte u. dgl. unzählige

---

13) Also vorläufig unter Ausscheidung der Frage, ob es eine Notorietät als Folge des Beweises im Prozesse giebt.

14) RG. IV. Str. S. 4. XII. 91 Goltd. Arch. Bd. 39 S. 342.

15) Vgl. die berühmte Formel: quae sine tergiversatione aliqua celari non possunt, aus c. 17 C. 2 qu. 1 gezogen, in c. 8, 10 X de cohab. cleric. 3, 2 u. dazu Gross Bd. 1 S. 50 f.

16) Wetzell S. 179 u. bes. 185. Ihm folgen sehr Viele von den Neueren.

Male hintereinander von Unzähligen wahrgenommen worden ist, dann werden diese Thatsachen allgemeinkundig. Die ganze Masse des Volkes ist Zeuge ihrer Existenz.[17]

Aber damit ist erst der kleinste Theil der offenkundigen Thatsachen erschöpft. Ihre grosse Mehrzahl ist so geartet, dass sie zunächst nur von ganz Wenigen wahrgenommen worden sind, dann aber durch ihre *Verbreitung* allgemeinkundig wurden. Wie viel Leute wohl aus eigner Wahrnehmung bezeugen können, dass ein Monarch an einem bestimmten Tage geboren ist? Wie Viele haben in diesem Sinne ein eignes Wissen von der Entlassung Bismarcks oder vom Tode Moltkes? Und wo wäre heut ein Zeuge für die notorischen Thatsachen des vorigen Jahrhunderts aufzutreiben? Die Ueberlieferung also ist es, die hier die Notorietät erzeugt, und aus drei Quellen schöpfen wir unsere Kenntniss solcher Vorgänge.

An erster Stelle steht die freilich seltene amtliche Bekanntmachung, welche eine Allgemeinkundigkeit erzeugen *kann*, aber nicht muss. Wenn, wie dies in Preussen geschieht, an allen Ecken angeschlagen wird, dass eine Hinrichtung stattgefunden habe, so wird die Thatsache damit regelmässig für eine kurze Zeit allgemeinkundig. Wenn aber unter den amtlichen Bekanntmachungen — namentlich in dem vielverbreiteten, aber wenig gelesenen Reichsanzeiger — eine Eintragung ins Handelsregister steht, so geht *diese* Bekanntmachung ebenso regelmässig am grossen Publikum spurlos vorüber.[18]

Die zweite Quelle ist die Geschichtswissenschaft im weitesten Sinne[19], einschliesslich z. B. der Literaturgeschichte, und die Erd- und Völkerkunde, soweit diese Wissenschaften Thatsachenkunde sind. Das ist selbstverständlich für sie eine untergeordnete Nebenaufgabe, ebenso wie etwa für die Rechtswissenschaft die Ueberlieferung der Gesetzeskunde, die elementare Feststellung, dass ein Gesetz bestimmten Wortlautes zu bestimmter Zeit erlassen sei, oder, — um auch zu den archivalischen Forschungen eine Parallele zu bieten, — ob ein Gewohnheitsrecht bestehe oder bestanden habe.

Aber freilich, — nur wenige notorische Thatsachen „gehören der Geschichte an.“ Die Mehrzahl liegt auf dem niedrigen Niveau

---

17) So schon c. 15 X de purg. can. 5, 34: utpote cuius universae viciniae populus testis erat.

18) Vgl. auch RG. II. C. S. 31. III. 85 Civils. Bd. 13 S. 371: die vermuthbare Kenntniss Dritter von den Einträgen ins Handelsregister ist keine Offenkundigkeit.

19) So auch RG. II. Str. S. 15. XI. 87 Strafs. Bd. 16 S. 329 f.

des Alltäglichen. Sie erfahren wir in manchen Fällen im Wege des privaten Gespräches, regelmässig aber durch die Zeitungen. Prüfe ein Jeder meiner Leser einmal seinen Vorrath an offenkundigen Thatsachen: die letzte Cholera-Epidemie und den Buchdruckerausstand von 1891, den grossen Brand in seiner Heimathsstadt und den Tod berühmter oder auch nur in seiner Stadt bekannter Männer, seine Kenntniss davon, ob der Reichstag versammelt, ob ein Gesetzesvorschlag abgelehnt ist, dass Professor X nach Y berufen ist und so weiter und so weiter. Unter tausend Thatsachen dieser Art wird kaum Eine sein, die er aus anderer Quelle hat, als aus der Zeitung, und es ist ein betrübendes Zeichen für den weltfremden, dem praktischen Leben abgewandten Sinn unserer Juristen, dass diese allerwichtigste Quelle der Offenkundigkeit in der gesammten Literatur über dieses Gebiet, soweit ich sie kenne, nur Ein Mal erwähnt wird.[20])

Aber ist denn Alles offenkundig, wird man fragen, was in der Zeitung steht? Auch die Seeschlange und die alte Frau von 120 Jahren, die jeden Hochsommer einmal in Galizien stirbt? Stehen denn nicht „notorisch" in den Zeitungen mehr falsche Nachrichten als richtige? Die Frage ist berechtigt, und ich bin weit davon entfernt den Satz, dass nahezu Alles Notorische in der Zeitung steht oder gestanden hat, auch in seiner Umkehrung gelten zu lassen. Aber freilich, — ebensowenig wie die Presse hat die Geschichtswissenschaft Anspruch darauf, dass alle ihre Ergebnisse unbesehen hingenommen werden. Auch hier werden Irrthümer begangen und aufgedeckt.[21]) Dass Wilhelm Tell keine geschichtliche Persönlichkeit ist, kann heut als sicher gelten, und die neuesten Forschungen haben mehr als wahrscheinlich gemacht, dass Napoleon I., dessen Geburtstag Jahrzehnte hindurch von den Franzosen als Napoleonstag festlich begangen wurde, gar nicht am 15. August 1769, sondern schon am 7. Januar 1768 geboren wurde.

Es sind also Einschänkungen zu machen, deren erste darin bestehen wird, dass die Ueberlieferung unwidersprochen sein muss. Wir können es bei geschichtlichen wie bei zeitgeschichtlichen Ereignissen getrost als einen ziemlich sicheren Erfahrungssatz betrachten, dass der unwahren Behauptung von irgend einer Seite her entgegengetreten wird.

---

20) Von Schaper S. 183.

21) So schon Glaser, Beiträge S. 37. A. M. von Canstein S. 304: Thatsachen, die von der Wissenschaft festgestellt sind, sind gewiss (!).

In diesem Zusammenhange tritt eine Gesetzesbestimmung in neues Licht, die sich bisher gefallen lassen musste, mit geräuschvollem Pathos als die Erfüllung einer politischen Forderung gepriesen zu werden, — ich meine § 11 des Reichspressgesetzes vom 7. Mai 1874. Man hat in dem Rechte, die Aufnahme von Berichtigungen zu verlangen, ein Entgegnungsrecht erblickt, ein Pressfehderecht, welches den Gedanken der Waffengleichheit, des audiatur et altera pars verwirkliche, Sonne und Wind gleich vertheile u. s. w.[22]) Ich halte das für eine offenbare Sinnestäuschung. Weder ist nach dem Gesetze Voraussetzung des Berichtigungszwanges, dass ein Angriff stattgefunden habe, noch genügt ein solcher: wer beschimpft oder durch infame Kritik gekränkt ist, hat dagegen aus dem § 11 kein Mittel. Andererseits hat das Mittel Jeder, über den Thatsachen mitgetheilt sind, auch wenn sie ihm günstige sind: auf § 11 darf sich berufen, wer von der Zeitung irrthümlich mit einer Beförderung bedacht oder mit dem schönsten Mädchen des Ortes verlobt worden ist. Ja sogar, wer nur „betheiligt" ist, also auch derjenige Gegner eines Streites, für den die falsche Nachricht Partei ergriff, erzwingt die Berichtigung. Und wiederum nur sie. Sich zu vertheidigen ist auch dem Angegriffenen nicht erlaubt; er darf nur thatsächliche Angaben machen. Nichts Anderes gewährt also der Paragraph als ein wirksames Mittel bei den Leuten, die nach ein paar Tagen jede nicht widerrufene Zeitungs-Nachricht glauben, der Entstehung der Notorietät der mitgetheilten Thatsachen durch Widerspruch zu begegnen.[23])

Indessen, die Erfahrung lehrt uns täglich, dass von diesem Mittel durchaus nicht immer Gebrauch gemacht wird. Es bilden sich trotzdem Legenden, wie etwa im Frühjahr 1893 die Nachricht von der Erfindung eines kugelsicheren Panzers ohne Widerspruch durch die Welt ging. Umgekehrt kann auch keineswegs jeder Widerspruch geeignet sein, die allgemein-verbreitete Thatsache ohne Weiteres zu einem Märchen zu machen. Namentlich im öffentlichen Leben pflegen unter parteipolitischen und ähnlichen Gesichtspunkten gewisse Thatsachen ebenso hartnäckig von der einen Seite behauptet als von der anderen bestritten zu werden.[24]) Es ist also auch hier eine Prüfung

---

22) Von Liszt, Reichspressrecht, Berlin 1880, S. 93; Koller, Das Reichs-Pressgesetz, Nördlingen 1888, S. 80.

23) Aehnlich von Schwarze, Commentar zum Pressgesetz, 2. Aufl., Erlangen 1885, S. 51.

24) So wird seit einigen Jahren von gewissen Parteien als schlechthin offenkundig behandelt, dass ein bekannter Politiker und Hofprediger a. D. vor Ge-

nothwendig, welche an der Hand reifer Lebenserfahrung die Spreu vom Weizen sondert, das blosse Gerücht von derjenigen Nachricht, die ein verständiger Mann zu bezweifeln keinen Anlass hat. Eine theoretische Grenze zwischen Gerücht und Wahrheit lässt sich auch hier nicht ziehen, der Unterschied ist ein quantitativer, mit unmerklichem Uebergange (oben S. 28f.). Wie aber im Prozesse als Ziel des Beweises weder die absolute Gewissheit erreicht werden kann, noch auch das blosse Zugeben einer Möglichkeit genügt, so ist hier ausserhalb des Prozesses zu fordern, dass verständige Leute sich für überzeugt erklären, wozu zwar das Verstummen, aber nicht der Ausschluss des Zweifels nöthig ist.[25])

Wir können sonach, wenn anders eine Formel nothwendig ist, die Offenkundigkeit ausserhalb des Prozesses dann annehmen,

> wenn Thatsachen so allgemein wahrgenommen sind oder so allgemein ohne ernstlichen Widerspruch verbreitet werden, dass ein verständiger und lebenserfahrener Mann sich ebenso davon überzeugt erklären kann, wie der Richter im Prozesse auf Grund der Beweisaufnahme.

Diese Allgemeinbekanntschaft als Eigenschaft einer Thatsache ist es, die sprachlich allein durch den Ausdruck offenkundig gedeckt wird. Die Kenntniss ist hier nicht innerlich anders geartet als die individuelle Kenntniss des Zeugen, sondern nur in Bezug auf die Zahl der Kundigen[26]): sie ist Gemeingut weiterer Kreise, und zwar mindestens eines solchen, der „unbestimmt wen und unbestimmt wie viele" umfasst. Damit ist aber, anders als bei den sog. notorischen Erfahrungssätzen, ein specifischer Unterschied gegenüber der nicht-offenkundigen Thatsache gegeben (vgl. oben S. 26 f.), wenngleich die Grenze theoretisch nicht zu bestimmen ist. Es ist dieselbe Ver-

---

richt seine Eidespflicht verletzt habe, während die Gegenparteien dies für eine notorische Lüge erklären. Das Gleiche geschieht, nur mit umgekehrten Rollen, bezüglich einer angeblich von dem verewigten Kaiser Friedrich über den Antisemitismus gethanen Aeusserung.

25) Aehnlich RG. IV. Str. S. 5. I. 92 Goltd. Arch. Bd. 39 S. 343. Vgl. Preuss. Allg. G. O. Th. I. Titel 10 § 56: dass kein verständiger Grund sie in Zweifel zu ziehen vorhanden ist. Dem schliesst sich RG. II. Str. S. 15. XI. 87 Strafs. Bd. 16 S. 331 in der Fassung an. Anders Seuffert Anm. 2 zu § 264 und von Kries S. 339: eine jeden Zweifel ausschliessende Gewissheit. — Ullmann S. 331 versucht den Ausschluss des vernünftigen Zweifels mit dem Gesichtspunkt der Chicane (oben S. 143) zu verbinden.

26) Wie hier Struckmann-Koch Anm. 1 zu § 264. A. M. Langenbeck Ztschr. S. 480.

schiedenheit, welche den Haufen Getreide von den hundert Körnern Getreide trennt. Der praktische Takt des Richters entscheidet.

Offenkundig heisst also öffentlich-kundig. Was der Richter etwa im Amtsgeheimniss des Eheprozesses erfahren hat, mag er noch so genau wissen, es mag ihm „offenkundig" sein, aber es hat nicht die Natur einer offenkundigen Thatsache.[27]) Um jedoch im Folgenden die nicht nur beim Gericht, sondern draussen offenkundigen Thatsachen, wo nöthig, vor Verwechslung zu schützen, werde ich sie als allgemeinkundige im Gegensatz zu den gerichtskundigen bezeichnen.

Die gefundene Formel ergiebt zunächst den Grund, um dessentwillen die allgemeinkundige Thatsache anders behandelt wird, als die nicht offenkundige, weshalb hier der Richter im Prozesse sein Wissen verwerthen darf, was ihm bei anderen Thatsachen verboten ist. Der Einzelne, der die Thatsache wahrgenommen hat oder der sie in Folge ihrer allgemeinen Verbreitung weiss, wird fungible Person: die Möglichkeit von Wahrnehmungsfehlern wird durch die Masse der Wahrnehmenden ausgeglichen[28]), und die allgemeine Verbreitung, die es uns regelmässig unmöglich macht uns zu erinnern, wo wir etwa die Thatsache zuerst gehört oder gelesen haben, lässt die Wissensquelle im Gegensatz zu den nicht-allgemeinbekannten Thatsachen als unerheblich erscheinen.[29]) Wie die Scheidemünze geht die Mittheilung vom Einen zum Anderen, sie hat bei Keinem etwas Individuelles, und damit entfällt einerseits das Bedenken, dass der Richter die Thatsache nur vom Hörensagen weiss, andererseits die psychologische Unvereinbarkeit von Richter- und Zeugenstellung, denn es fehlt jede Verarbeitung eines Sinneseindrucks zu einem persönlichen Thatsachenurtheil.

Es ergiebt sich aber daraus auch die praktisch überaus wichtige Folgerung, dass nur die grossen Umrisse der Dinge, nie ihre Einzelheiten allgemeinkundig sein können.[30]) Denn nie wird ein verständiger Mann sich durch die allgemeine Wahrnehmung oder Ueber-

---

27) Vgl. unten S. 157ff.

28) So auch Langenbeck a. O. S. 471.

29) Aehnlich RG. IV. C. S. 17. I. 81 Gruchot Bd. 25 S. 1018f., von dem Rich. Schmidt a. O. zu Unrecht glaubt, dass es das Wissen von nur individuell bekannten Thatsachen als Notorietät habe gelten lassen wollen; sowie RG. IV. Str. S. 4. XII. 91 Goltd. Arch. Bd. 39 S. 342.

30) Angedeutet („in ihrem wesentlichen Verlaufe") bei Schaper S. 183.

lieferung von den Letzteren überzeugt erklären. Allgemeinkundig kann oder konnte wenigstens 1888 sein, dass bei Kaiser Wilhelms Begräbniss Tribünen vor dem Blücherschen Palais in Berlin standen, — Alle haben es damals in den Zeitungen gelesen, und es existirten zahllose Zeichnungen und Photographien von der Trauerstrasse. Ob dieselben aber genau 4,50 Meter hoch waren, ob sich 275 oder 300 Plätze darauf befanden, — das wird Niemand ohne Weiteres aus der Allgemeinkundigkeit zu entnehmen wagen, dazu bedarf es der Mittheilung individueller Wahrnehmungen. Oder: dass Bismarck am 6. Februar 1888 im Reichstag sagte: Wir Deutschen fürchten Gott, sonst Nichts in dieser Welt, — das weiss Jeder von uns. Ob aber nicht der Wortlaut ein Wenig anders war, ob es nicht etwa hiess: und Niemand sonst, oder: und weiter Niemand auf der Welt, u. s. w., das wird wiederum kein Verständiger ohne den stenographischen Bericht als notorisch hinnehmen wollen. Und ebenso steht es mit allen anderen allgemeinkundigen Thatsachen.

Darin liegt zugleich der wahre Grund, weshalb die offenkundigen Thatsachen so ganz ausserordentlich selten im Civilprozesse wie im Strafprozesse den rechtserheblichen Thatbestand selbst bilden. Nicht als ob das eine rechtliche Unmöglichkeit wäre[31]: das Entscheidende ist, dass die Thatsache fast nie so mit allen Einzelheiten allgemeinbekannt ist, wie sie als rechtserhebliche im Prozesse festgestellt werden muss. Die Richter, welche einst über den Attentäter Hödel zu urtheilen hatten, kannten die grossen Züge seines Verbrechens sicherlich schon vor der Verhandlung aus den Zeitungen, wie dies bei sog. sensationellen Verbrechen stets der Fall ist; aber diese Pseudo-Offenkundigkeit ersetzt den Beweis nicht, weil die grossen Züge nicht genügen. Ebenso ist es im Civilprozess oft notorisch, dass z. B. ein bestimmter Unternehmer den Kirchenbau übernommen hat. Die einzelnen Vertragsbestimmungen sind es nicht.

Wenn dagegen die offenkundige Thatsache als Indiz oder als Hilfsthatsache, z. B. behufs Zeitbestimmung, auftritt, handelt es sich meist nur um ihre Existenz, nicht um ihre Einzelheiten. Deshalb genügt hier die Offenkundigkeit vollständig als Ersatz des Beweises.

Wo freilich die Grenze zwischen Umriss und Einzelheit verläuft,

31) A. M. scheinbar Glaser, Beitr. S. 38 Anm. 4. — Aber z. B. in dem Prozesse, den das RG. IV. C. S. 17. I. 81 Gruchot Bd. 25 S. 1018 f. verhandelt hat, war der erhebliche Thatbestand, dass bei der Pacht einer Fähre durch Eröffnung einer Brücke „veränderte Umstände" eingetreten seien, im vollen Umfange notorisch. Nur ist dergleichen sehr selten.

lässt sich wiederum theoretisch nicht feststellen. Ueberlassen wir auch sie getrost dem Taktgefühl unserer Richter. Ihre Gewissenhaftigkeit und Lebenserfahrung muss uns ebenso gegen eine allzugrosse Aengstlichkeit wie gegen eine leichtsinnige Ausnutzung der Offenkundigkeit schützen.

Schliesslich sei noch erwähnt, dass auch Verneinungen von Thatsachen allgemeinkundig sein können, dann nämlich, wenn der Eintritt der Thatsachen von so Vielen hätte bemerkt werden müssen oder voraussichtlich so allgemein verbreitet worden wäre, dass ohne Bedenken aus dem Fehlen der offenkundigen Positive auf die Negative geschlossen werden kann. Dass wir seit 22 Jahren keinen Krieg geführt haben, dass in einem bestimmten Jahre in einer Stadt keine Cholera-Epidemie, kein Bergarbeiter-Ausstand stattgefunden hat, dass ein Ort noch ohne Eisenbahnverbindung ist, dass der Reichstag z. Z. nicht versammelt ist, sind Beispiele dieser Art von Offenkundigkeit, bei der natürlich noch mehr verständige Vorsicht geübt werden muss als bei den wirklichen Thatsachen. Mit den unmöglichen Thatsachen, die einem Erfahrungssatze widersprechen würden, haben die notorisch unwahren Nichts zu thun, wie schon oben (S. 38) dargelegt ist. Die Verführung zur Verwechslung Beider ist besonders dann sehr gross, wenn die Unmöglichkeit einer Thatsache darauf beruht, dass sie nach der Erfahrung mit einer offenkundigen Thatsache unvereinbar ist. So ist es z. B. allgemeinkundig, dass Kaiser Wilhelm im Winter 1870 zu 71 in Frankreich war, und folgeweise ist es vermöge des Satzes vom Alibi unmöglich, dass er damals in Berlin eine Regierungshandlung vollzogen haben könne. Man nennt diese unmögliche Thatsache dann gern das Widerspiel jener offenkundigen.

Der Grund der Verwechslung liegt alsdann darin, dass man die wirkliche offenkundige Thatsache in eine verneinende Formel bringt, also etwa in dem angeführten Beispiel sagt, es sei offenkundig, dass Kaiser Wilhelm damals nicht in Berlin gewesen sei. Dann fällt freilich das Unmögliche und das notorisch Falsche zusammen, aber nur vermöge einer durchaus unerlaubten Ausdrucksweise. Denn offenkundig ist in diesem Falle zunächst nur die Positive, die Negative wird es erst durch Schlussfolgerung e contrario.

§ 9. II. Offenkundigkeit beim Gericht.

Die Offenkundigkeit, welche ausserhalb des Prozesses besteht, ist als solche zunächst für den Prozess gleichgiltig. Die C.P.O. verlangt in § 264 ausdrücklich, dass eine Thatsache, um des Beweises nicht zu bedürfen, „beim Gericht offenkundig“ sein solle, und Lehre wie Rechtsprechung des Strafprozesses sind darüber einig, dass der gleiche Satz als schlechthin unentbehrlich wie als geschichtlich überkommen auch im Strafprozesse zu gelten hat. Diese Offenkundigkeit beim Gericht kann nun an sich zweierlei bedeuten: entweder dass eine ausserhalb des Gerichtes im Leben offenkundige Thatsache auch beim Gericht offenkundig ist, oder dass eine Thatsache, die im Leben nicht offenkundig ist, nur beim Gericht offenkundig ist, bezw., was praktisch auf dasselbe hinauskommt, dass eine Thatsache auch dann beim Gericht offenkundig ist, wenn wir über ihre Allgemeinkundigkeit Nichts wissen.

In der Literatur werden diese beiden Möglichkeiten zuweilen verwirrt[1]), sehr viel häufiger aber als einander ausschliessende behandelt, und dann wird bald der einen bald der anderen Art Gewalt angethan. Von der einen Auffassung aus darf der Richter sich darauf berufen, dass ihm von der letzten grossen Cholera-Epidemie „amtlich Nichts bekannt“ sei[2]), von der anderen aus darf er als Civil- oder Strafrichter nicht wissen, dass er selbst vor vierzehn Tagen den vor ihm stehenden Vormund eines Minderjährigen als solchen verpflichtet hat.[3])

Nun ist aber zunächst sicher, dass auch der erste Fall vom Gesetze umfasst werden sollte. Die Geschichte des Notorietätsbegriffes zeigt über jeden Zweifel klar, dass man immer zunächst an die allgemeinkundigen Thatsachen dachte, in der Entstehungsgeschichte

---

1) So z. B. Fitting S. 367: was beim Prozessgericht allgemein und zuverlässig bekannt ist. Allgemeinbekanntschaft beim Prozessgericht? Vgl. auch RG. II. Str. S. 15. XI. 87 Strafs. Bd. 16 S. 331: dem Richter zur amtlichen Kenntniss gekommen und auch zur allgemeinen Kenntniss gelangt.

2) So bes. Wetzell S. 186 Anm. 42, sowie Martin, Vorlesungen, Leipzig 1857, Bd. 2 S. 23 f., der sogar geschichtliche Thatsachen von der Notorietät ausschliessen will, wenn nicht der Geschichtsschreiber sie kraft öffentlichen Amtes aufgezeichnet hat, — eine wahre Carricatur auf jeden gesunden praktischen Sinn.

3) So Planck Bd. 1 S. 446 ff. Aehnlich Gaupp Anm. I zu § 264.

unserer Gesetze findet sich keine Spur eines Beweises dafür, dass man mit einer fast tausendjährigen nie unterbrochenen Rechtsentwicklung brechen wollte[4]), und der Wortlaut steht nicht entgegen einen Satz anzunehmen, der ein so brennendes praktisches Bedürfniss befriedigt, dass er im Strafprozesse sogar ohne directen Anhalt im Gesetze um seiner inneren Nothwendigkeit willen anerkannt ist.

Wir haben also zunächst zu fragen, wann eine allgemeinkundige Thatsache bei dem Gericht offenkundig ist.[5]) Zwei Antworten sind möglich, beide sind gegeben.

Man hat die Forderung aufgestellt, dass Alles Allgemeinkundige auch im Gericht notorisch sein müsse. Der Richter habe die Pflicht, mindestens diejenigen Thatsachen zu kennen, die ein Mann von seiner Stellung zu kennen pflege. Mangle dem Gericht zufällig diese Kenntniss, so sei dies für die Sache selbst unerheblich. Es sei an ihm die Lücken seines Wissens zu füllen.[6]) Man geht dabei, freilich ohne dies klar zu denken oder doch klar auszusprechen, davon aus, dass die Offenkundigkeit beim Gericht als Behörde existire, während die Kenntniss des einzelnen Beamten bezw. des Gerichts als Rechtsprechungsorgan ausser Betracht bleibt, und construirt eine Amtspflicht zur Kenntniss notorischer Thatsachen. Einen Beweis dafür hat man nicht erbracht, und ich glaube, dass man ihn auch nicht erbringen kann. Es mag dahingestellt bleiben, ob man ausserhalb eines Examens überhaupt von einer Pflicht zu wissen anstatt von einer Forschungspflicht sprechen kann. Jedenfalls wäre es doch ein wunderliches Ding, sollte der Richter verpflichtet sein, nicht nur Zeitungen zu lesen, sondern auch ihren Inhalt zu behalten. Vollends

---

4) Einen solchen bietet auch nicht etwa die Berufung der Motive zur C. P. O. S. 212 auf Wetzell, da sie einmal dessen Begriff gar nicht annehmen, wie schon Langenbeck a. O. S. 478 bemerkt hat, andrerseits der Gesetzestext bereits im Nordd. Entwurf fertig vorlag. Unten bei Anm. 8.

5) Mit Recht sagt Rich. Schmidt, Wahrnehmungen S. 273, dass damit der engere Begriff bestimmt wird. Vgl. auch RG. a. O. Strafs. Bd. 16 S. 329. Gaupp Anm. I zu § 264 stellt dagegen den Sachverhalt auf den Kopf, wenn er von den Thatsachen spricht, die dem Richter als solchem und daneben auch anderen Kreisen bekannt sind.

6) So vor Allen Wach, Vorträge S. 156, ferner Fitting S. 367, der freilich mit einem „oder doch wenigstens" die entgegengesetzte Ansicht anhängt, sowie Pollak, Gerichtl. Geständniss S. 100 u. A. — Die Wissenspflicht wird von den Angloamerikanern sehr scharf betont. Es ist aber dabei zu beachten, dass sie Rechtssätze und offenkundige Thatsachen gemeinsam behandeln; hier haben offenbar die Ersteren den Ausschlag gegeben. Vgl. die Nachweise oben S. 139 Anm. 1.

undenkbar wird aber eine solche Pflicht, wenn man an die nach Zeit, Ort und Lebenskreisen schwankenden Grenzen der Offenkundigkeit denkt. Soll sich die Pflicht etwa auch auf den letzten Derbysieger und den Volksmaskenball erstrecken?

Aber was wäre auch mit der Pflicht gewonnen, wenn der Richter nun doch einmal Nichts weiss? Die Partei behauptet, dass die neue Brücke vor sechs Monaten eröffnet sei, der Gegner bestreitet es, der Amtsrichter weiss Nichts davon. Soll die einfache, zunächst durch Nichts begründete Behauptung der Partei, „das ist eben notorisch", ihn zu amtlichen Nachforschungen veranlassen? Das wäre denn doch ein gar zu bequemes Mittel, die Stoffsammlung von den Schultern der Partei auf die des Richters abzuwälzen. Oder soll die Partei erst beweisen, dass die Thatsache offenkundig sei? Ein solcher Beweis ist zwar, wie unten darzulegen sein wird, denkbar und zulässig. Aber er bringt uns hier nicht zu dem erwünschten Ziele, den Beweis zu ersparen. Abgesehen davon, ob nicht der Beweis der Thatsache selbst zuweilen leichter und bequemer sein wird, als der ihrer Offenkundigkeit, ist es doch dann immer der Beweis und nicht die Offenkundigkeit, auf Grund deren die thatsächliche Feststellung erfolgt. Die Offenkundigkeit bei der Behörde als solcher wäre also praktisch ebenso werthlos, wie sie undurchführbar ist.[7] Die Wissenspflicht gehört zu jenen unbewussten Ueberbleibseln der gesetzlichen Beweistheorie, die sich nicht damit zufrieden geben wollte, das Beweisergebniss von der Persönlichkeit des Richters abhängig zu machen. Sie stellt den Versuch dar, auf Umwegen eine negative Beweisregel einzuschmuggeln. Vgl. auch oben S. 97 Anm. 82.

Dagegen fallen alle Schwierigkeiten, namentlich auch die praktischen, fort, wenn man Gericht in § 264 im Sinne des Rechtsprechungsorgans, des concreten Einzelrichters bezw. des Collegiums in seiner jeweiligen Zusammensetzung, auffasst. Dann ist klar, dass wirklich immer und mit Recht der Beweis erspart wird, wenn das Gericht bereits vor dem Prozesse diejenige Kenntniss von der Thatsache um ihrer Allgemeinkundigkeit willen besessen hat, die es sonst im Prozesse durch den Beweis erlangen würde. Dann tritt deutlich der so überaus wichtige Satz hervor, dass die auf die Offenkundigkeit gestützte Ueberzeugung im Prozesse dieselbe Bedeutung, nicht

---

7) Wie hier — nur meist mit Beimengung aller möglichen fremden Gesichtspunkte — die Facultät Halle für OLG. Jena in Seuff. Arch. Bd. 13 Nr. 286, RG. III. C. S. 31. III. 85 Civils. Bd. 13 S. 371, Langenbeck, Beweisführung S. 160, von Kries S. 339, Hellmann S. 297. Vgl. auch Norddeutsche Protokolle S. 707.

mehr und nicht weniger, beanspruchen kann, wie die auf den Beweis gegründete.

Dass aber Gericht in § 264 Nichts Anderes bedeutet, ergiebt sich m. E. ohne Weiteres daraus, dass eine Thatsache offenkundig nur dann ist, wenn sie in bestimmter Weise gewusst wird: wissen aber kann wohl ein Mensch oder eine Mehrheit von Menschen, nie eine Behörde, die nur eine Abstraction ist. Schliesslich darf auch in Betracht kommen, dass der § 264 in einem Zusammenhange steht, in welchem Gericht stets das Rechtspflegeorgan bezeichnet (§ 259, 260, 265), und dass die jetzige Fassung seiner Zeit gewählt wurde, „um klarzustellen, dass es auf die Kenntniss des in der betreffenden Instanz erkennenden Richters ankommt."[8]) Die sachliche Gleichheit macht dieses Ergebniss ohne Weiteres für den Strafprozess verwerthbar.

In einem Collegium ist wie sonst die Kenntniss der Mehrheit entscheidend. Es ist einfach unerfindlich, warum gegen den klaren Wortlaut des § 198 G.V.G. über die Frage, ob eine Thatsache als offenkundig nicht bewiesen zu werden brauche, Einstimmigkeit herrschen müsse[9]), die doch sonst nie, weder zu Beweisfragen noch zu irgend welchen anderen, nicht einmal zu einem Todesurtheil, gefordert wird. Auch in dem nahe verwandten Falle des § 291 C.P.O., wo es sich um einen Appell an das Erinnerungsvermögen des Gerichts, also doch auch um ein Wissen, handelt, ist die Stimmenmehrheit genügend. Regelmässig wird es freilich gar nicht zur Abstimmung kommen, denn die Versicherung der Mehrheit, dass die Thatsache offenkundig sei, wird den Zweifel der Minderheit beruhigen. Namentlich wird in Kammern für Handelssachen und im Schöffengericht die Orts- und Personenkunde der Beisitzer oft auf diesem Wege fruchtbar werden. Im Schwurgericht ist freilich zu beachten, dass das „Gericht" nicht nur seine Kenntniss, sondern die voraussichtliche der Geschworenen berücksichtigen muss. Es wird deshalb hier ein sehr viel engherzigerer Standpunkt insofern

8) Nordd. Protokolle S. 708. Es handelt sich also um eine wohlbedachte Fassung, die mit der Wendung, dass der Paragraph nicht glücklich stilisirt sei, Pollak a. O., nicht aus der Welt geschafft wird. — Im Ergebniss wie hier Langenbeck Ztschr. S. 481, von Wilmowski-Levy, Gaupp zu § 264, und wohl auch Planck a. O.

9) Diese höchst merkwürdige, durch Nichts begründete Forderung findet sich bei Gaupp Anm. I, Seuffert Anm. 2 zu § 264, von Kries S. 340. Vgl. auch Schneider, Ermittlung S. 117. Noch unbegreiflicher als die Aufstellung selbst ist, dass ihr noch nirgends widersprochen worden ist.

gerechtfertigt sein, als das Gericht auch über offenkundige Thatsachen Beweis erheben muss, wenn es nicht überzeugt ist, dass die Geschworenen sie wissen, und zwar alle Geschworenen, denn eine Abstimmung derselben vor dem Schlusse der Beweisaufnahme ist ausgeschlossen. Vgl. oben S. 86. So werden sich namentlich Localtermine hier trotz des schwerfälligen Apparates häufig nur dann vermeiden lassen, wenn Pläne und Zeichnungen die Gewähr geben, dass jeder Geschworene ein richtiges Bild von der Oertlichkeit hat.[10])

Beim Gericht offenkundig sind also zunächst die Thatsachen, welche allgemeinkundig sind, und an deren vorprozessualer Offenkundigkeit die concreten erkennenden Richter Antheil haben. Damit ist ihnen zum zweiten Male erlaubt, ihr privates Wissen im Prozesse zu verwerthen. Denn die Wahrnehmung, durch welche sie in den Besitz der Kenntniss der allgemeinkundigen Thatsache gelangt sind, haben sie nicht als Richter, sondern als Privatleute gemacht. Ob der Richter selbst dabei war, als der König einzog, ob er mit angesehen oder in der Zeitung gelesen hat, dass die neue Eisenbahn endlich eröffnet ist, ob er in einem geographischen Handbuch oder einem Fahrplan nachschlug oder einen Freund fragte, wie weit es von Berlin nach Eberswalde sei, immer hat er nicht im Amt, sondern als Privatmann gehandelt. Oder genauer: es ist unerheblich, ob er im Amte gehandelt hat, weil er das gleiche Recht der Verwerthung auch dann hat, wenn er die Thatsachen ohne jeden amtlichen Anlass kennen lernte.

Lassen wir also in unseren Lehrbüchern und Commentaren bei der Beschreibung der offenkundigen Thatsachen den Zusatz, dass er sie „als Richter" kennen müsse, ruhig fallen[11]), der doppelt unrichtig dann wird, wenn man nicht sagt, dass er als Richter wahrgenommen habe, sondern dass er als Richter wisse. Vgl. oben S. 74.

Aus seinem Privatleben bringt der Richter seinen Besitz an offenkundigen Thatsachen in den Prozess mit. Das ist deshalb nicht ohne Bedeutung, weil damit zugleich der Versuch hinfällig wird, als eine Art von Beweisregel einen bestimmten Kreis von allgemein-

---

10) Die Verlegenheit des angloamerikanischen Rechts dieser Erscheinung gegenüber zeigt sich deutlich bei Greenleaf P. III. ch. II § 364 (vol. I p. 456).

11) Vgl. denselben bei Langenbeck, Fitting, Gaupp, Seuffert, Planck a. a. O. O. RG. IV. Str. S. 5. I. 92 Goltd. Arch. Bd. 39 S. 344 ist nicht ohne Weiteres hierher zu rechnen. Es wehrt sich nur bei von ihm für nicht allgemeinkundig gehaltenen Thatsachen gegen die Verwerthung privaten Wissens.

kundigen Thatsachen aufzustellen, die der Richter allein wissen dürfe.[12]) Wenn nur die Thatsache eine allgemeinkundige ist, darf der Richter ihr Wissen verwerthen, wie immer er zu ihrer Kenntniss gelangt ist. Dass die Leipzigerstrasse eine Hauptverkehrsader von Berlin ist, oder dass der grosse Physiker Werner von Siemens nicht mehr unter den Lebenden weilt, darf jeder deutsche Richter wissen, obwohl das Erstere eine zunächst in Berlin ortskundige, das zweite eine in einem besonderen Berufskreise offenkundige Thatsache ist, der Richter also nicht „dem Kreise der Wissenden angehört". Und ebenso darf er Kenntniss von dem Datum des Volksmaskenballes haben, obwohl es unter seiner Standeswürde wäre, denselben zu besuchen. Mit jeder solchen zopfigen und innerlich wie gegenüber dem Gesetz unhaltbaren Beschränkung giebt man nur den Vortheil aus der Hand, der darin liegt, dass unsere Richter nicht nur für ihr Fach Interesse haben, sondern mit offnem Blick dem Leben ihres Volkes in allen seinen Bethätigungen folgen. Auch hier muss das vom gemeinen Rechte her ererbte Misstrauen gegen die Richter dem ihnen von unserer Gesetzgebung geschenkten Zutrauen weichen.

12) So Planck Bd. 1 S. 446, ähnlich Fitting S. 368.

§ 10. III. Gerichtskundigkeit.

Neben den allgemeinkundigen und um dieser Eigenschaft willen dem Richter bekannten Thatsachen steht als eine zweite selbständige Kategorie die der gerichtskundigen Thatsachen, d. h. derjenigen, welche in eigenen amtlichen Handlungen des Richters bestehen oder den Gegenstand seiner amtlichen Wahrnehmung gebildet haben. Sie sind nicht eine Unterart der allgemeinkundigen[1]), weil einerseits das Wissen von ihnen ein rein individuelles, nicht fungibles, und es für sie gleichgiltig ist, ob sie zugleich allgemein, d. h. ausserhalb des Gerichts, bekannt sind, und weil andererseits hier die Wissensquelle des Richters nicht unerheblich ist. Seine nichtamtlichen Handlungen und Wahrnehmungen sind als solche nicht gerichtskundig.[2]) Die beiden Begriffe sind also in jeder Beziehung von einander verschieden und kommen nur in der Wirkung zusammen.

Immer allgemeiner wird anerkannt, dass auch die gerichtskundigen Thatsachen des Beweises nicht bedürfen, und nur selten wird noch der Versuch gemacht, nur die eine oder andere Art ausschliesslich als „offenkundige Thatsachen" anzusehen.[3]) Dass diese Anschauung dem Gesetze entspricht, ergiebt nicht nur dessen Wortlaut, der unbefangen, d. h. ohne Kenntniss der Geschichte, betrachtet sogar auf die gerichtskundigen Thatsachen besser passt, als auf die allgemeinkundigen, sondern vor Allem die Geschichte desselben, welche zeigt, dass nie beabsichtigt wurde die von jeher anerkannte Kategorie auszuscheiden[4]), sowie das starke Argument, dass in § 665 C. P. O. die

1) A. M. RG. IV. Str. S. 5. I. 92 Goltd. Arch. Bd. 39 S. 343: die Gerichtskundigkeit ist der engere Begriff gegenüber der Allgemeinkundigkeit.

2) Dies hat Rich. Schmidt, Wahrnehmungen S. 273, 277 gegen alle Angriffe siegreich erwiesen. Vgl. auch RG. II. C. S. 31. III. 85 Civils. Bd. 13 S. 372 oben.

3) Ausdrücklich bekennen sich zur Gleichstellung: Seuffert Anm. 2 zu § 264, von Wilmowski-Levy Anm. 1 zu § 264, Gaupp Anm. I zu § 264, von Kries S. 339, Ullmann S. 331, der Anonymus im Gerichtssaal Bd. 43 S. 299, 302, RG. IV. Str. S. a. O., sowie in einzelnen Anwendungen O. A. G. Wolfenbüttel Seuff. Arch. Bd. 25 Nr. 13, R. O. H. G. Bd. 12 S. 348. Dagegen bes. Planck Bd. 1 S. 446 und, wenn ich ihn recht verstehe, Schaper S. 186. Vgl. oben S. 151.

4) Vgl. die Motive zur C. P. O. S. 212, die sogar mit Wetzell nur diese Thatsachen als notorisch gelten lassen wollen, also jedenfalls ein Zeugniss dafür sind, dass sie auch als solche gelten sollen.

Rechtsnachfolge, sowohl die allgemeine als auch die besondere, als eine möglicher Weise bei dem Gericht offenkundige Thatsache angesehen wird, die doch als Gegenstand der Allgemeinkunde mit der für den Prozess erforderlichen Genauigkeit (oben S. 148f.) fast nie vorkommen wird. Es ist also hier ein regelmässig spezifisch gerichtskundiger Vorgang als bei dem Gericht offenkundig bezeichnet.[5])

Schwierig ist freilich die Begrenzung der Gerichtskundigkeit. Wenn man auch jetzt die Ansicht als überwunden betrachten darf, dass wie im älteren deutschen und im kanonischen Recht[6]) jede Beweisaufnahme Notorietät schaffe, so bleibt doch der Streit bestehen, ob alle amtlichen Handlungen und Wahrnehmungen des Richters oder welche von ihnen gerichtskundig sind. Man fürchtet hier besonders eine Schmälerung der Parteirechte dadurch, dass die Beweisaufnahmen früherer Prozesse, die ohne Controle der jetzigen Parteien vor sich gegangen sind, ihnen aufgedrängt werden können[7]), wobei freilich die Berechtigung der Annahme, dass den Parteien das Gehör über die gerichtskundige Thatsache versagt werden würde, vorerst noch dahingestellt bleiben muss. Man wird also dem Grunde nachgehen müssen, der dazu führt, die gerichtskundigen Thatsachen trotz der ganz individuellen Wahrnehmung in gewissen Fällen von dem allgemeinen Verbote der Verwerthung eigener Wahrnehmungen auszuschliessen.

Vorweg aber ist die Frage zu erledigen, die in derselben Weise bei den offenkundigen Thatsachen auftauchte, ob nämlich in dem Worte gerichtskundig Gericht die Behörde oder das concrete Rechtspflegeorgan bedeutet.

Im ersten Sinne wären gerichtskundig alle jemals von anderen Staatsbehörden an das Gericht gemachten amtlichen Mittheilungen, alle Erlasse der Regierung, alle Steckbriefe, und weiter alle diejenigen Thatsachen, die in den Akten der Gerichtsbehörde, sei es auch einer anderen Abtheilung (Kammer, Senat), aufgezeichnet sind.[8])

---

5) Vgl. auch St. P. O. § 104 Abs. 2: Räume, welche „der Polizei“ als Spielhöllen, Bordelle u. s. w. bekannt sind.

6) Loening, Reinigungseid, S. 237 ff., Gross Bd. 1 S. 51, Bd. 2 S. 4. — Wetzell S. 186 hat sogar die blosse Wahrnehmbarkeit entscheiden lassen wollen. Dagegen mit Recht Wach, Krit. V. J. Schr. Bd. 14 S. 333 f. und gegen ihn, einen Stillapsus bei Wetzell behauptend, Heusler S. 239 Anm. 8. Dawider Wach, Vorträge S. 150. — Auch Langenbeck, Ztschr. S. 484 ff. steht im Banne des gleichen Gedankens für alle von Amts wegen bewirkten Beweisaufnahmen.

7) So bes. R. O. H. G. Bd. 19 S. 351 f., sowie der Anonymus im Gerichtssaal Bd. 43 S. 404.

8) Gegen die fast unglaubliche Idee, dass bei jedem Gericht Deutschlands

Es sind das die „aktenkundigen“ Thatsachen, über welche das Gericht eine amtliche Auskunft (oben S. 71 f.) zu ertheilen in der Lage wäre, also namentlich der gesammte Inhalt der bei dem Gerichte geführten Handelsregister, Grundbücher u. s. w., aber natürlich auch derjenige seiner Prozessakten[9]), und es wäre von diesem Standpunkte aus, der die persönliche Kenntniss oder Unkenntniss des jeweils erkennenden Richters für unerheblich erklären muss, nicht ganz undenkbar eine Trennung der aus der streitigen und der aus der freiwilligen Gerichtsbarkeit her gerichtskundigen Thatsachen vorzunehmen.[10])

Aber der Standpunkt selbst ist falsch. Alle Gründe, welche oben gegen diese Auffassung bei den allgemeinkundigen Thatsachen angeführt sind, treffen wörtlich und buchstäblich auch hier zu, vor Allem der praktische, dass eine Pflicht des Richters sich zu erinnern oder sich zu erkundigen undurchführbar wäre, und dass uns die Gerichtskundigkeit in Wahrheit den Beweis nicht ersparte. Dass man sich dessen früher nicht immer bewusst wurde, lag z. Th. daran, dass der gemeinrechtliche Richter es nicht als einen wesentlichen Unterschied empfand, ob er die Akten dieses Prozesses oder solche von Vorprozessen las, d. h. ob er eine Parteibehauptung oder einen Urkundenbeweis entgegennahm. Jetzt, wo die Erstere regelmässig mündlich auftritt, hebt es sich scharf als Akt der Beweisaufnahme davon ab, wenn der Richter die urkundliche Aufzeichnung in Vorakten heranzieht.[11]) So ist auch hier die Gerichtskundigkeit auf die den erkennenden Richtern aus ihrer eigenen amtlichen Thätigkeit be-

die aktenkundigen Thatsachen aller übrigen Gerichte gerichtskundig seien, Zink, Ermittlung des Sachverhaltes Bd. 1 S. 237, 368, braucht heut Nichts mehr gesagt zu werden. Vgl. dagegen RG. II. Str. S. 15. XI. 87 Strafs. Bd. 16 S. 327 f., wo freilich nicht genug beachtet ist, dass solche Thatsachen doch auch zugleich allgemeinkundige sein können, II. C.S. 31. III. 85 Civils. Bd. 13 S. 371 und den Anonymus im Gerichtssaal Bd. 43 S. 304. S. auch Wach, Krit. V. J. Schr. Bd. 14 S. 334.

9) Wenn auch nicht mit allen Folgerungen sind dieser Ansicht besonders Wetzell a. O. und RG. II. C. S. (vorige Note) für die Handelsregister des Gerichts. Ihm folgen natürlich die meisten Commentare.

10) So Gaupp a. O., freilich ohne strenge Durchführung. Dagegen von Kries S. 340.

11) Vgl. auch RG. II. C. S. a. O. Wenn dem Amtsgericht die Grundakten vorliegen, die von einer anderen Abtheilung desselben Amtsgerichts geführt werden, so ist die Sache um Nichts anders, als wenn es die eines fremden Amtsgerichts wären. — Dass es sich auch bei der Bezugnahme auf Akten derselben Behörde um Beweisantretung handelt, s. Stein, Urkundenprozess S. 193 und die dort Angef.

kannten Thatsachen zu beschränken, von dem Falle natürlich abgesehen, wo die Thätigkeit anderer Richter desselben Gerichts, z. B. die Verurtheilung in einem Sensationsprozesse, allgemeinkundig geworden ist[12]), aber andererseits ohne jede Unterscheidung von Arten der amtlichen Thätigkeit.[13])

Aus solcher Quelle kann nun das Gericht entweder seine eigenen Handlungen kennen, also z. B. Bestellungen von Vormündern, Abnahme von Offenbarungseiden, Verurtheilungen im Strafverfahren, Eintragungen in Register und Aehnliches, oder solche Thatsachen, die es wahrgenommen hat.

Bei den Ersteren ist die Verwerthung der eigenen Erinnerung deshalb ohne jedes Bedenken, weil ja der einzige Beweis, den die Partei darüber führen könnte, in der Vorlegung einer öffentlichen Urkunde bestehen würde, die eben dieselben Richter unterzeichnet haben, denen der Beweis geführt werden soll. Man denke sich die Unnatur, dass dem Amtsrichter X. die — wohlverstanden ihm noch in voller überzeugender Kraft erinnerliche — Thatsache, dass er selbst dem Beklagten bereits früher den Offenbarungseid abgenommen oder den N. N. als Prokuristen der klägerischen Firma eingetragen habe, erst durch das von ihm selbst gezeichnete Protokoll erwiesen werden müsste. Anders natürlich, wenn der Richter sich seiner Handlung nicht mehr klar erinnert, und folgeweise ebenso natürlich anders, wenn es sich um die Einzelheiten des Vorganges handelt, etwa das beschworene Vermögensverzeichniss, das Alter der Mündel, die Rechtsverhältnisse von Gesellschaftern u. dgl. m., welche — wie bei den allgemeinkundigen Thatsachen — ein verständiger Mann nie aus der Erinnerung heraus für überzeugend wahr erklären wird.

Bei den vom Gericht früher wahrgenommenen Thatsachen aber, also, von den praktisch sehr geringfügigen „dienstlichen Mittheilungen" seitens anderer Behörden[14]) abgesehen, namentlich bei den Vorgängen in früheren Prozessen, ist es die Art der Wahrnehmung,

---

12) Auch die Richter und Anwälte eines Gerichts bilden einen Lebenskreis, in welchem allgemeinkundige Thatsachen vorkommen können. Vgl. Ztschr. f. Civil-Prozess Bd. 18 S. 141 (oben S. 140).

13) Es ergiebt sich daraus zugleich, dass Nichts Erhebliches für oder gegen die Befugniss, in § 258 Abs. 2 und § 488 C. P. O. den ganzen Prozessstoff heranzuziehen, aus dem Begriffe der Offenkundigkeit zu gewinnen ist. Das vor einem anderen Gerichte Geschehene ist beim Prozessgericht nicht offenkundig. Trotzdem kann natürlich hier eine Amtspflicht zur Heranziehung bestehen.

14) Seuffert Anm. 2 zu § 264.

welche die Ausnahme vom Verbot der Verwerthung eigener Wahrnehmung in gewissen Grenzen rechtfertigt. Was das Gericht im vollen Bewusstsein seiner Verantwortlichkeit, in der Stellung des amtlichen Beweisempfängers und regelmässig unter der Controle, welche die contradictorische Gestaltung unserer Prozesse gewährt, als Beweisergebniss empfangen hat, das darf diesen Richtern ein für alle Mal als ein Bestandtheil ihres Wissens gelten, von dem sie auch ohne Wiederholung des Beweises überzeugt sein dürfen. Die amtliche Stellung bei der Wahrnehmung schliesst die Gefahr der Sinnestäuschung wie die der Unvollständigkeit und der Parteilichkeit so weit aus, als dies uns schwachen Menschen überhaupt möglich ist.

Die nothwendige Grenze liegt aber auch hier vor Allem darin, dass immer nur die groben Züge der Dinge, nie ihre Einzelheiten als gerichtskundig erklärt werden dürfen. Dass ein Angeklagter bei Nacht in ein Haus einstieg, dort zahlreiche Behältnisse erbrach und ein Dutzend verschiedene Sachen stahl, wird mit allen seinen näheren Thatumständen nie gerichtskundig, auch wenn es in einem Prozesse als Ergebniss der Beweisaufnahme festgestellt ist. Soll die Sache z. B. gegen den Anstifter zum zweiten Male festgestellt werden, so bedarf es erneuter Beweisaufnahme. Aber dass A mehrfach Vorstrafen erlitten hat[15]), dass gegen B wiederholt Zahlungsbefehle beantragt und Zwangsvollstreckungen durchgeführt sind, dass C häufig als Beistand vor dem Amtsgericht aufgetreten ist, dass in der Fabrik des D, gegen den zahlreiche Haftpflichtprozesse schweben, der Dampfkessel geplatzt ist, und ähnliche Thatsachen mehr, — die dürfen unbedenklich als Niederschlag aus der amtlichen Thätigkeit fortan den betheiligten Richtern als gerichtskundig gelten.

Man darf also sagen, dass gerichtskundig die Thatsachen sind, welche in eigenen amtlichen Handlungen des erkennenden Richters bestehen, oder welche er amtlich wahrgenommen hat, und die zugleich so allgemeiner Art sind, dass sie geeignet wären offenkundige Thatsachen zu werden, — immer vorausgesetzt, dass er sich ihrer in überzeugender Weise erinnert. Durch diese Fassung wird der Befürchtung begegnet, dass ein Gericht den klagbegründenden Thatbestand eines Civilprozesses oder den Verbrechensthatbestand eines Strafprozesses als gerichtskundig vom Beweise ausschliessen könnte.

Im Collegium entscheidet auch hier die Mehrheit, die indessen

15) Sofern dieselben für die Glaubwürdigkeit des A als Zeugen von Bedeutung sind. Anders, wenn es sich um die Voraussetzungen des Rückfalls handelt, welche ganz genau festzustellen sind.

in der Praxis regelmässig kurzer Hand durch die Erklärung eines Mitgliedes hergestellt werden wird. Die Anderen werden ihm einfach glauben. Auch im Schöffengericht und in der Kammer für Handelssachen können die gerichtskundigen Thatsachen bedeutsam werden, sofern sich die Beisitzer durch die Mittheilung des Vorsitzenden überzeugen lassen. Im Schwurgericht dagegen dürfte es, abgesehen von den Entscheidungen des „Gerichts", nicht möglich sein die Gerichtskundigkeit zu verwerthen: es wäre dazu eine thatsächliche Belehrung als Parallele zur Rechtsbelehrung des § 300 St. P. O. nothwendig, für die m. E. die Anlage unseres Geschworenenverfahrens keinen Raum bietet.

§ 11. IV. Wirkung und Behandlung.

Als Wirkung der Offenkundigkeit, unter welchem Worte von nun an die beiden Fälle der Allgemeinkundigkeit und der Gerichtskundigkeit zusammengefasst werden, sprechen § 264 und § 665 C. P. O. die Entbehrlichkeit des Beweises aus, und es steht ausser Zweifel, dass diese Wirkung ihr auch im Strafprozesse zukommt, mag im Uebrigen die offenkundige Thatsache die erhebliche oder ein Indiz dafür oder eine Hilfsthatsache des Beweises sein.[1])

Der damit ausgesprochene Gesetzesbefehl wendet sich nach Art einer positiven Beweisregel an den Richter. Ihm wird geboten für die Zwecke der Thatsachenfeststellung die Offenkundigkeit der auf Grund einer Beweisaufnahme gewonnenen Ueberzeugung von der Wahrheit gleichzusetzen, was beiläufig nie zu einem Gewissenszwange führen kann, wenn man, wie oben geschehen, als das Wesen der Offenkundigkeit die vorprozessuale Ueberzeugung der erkennenden Richter ansieht. Es ist dann nur gesagt, dass diese Ueberzeugung mit der aus dem Beweise gezogenen gleichwerthig sein soll, so dass wovon später Gebrauch zu machen ist, die eine für die andere eintreten kann.

Man hat jedoch der Offenkundigkeit sehr viel weitergehende Wirkungen zugesprochen, vor Allem die, dass die offenkundige Thatsache im Civilprozess auch nicht behauptet zu werden brauche. Notoria non egent prolatione. Der Eifer, mit dem diese Ansicht vertreten wird, hängt zu einem Theile damit zusammen, dass man eigentlich die Erfahrungssätze meinte, — und die „notorische Thatsache", dass Wasser den Berg herabfliesst, braucht allerdings nie und nimmer behauptet zu werden.[2]) Zum anderen Theile gründet er sich auf den im geltenden Rechte jedenfalls nicht anerkannten Gedanken, dass der Richter überhaupt sein Wissen von Thatsachen, auch von nicht

---

1) Von Canstein S. 302 f. glaubt, dass allein die auf Gewissheit beruhende Notorietät den Beweis ausschliesse, die „nur" auf Ueberzeugung beruhende dagegen nicht, weil hier die Thatsache auch falsch sein könne. Diese Ansicht darf nach den früheren Ausführungen S. 28 f. und S. 145 f. wohl auf sich beruhen bleiben.

2) Kohler, Prozess als Rechtsverhältniss S. 26; Trutter, bona fides S. 141 u. A. m.

offenkundigen, frei in den Prozess einführen dürfe.[3]) Aber auch sonst hat diese Meinung ebenso überzeugte und beredte Vertreter[4]) als entschiedene Gegner[5]) gefunden, und die Letzteren nicht nur unter den gemeinrechtlichen Schriftstellern, die jeder Regung des Menschen im Richter grundsätzlich abhold waren.[6])

Die Gründe, welche man für und gegen eine allgemeine Bejahung oder Verneinung der Frage vorgebracht hat, meinen Lesern vorzuführen, lohnt nicht mehr der Mühe, nachdem sich bereits oben S. 89 gezeigt hat, dass die Forderung der Parteibehauptung auch bei den nicht offenkundigen Thatsachen keine ausnahmslose ist. Wie so oft, haben beide Theile Recht und Unrecht.[7])

Die rechtserzeugenden Thatsachen selbst muss nämlich die Partei unbedingt behaupten, auch wenn sie offenkundig sind, denn es ist an ihr, zu erklären oder zu zeigen, ob sie ihre rechtliche Wirkung in Anspruch nehmen will. Mag der Ablauf der Verjährungsfrist als blosses Datum noch so offenkundig sein[8]), mag der Richter eben erst gehört haben, dass das Haus niedergebrannt sei, zu dessen Einräumung der Beklagte verurtheilt werden soll, — er kann die Parteien darauf hinweisen und ihnen die Behauptung solcher Thatsachen nahe legen, aber nicht mehr. Man denke nur an den Beklagten, der es nicht für anständig hält von einer kurzen Verjährungsfrist Gebrauch zu machen, oder an das Versäumnissverfahren gegen den Beklagten, um sofort zu erkennen, dass es nicht Aufgabe des Richters ist, Rechtsbehelfe einzuführen.

Anders wenn die Thatsache Indiz für eine von der Partei behauptete Thatsache oder Hilfsthatsache der Beweiswürdigung ist. Hier hat der Richter auch sonst die nicht behauptete Thatsache, wenn er aus der Beweisaufnahme die Ueberzeugung von ihrer Wahrheit

---

3) So z. B. Schneider, Ermittlung des Sachverhaltes, S. 111 f.

4) Sydow in Ztschr. f. C.Pr. Bd. 2 S. 481, von Canstein ebenda S. 354 (mit Unterscheidung der auf „Gewissheit“ beruhenden), Planck Bd. 1 S. 435, 447, Fitting S. 368 und jetzt bes. Pollak, Gerichtl. Geständniss, S. 29, 54, 98 ff.

5) Struckmann-Koch, Gaupp und die meisten anderen Commentare zu § 264, Langenbeck, Ztschr. S. 492, Wach, Vorträge S. 156, Stein, Urkundenprozess S. 133 u. A. m. Das RG. I. C. S. 29. I. 87 Civils. Bd. 19 S. 210 hat die Frage offen gelassen.

6) Vgl. statt Aller Wetzell S. 187 Anm. 46 und dort Angef.

7) Zum Folgenden vgl. Trutter, bona fides a. O., der freilich im Einzelnen vielfach irrt.

8) Stein a. O.

gewonnen hat, seinem Urtheil zu Grunde zu legen. Da nun die Wirkung der Offenkundigkeit vollständig mit derjenigen der aus dem Beweise gezogenen Ueberzeugung gleichwerthig ist, so ergiebt sich zunächst die Berechtigung das offenkundige Indiz oder die offenkundige Hilfsthatsache ohne Behauptung zu berücksichtigen. Hat die Partei einmal behauptet ihre Fähre sei durch die Eröffnung der Brücke werthlos geworden[9]), so sind alle offenkundigen Thatsachen, welche mit dieser Eröffnung in Verbindung stehen, Prozessstoff, und wenn der Zeuge seine Zeitbestimmung „acht Tage vor dem Jahrmarkt" ausspricht, so braucht die Partei weder zu wissen noch zu sagen, dass der Jahrmarkt am 1. April war. Aus dem gleichen Grunde ist die gerichtskundige Thatsache der wiederholten Auspfändung ohne besondere Parteibehauptung Indiz im Anfechtungsprozesse und ist der gerichtskundige Landstreicher unglaubwürdiger Zeuge, auch wenn die Partei seine Eigenschaft gar nicht kannte.

Aber noch einen Schritt weiter geht die Verwerthung. Es ist oben S. 93 erwähnt worden, dass bei den von Amts wegen zu berücksichtigenden Punkten das Gericht seine Bedenken geltend zu machen hat, um die Parteien zum Beweise der gesetzlichen Voraussetzungen zu veranlassen. Sind die Letzteren nun aber bei dem Gericht offenkundig[10]), so ist das nicht nöthig, denn dann hat ja das Gericht in der That kein Bedenken darüber, ob sie vorliegen.[11]) Hat also der Richter selbst den Vormund bestellt, den Gesellschaftsvorstand als solchen eingetragen, so wird die Frage der gesetzlichen Vertretung gar nicht erst aufgeworfen.

Dass schliesslich in den Ausnahmefällen der § 581, 597 und in denen der § 260 („aller Umstände"), 143 Abs. 2, vielleicht auch § 302, wo das Gericht ein Inquisitionsrecht hat, die nicht behaupteten offenkundigen Thatsachen zu berücksichtigen sind, bedarf nur der Erwähnung[12]), und ebenso kann als zweifellos gelten, dass das Gericht den Parteien seine Absicht, offenkundige Thatsachen in den vorbe-

---

9) Der Fall des RG. in Gruchot Bd. 25 S. 1018.

10) Vgl. das Beispiel in Stein und Schmidt, Aktenstücke, Civilprozess Heft 1 S. 14.

11) So hat das OLG. Marienwerder, Ztschr. f. C.Pr. Bd. 18 S. 141 den gerichtskundigen Verlust der Prozessfähigkeit eines seiner Anwälte im Versäumnissverfahren gegen den Antrag der anwesenden Partei mit vollstem Rechte verwerthet.

12) Für § 260 übereinstimmend von Wilmowski-Levy Anm. 1 zu § 264, Fitting S. 353 und RG. VI. C.S. 16. I. 92 Gruchot Bd. 36 S. 1133.

zeichneten Grenzen zu berücksichtigen, nicht erst anzukündigen braucht.[13])

Im Strafprozesse zeigt sich der vorhin gemachte Unterschied zwischen den erheblichen Thatsachen und den Indizien und Hilfsthatsachen ebenfalls als fruchtbar, er erweist den Widerspruch, der in den Entscheidungen des Reichsgerichts hervorgetreten ist, als einen nur scheinbaren.

Da es sich hier beim Fehlen einer Behauptungslast nicht um die Berechtigung zur Verwerthung, sondern nur um die Frage handelt, ob die offenkundige Thatsache zum Gegenstande der mündlichen Hauptverhandlung gemacht werden muss, so hat nach dem oben S. 94 Ausgeführten der zweite Strafsenat[14]) vollkommen Recht, wenn er verlangt, dass jede die Existenz der Strafthat bedingende („erhebliche") offenkundige Thatsache Gegenstand der Verhandlung gewesen sein muss, wobei freilich vorläufig offen bleibe, ob das Gericht auch die Offenkundigkeit als Eigenschaft der Thatsache selbst zur Sprache bringen muss[15]), und mit Recht hat sich ihm der vierte Senat angeschlossen.[16]) Aber derselbe zweite Senat[17]) hatte in der Sache, wenn auch nicht in der Begründung, ebenso Recht, als er die Verhandlung über die offenkundige Thatsache in einem Falle für unnöthig erklärte, wo das erste Gericht die Kenntniss des Angeklagten von der Unrechtmässigkeit seiner Gebührenerhebung u. A. „aus seiner gerichtsnotorischen Eigenschaft als geschickter und wohlunterrichteter Rechtsanwalt" folgerte. Der entscheidende Grund ist, dass derartige Indizien nie selbständig zur Verhandlung gestellt zu werden brauchen; es genügt immer, auch bei nicht-offenkundigen, dass dem Angeklagten Gelegenheit gegeben war sich gegen den Vorwurf „wissentlicher" Gebührenüberhebung zu vertheidigen, gleichviel woraus das Gericht diese Wissentlichkeit ableitet.

---

13) RG. a. O., Pollak a. O. S. 95, Planck a. O.

14) Urtheil v. 15. XI. 87 Strafs. Bd. 16 S. 328 unten.

15) Diese beiden Fragen verwechselt sowohl das RG. als der Anonymus im Gerichtssaal Bd. 43 S. 303, 305 f.

16) Urtheile vom 4. XII. 91, 5. I. 92 Goltd. Arch. Bd. 39 S. 342 f. Hier ist der Gegensatz der vorigen Note richtig aufgestellt, aber, wie sich zeigen wird, nicht richtig entschieden. Vgl. auch Ditzen, Ztschr. f. Str.W. Bd. 10 S. 151.

17) Urtheil vom 5. X. 86 Rechtspr. Bd. 8 S. 593. Die Entscheidung verwechselt wie vorher die Verhandlung der Thatsache und die über ihre Offenkundigkeit und gelangt dadurch zu recht bedenklichen allgemeinen Sätzen, über die weiter unten zu sprechen sein wird.

Im Civilprozess ist ferner streitig, ob die Offenkundigkeit auch von dem zweiten Satze der Verhandlungsmaxime ausgenommen sei, dass zugestandene Thatsachen des Beweises nicht bedürfen. Man fragt, ob das Geständniss der Offenkundigkeit vorgehe oder umgekehrt. Auf die grosse Rolle, welche in dieser Erörterung die Verwechselung der offenkundigen und der unmöglichen Thatsachen gespielt hat, ist schon früher hingewiesen. Es kann aber aus der Behandlung der Einen nicht ohne Weiteres auf die der Anderen geschlossen werden. Hier handelt es sich um Thatsachen, und zwar gleichmässig um „erhebliche" wie um Indizien und Hilfsthatsachen, wobei die offenkundigen Indizien, welche eine andere Thatsache zur unmöglichen stempeln (vgl. oben S. 150), praktisch wohl die grösste Rolle spielen. Die Streitfrage ist natürlich mit Entrüstungsphrasen nicht zu lösen, denn ein Geständniss, dass Amerika nicht entdeckt sei, kommt nicht vor. Es handelt sich dabei um sehr alltägliche Dinge, wie etwa den Zeitpunkt des letzten Jahrmarktes, den der Kläger irrthümlich auf den 10. statt auf den 20. verlegt, ohne dass der Beklagte es bestreitet.

Die bisher übliche Fragestellung scheint nun nicht zu berücksichtigen, dass vom Standpunkte der Thatsachenfeststellung und der Nothwendigkeit des Beweises aus das Geständniss nur ein besonderer Fall des Unbestrittenseins ist. Die drei §§ 129, 261 und 296 stimmen darin völlig überein, dass sie für gewisse Thatsachen die Behauptung genügen lassen, den Beweis ersparen wollen. Ob die Partei deutlich erklärt hat, dass sie (§ 261) die Thatsache gegen sich gelten lassen will, oder ob sie sie um ihrer Unthätigkeit willen (§ 129, 296) gegen sich gelten lassen muss, immer giebt ihr Verhalten dem Gericht den Anlass die Alternative: Beweis oder nicht, verneinend zu entscheiden. Daraus folgt, dass dieses Verhalten ohne jede Bedeutung sein muss, wo diese Alternative überhaupt nicht auftauchen kann, weil bereits vor dem entscheidenden Verhalten der Partei die richterliche Wahrheitsüberzeugung vorhanden war. Im letzten Ende spitzt sich also die Frage darauf zu: hat der Richter zuerst zu fragen, ob die Thatsache bestritten ist, und dann, ob sie etwa trotz ihrer Bestrittenheit doch des Beweises nicht bedarf, oder hat er erst zu fragen, ob die Thatsache des Beweises überhaupt bedarf, und dann erst, ob sie im vorliegenden Falle bestritten ist.[18])

Die Entscheidung kann m. E. nur im Sinne der letzten Auf-

18) Diese Zuspitzung des Gegensatzes tritt besonders bei Stein, Urkundenprozess S. 133 f., 236 einerseits und bei Gaupp Bd. 1 S. 531, 537 andererseits hervor.

fassung ausfallen, weil es ganz unzweifelhaft ist, dass immer erst die Erheblichkeit der Thatsache und nur eventuell ihre Bestrittenheit und ihr Beweis in Betracht kommt. Wie aber in diesem Falle die Bestreitung oder das anderweite Verhalten bedeutungslos bleibt, weil es auf den Beweis der Thatsache nicht ankommt, so muss dies in noch höherem Maasse dann der Fall sein, wenn dieser Beweis der Offenkundigkeit wegen nie zugelassen werden dürfte.

Ich verbleibe deshalb bei der Ansicht, dass im contradictorischen wie im Versäumnissverfahren die Offenkundigkeit einer Thatsache das wirkliche oder fingirte Geständniss derselben ausschliesst. Den Gegnern aber möchte ich die Frage vorlegen, ob sie im Versäumnisstermine vom 20. März das irrthümliche „thatsächliche mündliche Vorbringen", die am ersten April zu zahlende Miethe des ersten Quartals sei bereits fällig, als zugestanden annehmen würden.[19])

Noch weniger giebt es naturgemäss ein Geständniss oder im Bestreitungsfalle einen Beweis darüber, dass die Thatsache „bei dem Gericht offenkundig sei." Den erkennenden Richtern kann ihr eigener Seelenvorgang natürlich nicht bewiesen werden, und insofern ist es richtig, wenn oft behauptet wird, es gebe keinen Beweis der Offenkundigkeit und keine Verhandlung darüber, ob sie bestehe.[20])

Aber in anderem Sinne ist ein Beweis der Offenkundigkeit dennoch möglich. Sofern nämlich die Partei behauptet, dass eine Thatsache, welche das Gericht nicht kennt, die also nicht nach § 264 vom Beweise befreit ist, draussen im Leben allgemeinkundig sei, wird der Beweis dieser Offenkundigkeit ein starker Beweisgrund für ihre Wahrheit sein. Es wird dann ein echter Indizienbeweis geführt, dessen Schlüssigkeit auf dem Erfahrungssatz beruht, dass allgemeinkundige Thatsachen gewöhnlich wahr sind.[21]) Es wird sehr oft der

19) Diese Gegner sind bes. Gaupp a. O., Hellmann S. 297, von Wilmowski-Levy Anm. 1 zu § 264, Seuffert Anm. 3a zu § 261, Weismann, Hauptintervention S. 128 Anm. 8 g. E., Langenbeck Ztschr. S. 493. Vgl. auch RG. II. C.S. 9. XI. 86 Civils. Bd. 17 S. 329: der 20. September, der letzte Tag der Frist, fiel auf einen Sonntag, „wie auch von der Beklagten als richtig anerkannt ist". Man stelle sich das Entsetzen vor, wenn dieses „Anerkenntniss" nicht erfolgt wäre. Wie hier Planck Bd. 1 S. 447, Kohler bei Gruchot Bd. 31 S. 3 und Prozess als Rechtsverhältniss S. 28, von Canstein S. 304, Trutter, Prozessualische Rechtsgeschäfte S. 368, 371 und Pollak S. 88 f.

20) So die Meisten. Wetzell S. 186 Anm. 45, Planck a. O., Gaupp, Struckmann-Koch, Seuffert zu § 264, von Kries S. 340, RG. II. Str.S. 5. X. 86 Rechtspr. Bd. 8 S. 593, II. C.S. 31. III. 85 Civils. Bd. 13 S. 372. Unklar Ullmann S. 331.

21) Vgl. dazu Langenbeck, Beweisführung S. 164 f., Ztschr. S. 493,

Partei schwer sein Zeugen zu ermitteln, die aus eigenem Wissen das Ereigniss kennen, während solche, die bezeugen können, „dass es bei uns zu Hause jedes Kind weiss", leicht zu haben sind. Praktisch kommt die Sache am Häufigsten so vor, dass der letzte Jahrmarkt oder das Datum der letzten Pfingsten festzustellen ist: kein Richter wird Etwas Anderes thun als in den Kalender blicken, der ihm zwar keinen urkundlichen Beweis der Thatsache selbst, wohl aber die beruhigende und vollkommen genügende Ueberzeugung gewährt, dass der 20. Mai als dieses Datum allgemeinverbreitet und deshalb offenkundig ist.[22]) Ja, bei geschichtlichen Thatsachen, die der Gegenwart fremd geworden sind, wird fast nie ein anderer Beweis zu erbringen sein als der ihrer Allgemeinkundigkeit in früherer Zeit.[23])

Aber darf denn der Civilrichter in den Kalender sehen, den er selbst in der Tasche trägt? Muss er denn nicht „auf Grund der Verhandlungsmaxime" abwarten, dass die Partei ihm ihren Kalender als Urkunde vorlegt? Und wie nun, wenn der Richter gar vor der Verhandlung den Schriftsatz gelesen und — horrendum dictu — zu Hause als Privatmann in seine private Tasche gegriffen und sich aus seinem privaten Kalender informirt hat? Oder wenn der eben an den Ort versetzte Amtsrichter nach solcher Lectüre einen Freund fragt, ob wirklich die Eisenbahn erst vor anderthalb Jahren eröffnet sei? Oder wenn er — noch schlimmer fast — am Tage vor dem Termin seinen Spaziergang nach dem Hause des Beklagten gerichtet und sich dessen Lage genau, aber freilich mit ganz privaten Augen, angesehen hat? Solche Information wäre denn doch wohl eine unzulässige Art, sich die Kenntniss erheblicher Thatsachen zu verschaffen?

Die Frage müsste von Allen denen bejaht werden, welche glauben, der Richter besitze die Kenntniss allgemeinkundiger Thatsachen als Richter und nicht als Privatmann.[24]) Ich vermuthe aber, dass eine solche Bejahung unseren Praktikern mit vollem Rechte sehr — „theoretisch" vorkommen würde. Wissenschaftlich ausge-

Keyssner in Ztschr. f. Handelsrecht Bd. 25 S. 488 Anm. 144, von Wilmowski-Levy Anm. 1 zu § 264. Sehr unglücklich in der Begründung von Canstein a. O. Die Franzosen lassen diese preuve par commune renommée nur in bestimmten Ausnahmefällen zu. Garsonnet t. II p. 548.

22) So schon Schaper S. 183.

23) Wer das nicht annehmen will, gelangt zu dem Standpunkte von Martin (oben S. 151 Anm. 2).

24) Vgl. oben S. 155 Anm. 11.

drückt folgt diese Befugniss des Gerichts[25]) daraus, dass die Quelle seines Wissens, wenn es nur genügende Sicherheit hat, ganz gleichgiltig ist (oben S. 148, 155). So gut der Richter die Ergebnisse seiner Zeitungslectüre verwerthet, so gut kann er die seiner Unterhaltung mit Freunden oder seines Umschauens beim Spaziergange verwerthen. Ja, wenn er sich eigens zum Zwecke der Information erkundigt hat, wird er sogar ein viel zuverlässigeres Wissen haben, — immer vorausgesetzt, dass es sich um allgemeinkundige Thatsachen handelt.

Solche Information kann sich schliesslich auch in der mündlichen Verhandlung vollziehen. Es ist zufällig kein Kalender da, oder der Jahrmarkt steht nicht drin. Soll deshalb vertagt werden? Die Praxis hilft sich hier in einer Weise, die zwar nicht ganz „salonfähig" ist, gegen die aber nur die ärgste Pedanterie Etwas einwenden wird. Man wendet sich an den protokollirenden Referendar oder an den Collegen im Nebenzimmer, im Nothfalle ruft man den Gerichtsdiener herein und fragt: Wissen Sie noch, wann der letzte Jahrmarkt war? Und wenn einer von ihnen antwortet: am 10. März, so fährt das Gericht, sofern Niemand diese Angabe bestreitet, in seiner Verhandlung fort und stellt das Datum als bei dem Gericht offenkundig im Urtheil fest. Honni soit qui mal y pense. Die Wissensquelle ist ja unerheblich.[26])

Dagegen halte ich das gleiche Verfahren bei nur gerichtskundigen Thatsachen für unstatthaft. Durch privates Aktenstudium sich Kenntnisse gerichtlicher Vorgänge zu verschaffen, muss unbedingt als unzulässig gelten, wenn es sich um die Akten anderer Richter handelt, denn diese sind nicht gerichtskundig, und höchstens, soweit die eigenen Handlungen in Frage stehen, könnte man diese Auffrischung des Gedächtnisses gelten lassen, wofür der ähnliche Fall des § 252 St.P.O. ein Argument bildet.

Unter keinen Umständen aber besteht für den Civilrichter eine Pflicht zu solcher Information. Denn offenkundig ist, was er weiss, nicht was er wissen sollte, und die Furcht, sich vor den Parteien blosszustellen, etwa durch Unkenntniss geographischer Thatsachen, übt einen thatsächlichen, keinen rechtlichen Druck aus. Er kann sich also z. B. der Mittel der §§ 133 ff. C.P.O. auch zur Erforschung offen-

---

25) Dafür scheinbar auch Gaupp Anm. II zu § 264 und natürlich alle die, welche eine Pflicht zur Kenntniss notorischer Thatsachen annehmen. S. oben S. 152 Anm. 6. Ausdrücklich erwähnen das Recht solcher privater Erkundigung die Angloamerikaner, z. B. Greenleaf t. I p. 13.

26) A. M. von Kries S. 340.

kundiger Thatsachen bedienen, aber er muss es nicht. Der Strafrichter dagegen hat hier wie sonst eine unbedingte Inquisitionspflicht.

Es bedarf sodann noch die Frage der Erörterung: Giebt es einen Gegenbeweis gegen die Offenkundigkeit?

Da auch bei der offenkundigen Thatsache nicht mehr und Nichts Anderes vorhanden ist, als die Ueberzeugung des Gerichts, da die Erfahrung doch ebenso den Zusammenbruch geschichtlicher wie zeitgeschichtlicher Legenden gezeigt hat, und da auch bei der spezifischen Gerichtskundigkeit Irrthümer, Verwechslungen u. s. w. nie ganz auszuschliessen sind, so wäre die Verneinung[27]) eine Verkennung der Fehlbarkeit des menschlichen Wissens, über die oben S. 28 f. gehandelt ist. Freilich wird es auch hier — genau wie bei den bewiesenen Thatsachen (oben S. 100) — Fälle geben, wo das Gericht seine Ueberzeugung für so absolut fest und unerschütterlich hält, dass es eine Umstossung derselben durch Beweisaufnahme für einfach unmöglich erklärt. Dann darf — wieder in denselben Grenzen wie bei den bewiesenen Thatsachen — der Gegenbeweis abgelehnt werden.[28]) So lange diese Grenze aber nicht erreicht ist, wird das Gericht allen Grund haben, seine Annahme der Offenkundigkeit den Parteien vorzulegen, um ihnen den möglichen Gegenbeweis nicht abzuschneiden.[29])

Für die Berufungsinstanz ist die Natur als zweite Sachverhandlung auch bei den offenkundigen Thatsachen durchschlagend. Das Gericht steht zu ihnen wie ein solches erster Instanz. Nur wird es hier sehr oft vorkommen, dass die erste Instanz eine Thatsache als allgemein- oder als gerichtskundig festgestellt hat, welche beim Berufungsgericht nicht offenkundig ist. Alsdann wird diese Feststellung regelmässig ein Indiz von allergrösster Bedeutung für das Obergericht sein, ohne doch dasselbe zu binden oder etwa die Thatsache bei ihm offenkundig zu machen.[30]) Unbedenklich darf das Obergericht die Thatsache so lange als erwiesen ansehen, als nicht

---

27) Scheinbar angenommen von RG. I. C.S. 22. IX. 80 Civils. Bd. 2 S. 385, entschieden von RG. IV. Str.S. Goltd. Arch. Bd. 39 S. 342f. — Dagegen Trutter, Proz. Rechtsgeschäfte S. 368, bona fides S. 152.

28) Sehr leichten Herzens billigt eine solche Ablehnung RG. I. C.S. a. O.

29) A. M. die Erkenntnisse des vierten Strafsenates a. O. S. 342 f.

30) So bes. Planck Bd. 1 S. 447, Langenbeck Ztschr. S. 494 f., von Wilmowski-Levy Anm. 1 zu § 264, RG. IV. C.S. 17. I. 81 Gruchot Bd. 25 S. 1018 und in einem Falle, wo es sich in Wirklichkeit um einen Erfahrungssatz (Handelsgebrauch) handelte, I. C.S. (Anm. 27).

der Gegenbeweis unternommen ist. Es bleibt ihm aber unbenommen, geeigneten Falles nicht nur sein besseres Wissen an die Stelle der früheren Feststellung zu setzen, sondern auch die Offenkundigkeit, als für das Berufungsgericht nicht überzeugend, zu leugnen und den Beweis zu verlangen.

In der Revisionsinstanz dagegen ist die Behandlung der offenkundigen Thatsachen in jedem Punkte derjenigen der Erfahrungssätze vollkommen entgegengesetzt, und hier kann die Trennung Beider die besten Früchte tragen. Die Annahme der Offenkundigkeit in der vorigen Instanz hat stets nur das Ergebniss, dass eine Thatsache anstatt auf Grund des Beweises auf Grund der Offenkundigkeit als wahr festgestellt ist. Diese Feststellung aber bindet das Revisionsgericht genau ebenso wie ein Beweisergebniss, denn die Gesetzesvorschriften, welche die Nachprüfung der Thatsachenfeststellung verbieten (oben S. 109 f.), fragen nicht, wie, sondern ob die Thatsache festgestellt ist.[31]) Soweit also nicht der Begriff der Offenkundigkeit verkannt worden ist, indem z. B. Thatsachen als gerichtskundig angenommen sind, die in Wahrheit im Wege des Urkundenbeweises festgestellt wurden[32]), oder soweit nicht bei der Behandlung offenkundiger Thatsachen die Verfahrenssätze, die in diesem Paragraphen dargestellt sind, z. B. über die Nothwendigkeit die offenkundige Thatsache zur Sprache zu bringen[33]), verletzt sind, ist das Revisionsgericht machtlos. Wenn die Offenkundigkeit ihren Dienst geleistet hat, so ist die durch sie festgestellte Thatsache von anderen Ihresgleichen in Nichts mehr verschieden. Ob sie wahr ist oder nicht, hat das Revisionsgericht hier wie sonst nicht zu prüfen.

Es ist dafür auch ohne jeden Belang, wo und zu welcher Zeit die Offenkundigkeit besteht, ob die Thatsache im ganzen Reiche allgemeinbekannt ist oder nur im kleinsten Bezirk. Wenn das Reichsgericht hier gelegentlich die Analogie des § 511 C.P.O. angewendet hat, so geschah dies bei einem in üblicher Verkennung als notorische Thatsache angesehenen allgemeinen Erfahrungssatz und war ein

---

31) Uebereinstimmend von Wilmowski-Levy Anm. 1 zu § 264, Fitting S. 569. A. M. der Anonymus im Gerichtssaal Bd. 43 S. 304 und Wach, Dtsche Ztschr. für Kirchenrecht Bd. 2 S. 186 f., dessen Widerspruch jedoch in Wirklichkeit auf die Erfahrungssätze Bezug hat.

32) So z. B. in RG. II. C. S. 31. III. 85 Civils. Bd. 13 S. 369 f.

33) So z. B. in RG. II. Str. S. 15. XI. 87 Strafs. Bd. 16 S. 327 und oft (oben Anm. 15 f.).

Verzweiflungsmittel, um die wohlberechtigte Subsumtion zu rechtfertigen.[34])

Soweit dagegen das Reichsgericht in Bezug auf prozessuale Vorgänge überhaupt thatsächliche Feststellungen zu treffen hat (oben S. 104), handhabt es die Offenkundigkeit in jeder Beziehung wie ein Gericht erster Instanz.[35])

---

34) RG. IV. C.S. 10. III. 87 Civils. Bd. 17 S. 271 (vgl. oben S. 27 f.). Leider ist Gaupp Anm. II a. E. zu § 264 dem RG. darin gefolgt, indem er den Satz auf wirkliche offenkundige Thatsachen überträgt.

35) So RG. II. Str.S. 13. V. 81 und 3. II. 82 Strafs. Bd. 4 S. 173 und Rspr. Bd. 4 S. 120.

§ 12. D. Die Rechtssätze.

Neben den Thatsachen, den allgemeinen und besonderen, können auch die Rechtssätze den Gegenstand des Beweises bilden. Wie in Bezug auf sie die Stoffsammlung und Feststellung zu erfolgen hat, bestimmt das Prozessgesetz, auch hier natürlich nach praktischen Gesichtspunkten, nicht unter dem Zwange von Maximen oder Prinzipien.[1])

Das zunächst Entscheidende wird sein, welches Menschenmaterial auf der Richterbank sitzt, ob Laien oder Rechtsgelehrte. In Rom war bekanntlich weder der Prätor noch der Geschworene Jurist, und ebensowenig waren es im deutschen Dinge Richter oder Schöffen. Die Parteien standen also Leuten gegenüber, denen sie auch in Bezug auf die Kenntniss des Rechts ebenbürtig waren. Wie nun der Einzug des beamteten Richters seinen Einfluss auf das Beweisrecht üben musste, so musste der des gelehrten Richterthums eine grundstürzende Umwälzung in Bezug auf die Herbeischaffung des Rechtsstoffes verursachen. Ganz nothgedrungen musste jetzt die Arbeitstheilung eintreten: narra mihi factum, narro tibi ius. — Es ist hier nicht der Ort diese Aenderung zu verfolgen, die leider von der Wissenschaft noch lange nicht genug beherzigt und in ihren Folgesätzen durchgeführt ist. Um nur Ein Beispiel anzuführen: die sog. Individualisirungstheorie im Civilprozesse, welche dingliche Klagen nach römischem Muster ohne Angabe des Erwerbsgrundes zulassen will, scheitert m. E. unrettbar an ihrem inneren Widerspruch mit der geschichtlichen Entwicklung. Denn sie macht die Klage zu einer Rechtsbehauptung und die sonst schlechthin gleichgiltige juristische Auffassung der Partei zu einem prozessgestaltenden Momente, sei es auch nur insoweit, dass die Aenderung der in der Klagschrift aufgestellten juristischen Beurtheilung Klagänderung (§ 235 Nr. 3) sein müsste. Wie sich aber unser geltendes Recht dazu verhält, zeigt § 526 C.P.O.

---

1) Wenig klar darüber Pollak S. 84 f.

In der dritten Instanz, wo doch sicher jede Klagänderung noch mehr als in den früheren verboten ist, darf das Revisionsgericht ohne Weiteres den bisherigen rechtlichen Gesichtspunkt durch einen anderen ersetzen, z. B. die als Eigenthumsklage angestrengte Klage als publicianische aufrecht erhalten. Der neue juristische Obersatz bewirkt also keine Klagänderung. Doch — die weitere Ausführung dieses Gesichtpunktes bleibe einer anderen Gelegenheit vorbehalten; es bestätigt sich auch hier die Erfahrung, welche wir erst vor wenigen Jahren in Bezug auf das Versäumnissverfahren gemacht haben, dass selbst die gewaltigsten Veränderungen im Prozesse sich Jahrhunderte lang dem Auge der Forschung entziehen können.[2])

In jedem Falle darf vom Standpunkte des geltenden Rechts aus als sicher gelten, dass die Beschaffung der Rechtssätze specifische Richteraufgabe ist, dass die Rechtskunde der Parteien ihm darin erfreuliche und erwünschte (§ 128 C. P. O., § 198 St. P. O.) Unterstützung gewähren, aber nie das Gericht binden kann.

Insbesondere hat im Civilprozesse die Verhandlungsmaxime — allermindestens nach geltendem Recht — keinen Bezug mehr auf die Rechtssätze[3]), und wenn sich in einer Ecke des § 265 C. P. O. noch ein verschämter Ueberrest der überwundenen Auffassung früherer Zeiten findet, die dem Richter erlaubte auch in diesem Punkte die Verantwortung auf die Parteien abzuwälzen, so ist die kräftige und vom Reichsgericht mit dankenswerther Entschiedenheit geförderte Strömung, welche eine tiefere Erfassung des officium iudicis bei der Stoffsammlung verlangt, eben an der Arbeit auch diesen Rest fortzuschwemmen.[4])

Die anzuwendenden Rechtssätze können nun sowohl gesetztes als ungesetztes Recht sein, inländisches und ausländisches, gemeines,

---

2) Kleinfeller, Die geschichtl. Entwicklung des Thatsacheneides, betont mehrfach, z. B. S. 187 f., 236 f., 279 f., dass der Rechtseid dem Thatsacheneid wich, weil der Eid Beweismittel wurde. Weismann, Ztsch. f. C.Pr. Bd. 18 S. 282 hat mit Recht dagegen eingewandt, dass der Hergang gerade umgekehrt war. Der wirkliche Grund ist aber auch ihm entgangen: der Eid wurde auf Thatsachen gestellt, sobald das gelehrte Richterthum die Subsumtion der Thatsachen unter den Rechtssatz, das juristische Urtheil (oben S. 13), als seine Aufgabe in Anspruch nahm.

3) A. M. von Lebenden wohl nur Gross Bd. 1 S. 59, sowie Langenbeck, Beweisführung S. 51 f.

4) Ein anderer Rest der Art war bis 1879 die jetzt beseitigte Bindung des Gerichts an die Parteirüge bei Nichtigkeitsbeschwerden (oben S. 108 Anm. 20).

partikuläres oder locales, staatliches Recht und Recht selbständiger Körperschaften im Staate, welche Autonomie besitzen, sog. Statuten[5]); sie können, wie regelmässig, hypothetische Form haben, d. h. Thatbestände aufstellen und deren Rechtsfolgen bestimmen, oder aber thetisch sein, d. h. von sich aus die concrete Rechtsfolge setzen, wie z. B. die Gesetze über Errichtung der einzelnen Land- und Amtsgerichte.[6]) Innerhalb des Gesetzesrechtes endlich können staatsrechtliche Verschiedenheiten zwischen Gesetz und Verordnung bestehen, die indessen für den Prozess ohne Bedeutung sind. § 12 E.G. z. C.P.O., § 7 E.G. z. St.P.O.

Lediglich ein besonderer Fall der Feststellung, wenngleich nicht der Anwendung, ausländischen Gewohnheitsrechtes ist die der verbürgten Gegenseitigkeit in § 661 Nr. 5 C.P.O., § 102 f. St.G.B. dann, wenn nicht aus Staatsverträgen oder Gesetzen des fremden Staates, sondern aus der thatsächlichen Uebung seiner Gerichte auf jenes Erforderniss geschlossen werden soll. Denn die Uebung allein genügt nicht, wenngleich sie, wie bei jedem Gewohnheitsrecht, unerlässlich ist, sondern es ist weiter nöthig, dass sie von der Ueberzeugung der rechtlichen Nothwendigkeit getragen wird, weil andernfalls die Gegenseitigkeit zwar bestände, aber nicht verbürgt wäre. Es handelt sich also bei dieser Feststellung ebenfalls um die eines Rechtssatzes, nicht um die einer Thatsache.[7])

Bezüglich des inländischen Gesetzesrechts besteht nun für den Civilrichter eine absolute, durch Nichts eingeschränkte Wissenspflicht über Dasein und Inhalt, soweit Reichsrecht und das Recht seines Bundesstaates[8]) in Frage kommen. Das ergiebt sich, wie

5) So auch von Wilmowski-Levy und Gaupp zu § 265, Dernburg, Preuss. Priv.R. Bd. 1 § 22 Anm. 11. Befremdlich ist die Auffassung von RG. III. C.S. 25. III. 88 Civils. Bd. 21 S. 175 f., welches das Lüneburger Stadtrecht, ein staatliches Gesetzesrecht von lediglich local beschränktem Umfange, als Statut im Sinne des § 265 C.P.O. ansieht.

6) Noch weiter geht, gefolgt vom ganzen Schwarm der Commentare, RG. III. C.S. 24. IX. 80 Civils. Bd. 2 S. 65: alle Behördeneinrichtungen sind Theile des (objectiven) öffentlichen Rechts. Das ist nicht unbedenklich.

7) In Allem übereinstimmend Wach, Handbuch Bd. 1 S. 238, ferner RG. III. Str.S. 2. VII. 81 Rechtspr. Bd. 3 S. 459 f. („zugleich“ Rechtsfrage) und, wie sich aus seinem Verhalten ergiebt, I. C.S. 29. I. 83 Civils. Bd. 8 S. 390. A. M. („kein geltendes Recht“) II. C.S. 7. III. 82 Civils. Bd. 6 S. 374. Vgl. noch unten Anm. 46.

8) Selbstverständlich ohne Rücksicht darauf, ob es in seinem Bezirk gilt. Das Reichsgericht hat diese Pflicht bezüglich des gesammten deutschen Rechtes. Vgl. auch ROHG. Bd. 10 S. 229.

allseitig anerkannt ist, a potiori aus § 265, und findet, da man Niemandem befehlen kann zu wissen (oben S. 152), seinen praktischen Ausdruck darin, dass der Richter in jedem Prozesse, wo er irgend welchen Zweifel hat, seine Gesetzsammlung bis in die ältesten Zeiten zurück durchforschen muss, ob er einen auf seinen Fall zutreffenden geltenden Rechtssatz findet.

Bezüglich alles übrigen inländischen und des gesammten ausländischen Rechts ist dagegen zunächst nur das Recht zur Verwerthung der eigenen Kenntniss, also des privaten Wissens, ausgesprochen. Des privaten Wissens, denn seinem ehrwürdigen Alter und seiner allgemeinen Verbreitung zum Trotz ist es ein irriger Glaube, dass der Richter kraft seines Amtes wisse, was er vom Rechte weiss. Es ist zwar kein Zweifel, dass das richterliche Amt seinen Träger dazu zwingt, sich Rechtskunde zu erwerben, und dass unsere Richter den grössten Theil ihrer Rechtskenntniss erst in oder aus Anlass ihrer praktischen Thätigkeit erlangen. Aber darauf kommt es nicht an. Auch das, was sie als Studenten und als Referendare gelernt haben, was ihre Lectüre in Mussestunden, was die gemüthliche Unterhaltung mit Fachgenossen oder die wissenschaftliche Beschäftigung mit juristischen Fragen ihnen an Kenntniss von Rechtssätzen gebracht hat, ist „dem Gericht bekannt", wenn der Einzelrichter oder die Mehrheit des Collegiums es weiss. Die engherzige Idee, dass, was der Richter zufällig von ausländischem Rechte wisse, als seine „Privatnotiz" unverwerthbar sei[9]), hat glücklicher Weise in der C.P.O. keine Stätte gefunden. Die Wissensquelle ist auch hier schlechthin unerheblich.

Der Grund dieses Satzes ist aber nicht etwa in der Notorietät der Rechtssätze zu suchen.[10]) Denn weder ist die Verwerthung eines rein zufälligen, höchst-individuellen Wissens verboten, noch kann man überhaupt notorisches und nicht-notorisches Recht unterscheiden, weil jeder Rechtssatz an sich und seiner Natur nach einer unbestimmten und unbestimmbaren Zahl von Personen bekannt und als abgezogener Satz unfähig ist, auf individueller Wahrnehmung zu beruhen (vgl. oben S. 26f.). Es könnte also nur die besondere Gerichtskundigkeit entscheidend sein, aber es ist nicht abzusehen, wie sie

---

9) Langenbeck, Beweisführung S. 91, Gross Bd. 1 S. 39.

10) So in gelegentlichen Bemerkungen Gross S. 36, 41, von Canstein S. 298, von Bar, Lehrbuch des internat. Privat- und Strafrechts S. 26, Rich. Schmidt, Klagänderung S. 178, Pollak S. 54 und ganz besonders nachdrücklich von Kries S. 336, 340 f.

auf einen Fall soll übertragen werden können, wo jedes, auch das private Wissen genügt.[11]) Es ist kein Zufall, dass in § 265 nicht von Offenkundigkeit, sondern von Bekannt-sein gesprochen wird. Trotz gleicher Wirkung fehlt also die Gleichheit des Grundes. Die Verwerthung des eignen Wissens beruht vielmehr hier auf der Arbeitstheilung des modernen Rechtes.

Kennt der Richter also das Recht, so wendet er es an, ohne die Berufung der Partei darauf abzuwarten[12]), und unter Ablehnung von Parteibeweisen, die ihn eines Besseren belehren sollen. Es ist an ihm zu entscheiden, ob seine Kenntniss sicher genug ist, um weiterer Klärung nicht mehr zu bedürfen, gleichviel übrigens, ob sie das Dasein eines Rechtssatzes oder seine Verneinung zum Gegenstande hat.[13])

Kennt er es nicht, so sollte man glauben, dass der Grund, welcher die Verwerthung der Kenntniss trägt, in logischer Weiterentwicklung zur Forschungspflicht führen müsste. Das Gewohnheitsrecht des Inlandes unterscheidet sich vom Gesetzesrecht nur hinsichtlich der Fassung, nicht durch einen geringeren Grad der Verbindlichkeit, und wenn deutsche Gerichte ausländisches Recht zur Anwendung bringen, so thun sie es kraft eines inländischen Rechtssatzes, der ihnen diese Anwendung gebietet und als lex referens die ausländische lex relata zu seinem Inhalt macht.[14])

Auch bei einer Forschungspflicht würden übrigens die Parteien immer noch ein natürliches Interesse daran haben, das Gericht bei seiner Nachforschung zu unterstützen, weil ja doch, wenn ein Rechtssatz, welcher der Partei günstig ist, nicht ermittelt werden kann, der Richter den darauf gestützten Parteiantrag ablehnen muss.[15])

---

11) Wie hier Goldschmidt a. O. S. 343. Aehnlich schon OAG. Wiesbaden Seuff. Arch. Bd. 13 S. 204. — Ich brauche nur daran zu erinnern, dass die Berufungen zu Rathsstellen beim Reichsgericht zuweilen so erfolgen, dass möglichst genaue Kenner gewisser Spezialgebiete gesucht werden.

12) ROHG. Bd. 17 S. 167.

13) Ebenso Planck Bd. 1 S. 444, Gaupp S. 538, RG. I. C. S. 18. XII. 80, 26. IX. 83 Civils. Bd. 3 S. 149f., Bd. 10 S. 170f. Vgl. auch ROHG. Bd. 10 S. 229.

14) So schon OAG. Oldenburg in Seuff. Arch. Bd. 18 Nr. 101, vgl. Pollak S. 86. Dass damit das ausländische Recht nicht bei uns „gilt", insbesondere nicht im Sinne des § 511f. C. P. O., braucht kaum betont zu werden.

15) So auch das bekannte Urtheil des ROHG. Bd. 25 S. 53ff., bes. S. 58. Vgl. Fitting S. 341f. Dass bei Nicht-Ermittlung des ausländischen Rechts, welches angewandt werden soll, das inländische anzuwenden sei, ist eine, wie mir scheint, willkürliche Behauptung, welche sich freilich auch in ROHG. Seuff. Arch. Bd. 25 Nr. 112 ausgesprochen findet.

Es bestände also auch neben der Forschungspflicht jene, wie man sie genannt hat, natürliche Beweislast, wie sie etwa im Strafprozesse dem Angeklagten hinsichtlich entlastender Umstände obliegt.

Leider hat die C. P. O. in § 265 diesen allein des modernen Richterstandes würdigen Satz nicht aufgestellt.[16]) Grundsätzlich soll die Partei die nöthigen „Nachweise" beibringen. Das Gericht kann also, mindestens dem Wortlaute nach, unthätig zusehen und abwarten, was die Partei-Initiative herausbringt. Es besteht eine rechtliche Beweislast der Parteien, keine prozessuale Forschungspflicht des Gerichts.[17])

Allein das Gericht hat neben der Partei-Thätigkeit ein unbedingtes eigenes Forschungsrecht, es ist befugt jede denkbare Ermittlung anzustellen, und im öffentlichen Rechte sind alle Befugnisse dem Inhaber nur gegeben, damit er seine Pflichten erfüllen könne. Der Richter würde aber den Beruf seines Amtes schlecht verstehen, wenn er von seinem gesetzlichen Rechte nicht Gebrauch machte, so oft er einen Erfolg davon für möglich hält. Die C. P. O. hat so deutlich die Mitverantwortung des Gerichts für die Thatsachenfeststellung aufgestellt (oben S. 88 und 96), dass sie umsomehr von den Gerichten die kräftige Unterstützung der Parteien bei der Sammlung des rechtlichen Prozessstoffes erwarten darf. Es ist nur mit Freude zu begrüssen, dass das Reichsgericht, dem Oberhandelsgericht darin folgend, nicht nur durch sein Beispiel, sondern auch durch eindringliche Betonung dieser Amtspflicht der Neigung unterer Instanzen zu der ihnen prozessualisch erlaubten Bequemlichkeit entgegengetreten ist.[18])

Die Strafprozessordnung schweigt, wie billig, gänzlich über den Beweis der Rechtssätze. Dem Gericht liegt hier schon bezüglich aller Thatsachen, unter Ausschluss jeder rechtlichen Beweislast anderer Personen, die Pflicht der Erforschung und damit die alleinige Verantwortung für die Vollständigkeit der Urtheilsgrundlage ob. Da nun obendrein auch hier die Nichtbindung an die Rechtsauffassung der Staatsanwaltschaft und sogar an die des eröffnenden Gerichts in § 153, 204, 263 wiederholt ausgesprochen

---

16) A. M. nur Pollak S. 53 f., 86 Anm. 234, 100 f., der sich Etwas darauf zu Gute thut, den Gebrauch des Wortes „befugt" für „verpflichtet" in § 265 als eine „nicht glückliche Stilisirung" erkannt zu haben.

17) So auch für § 661 Nr. 5 RG. II. C. S. 7. III. 82 Civils. Bd. 6 S. 373 f., Wach Bd. 1 S. 238. Vgl. dazu jedoch unten Anm. 46.

18) S. bes. III. C. S. 25. III. 88 Civils. Bd. 21 S. 175 ff., vgl. ROHG. Bd. 25 S. 57.

ist, so ist es fast unbegreiflich, wie man sich dem geradezu zwingenden argumentum a potiori hat entziehen können, welches die allgemeine prozessuale Forschungspflicht bezüglich aller in Betracht kommenden Rechtssätze und noch mehr natürlich die Berechtigung zur Verwerthung eigner Kenntniss ergiebt.[19]

In beiden Prozessen ist sonach dasjenige Recht, welches der Richter kennt, schlechthin von jeder Beweisaufnahme ausgeschlossen. Bezüglich desjenigen aber, welches er nicht kennt, entsteht die Frage, mit welchen Mitteln und in welchen Formen es zu beweisen ist.

Dass nun das Dasein eines Rechtssatzes in Gesetzesform an sich eine Thatsache ist, liegt auf der Hand. Er entsteht als solcher durch die ordnungsmässige Veröffentlichung eines bestimmten Wortlautes, also ein wahrnehmbares und wahrgenommenes Ereigniss der Aussenwelt[20]), welches, gleichviel ob es sich um in- oder ausländisches Recht handelt, an und für sich Gegenstand des prozessualischen, historischen Beweises durch Zeugen, Urkunden u. s. w. und ebenso eine allgemeinkundige Thatsache sein kann, bei der man den oben S. 168f. geschilderten Ersatzbeweis führen könnte.

Dagegen ist das Dasein eines Gewohnheitsrechtes keine Thatsache i. e. S., sondern ein Urtheil, welches durch Induction aus einer Mehrheit[21]) von Beobachtungsfällen gebildet ist und sich von dem rein thatsächlichen Erfahrungssatze, dass Etwas gebräuchlich oder üblich sei, nur durch die weitere Zuthat, dass es als Rechtsübung gebräuchlich sei, unterscheidet (oben S. 22f., 40). Zwischen Orts- und Handelsgebrauch einerseits und Gewohnheits-, speziell Handelsgewohnheitsrecht andererseits waltet kein Unterschied des logischen, sondern nur ein solcher des rechtlichen Charakters ob.[22]) Folgeweise gilt

---

19) Dieses — man kann es kaum anders nennen — Kunststück hat von Kries S. 335 f. fertig gebracht, indem er per arg. e contrario aus § 265 C.P.O. schliesst, dass die St.P.O. eine Wissenspflicht überhaupt nicht enthalte!! — Wie hier Stenglein, Gerichtssaal Bd. 43 S. 286, 288, freilich mit nicht unanfechtbarer Begründung.

20) So schon Wetzell S. 178, s. ferner Stein, Urkundenprozess S. 136, Schuppe bei Gruchot Bd. 30 S. 234, Fitting, Ztschr. S. 15, Stenglein a. O. S. 285, der dies übrigens, wie Wetzell, nur „in gewissem Sinne" gelten lassen will. A. M. in ganz merkwürdiger Logik RG. II. Str.S. 5. IV. 87 Rspr. Bd. 9 S. 231: Das ausländische Gesetzesrecht ist Thatsache, das inländische nicht (?).

21) Ein Fall genügt nicht. OAG. Lübeck Seuff. Arch. Bd. 13 Nr. 205.

22) So bes. Goldschmidt, Handelsrecht Bd. 1 § 35 und Stenglein a. O. S. 288 f. Vgl. RG. I. Hilfs-Senat 5. V. 82 Civils. Bd. 7 S. 235. Ueber das Er-

auch für den Beweis des Gewohnheitsrechtes, was oben S. 52 ff. für den der Erfahrungssätze ausgeführt wurde; er kann entweder durch den Beweis von Uebungsfällen geführt werden, aus denen der Richter selbst den Schluss auf das Dasein des Gewohnheitsrechtes ziehen soll[23]), oder durch Darlegung des fertigen, von Anderen gezogenen Inductionsschlusses. Es ist also gar nicht so weit ab von der Wahrheit, wenn die ältere Lehre diesen Beweis mit dem der Thatsachen gleichstellte[24]), sofern man bedenkt, dass auch die Erfahrungssätze damals als Thatsachen betrachtet wurden, und wenn man die von Manchen gezogene Folgerung auf Anwendung der Beweisformen u. dgl. dabei ausser Betracht lässt.[25])

Wird aber der blosse Satz: es besteht ein Gewohnheitsrecht bestimmten Inhaltes, zum Beweise verstellt, so sind Personen, die ihn aussagen, nicht Zeugen, denn sie bekunden nicht ihre Wahrnehmungen individueller Thatsachen, sondern Sachverständige, — gerade so und aus denselben Gründen, aus denen die Aussage über das Bestehen eines Handelsgebrauches (oben S. 54) Gutachten und nicht Zeugniss ist.[26]) Was von dem Aussagenden verlangt wird, ist die Subsumtion ihm bekannter Thatsachen unter den Rechtsbegriff des Gewohnheitsrechtes und die Mittheilung einer als Obersatz verwerthbaren Aussage. Ja, man darf sogar die Frage aufwerfen, ob einem Nichtjuristen je eine so schwierige Subsumtion überlassen werden darf.[27])

---

forderniss der Rechtsüberzeugung s. bes. RG. I. C.S. 6. XI. 80 Civils. Bd. 2 S. 182 f., IV. C.S. 8. XII. 84, 10. VII. 90 Civils. Bd. 12 S. 292 f., Bd. 26 S. 323 und 14. X. 86 Gruchot Bd. 31 S. 887 f.

23) Beispiel: RG. I. Hilfs-Senat a. O. Die Uebungsfälle können geeigneten Falles auch durch Eid bewiesen werden, Goldschmidt a. O. S. 353, Seuffert Anm. 2 zu § 265.

24) Preuss. A. G. O. I. 10 § 55, Stobbe, Deutsches Privatrecht Bd. 1 § 21 Anm. 5, derselbe, Rechtsquellen Bd. 2 S. 118 f. Anm. 20 f., S. 139 Anm. 91, Gross Bd. 1 S. 140. Vgl. auch die Nachweise bei Pollak S. 85. Aehnlich RG. II. Str.S. oben Anm. 20.

25) Vgl. Wetzell S. 179 und alle neueren Schriftsteller des gemeinen Rechts. Lediglich um diese Folgerung zu verneinen, stellt Goldschmidt a. O. Anm. 48 den Satz auf, dass es sich hier nicht um einen juristischen, sondern um einen logischen Beweis handle, was eine Uebertreibung ist.

26) Wie hier, nur nicht ganz energisch, Stenglein a. O. S. 289: der Ausspruch ist „mehr ein gutachtlicher". A. M. Goldschmidt a. O. S. 347 Anm. 48: es werde kein Urtheil von ihm verlangt (?!), sowie Thöl, Handelsrecht, 6. Aufl. § 12, 13. Er unterscheidet Zeugnisse für das Gewohnheitsrecht (Uebungsfälle) und Zeugnisse darüber (Pareres), in offenbar schiefer Gegenüberstellung.

27) Sehr vertrauensselig darin OAG. Jena Seuff. Arch. Bd. 19 Nr. 105.

Es fragt sich nun, ob der Richter auch sein privates, d. h. nicht aus der Beweisaufnahme des gegenwärtigen Prozesses oder aus specifischer Gerichtskundigkeit (früherer eigner amtlicher Thätigkeit) gewonnenes Wissen von einzelnen Uebungsfällen des Gewohnheitsrechtes verwerthen darf, — eine, wie wir gleich sehen werden, für das Weitere durchaus maassgebende Frage. Die Bejahung scheint auf den ersten Blick in Widerspruch zu stehen mit dem, was oben S. 1f. im Anschlusse an Schmidt über das Verbot der Verwerthung eigner Wahrnehmungen von Thatsachen ausgeführt ist. Aber es scheint auch nur so. Denn jenes Verbot bezieht sich schlechthin nur auf Wahrnehmungen, welche den abzuurtheilenden Thatbestand selbst betreffen, auf Thatsachen, die im Urtheil festzustellen sind. Hier dagegen ist im Urtheil der Rechtssatz festzustellen, dem gegenüber die einzelnen Uebungsfälle wie bei jedem Erfahrungssatz (oben S. 20f.) an sich unerheblich, durch Verarbeitung untergegangenes Rohmaterial bilden.[28] Dieses Recht ist denn auch praktisch zu allen Zeiten geübt worden: jeder Richter hat, wenn es die Feststellung von Gewohnheitsrecht galt, die wichtigste Quelle desselben, nämlich die gerichtlichen Entscheidungen, frei benutzt, und zwar natürlich nicht im Wege der Beweisaufnahme durch Vernehmung der betheiligten Richter als Zeugen oder Verlesung der Urtheile als Urkunden in der mündlichen Verhandlung, sondern so, wie man dergleichen „Erkenntnissquellen" benützt: zu Hause, auf der Bibliothek oder im Berathungszimmer. Die Unerheblichkeit der Wissensquelle entscheidet wie sonst für diese Freiheit.

Daraus ergiebt sich die wichtige Folgerung, welche indirect von der C.P.O. durch die Wahl des Wortes Erkenntnissquellen statt Beweismittel und die allgemeine Ermächtigung, „das Erforderliche" anzuordnen, anerkannt ist: Soweit das Gericht für nöthig erachtet den Erlass oder Wortlaut von Gesetzen oder die Uebung eines Gewohnheitsrechtes festzustellen, ist der Beweis in den ordentlichen Prozessformen, insbesondere die persönliche Vernehmung von Zeugen oder die Verlesung von Urkunden, zwar Ein Weg zum Ziele, aber nicht der einzige. Gleichberechtigt steht neben ihm die formlose Ermittelung ausserhalb der Verhandlung.

Das Gericht kann daher frühere Akten desselben oder anderer Gerichte, Gesetzesausgaben und Uebersetzungen aller Art, sofern gegen ihre Richtigkeit kein Bedenken besteht, und alle literarischen

28) Genau so Goldschmidt a. O. S. 345 Anm. 45.

Hilfsmittel, welche nur erreichbar sind, verwerthen, gedruckte und ungedruckte Entscheidungen höchster Gerichte, die ihm im Wortlaut oder im Auszuge vorliegen, heranziehen. Es kann die in der Praxis üblichen Formulare, etwa die von Versicherungsverträgen, in Betracht nehmen, es kann sich aber auch mit formlosen Anfragen an Behörden und Private, besonders im Auslande, wenden, kurz Alles thun, was ihm irgendwie den Erfolg einer Ueberzeugung verspricht.[29])

Das ist in jüngster Zeit bestritten worden.[30]) Man hat die ordentliche Beweisaufnahme als den einzigen Weg der Ermittelung bezeichnet, dabei aber übersehen, dass es nach dem Gesetze nur darauf ankommt, dass der Richter das Recht kennt, nicht ob es ihm bewiesen ist. Es wäre auch bodenlos unpraktisch, wenn das Gericht nicht befugt sein sollte im Falle des § 4 St.G.B. den code pénal kurzer Hand im Berathungszimmer nachzuschlagen. Wenn ihm diese Freiheit unzweifelhaft am Tage vor der Verhandlung zustand, mit der Wirkung, dass die so erworbene Kenntniss jede Feststellung im Prozesse unnöthig macht, warum soll es am Tage des Termins selbst anders sein?

Auf der andern Seite ist behauptet worden[31]), dass bezüglich des Gesetzesrechts ein Beweis im eigentlichen Sinne ausgeschlossen sei. Soweit dabei für den Strafprozess nur die Nothwendigkeit eines Parteibeweises geleugnet werden sollte, weil der Richter die Pflicht zur Feststellung des Gesetzesrechts habe, mag die schon von anderer Seite[32]) gemachte Bemerkung genügen, dass diese Forschungspflicht sich auch auf die Thatsachen erstreckt, und ein „Partei"-Beweis im heutigen Strafprozess überhaupt nicht geführt wird.

Es kann aber die Existenz auch des inländischen Gesetzesrechts zweifelhaft sein und des Beweises bedürfen. In Preussen z. B. ist die Verbindlichkeit von Cabinetsordres erst seit dem Gesetz vom 3. April 1846 von der Veröffentlichung in der Gesetzsammlung ab-

---

29) Vgl. dazu Seuffert, Gaupp u. A. zu § 265, Fitting S. 341f., Goldschmidt und Thöl a. O., Dernburg, Preuss. Priv.-R. Bd. 1 § 22 Anm. 10, OAG. Jena Seuff. Arch. Bd. 24 Nr. 162, ROHG. Bd. 25 S. 58. — Ueber die Anfragen bei Behörden des Auslandes haben die Landesjustizverwaltungen vielfach Vorschriften gegeben. Vgl. Gaupp Bd. 1 S. 528 Anm. 11, von Wilmowski-Levy zu § 265 a. E.

30) Von Kries S. 335f.

31) Stenglein a. O. S. 288. John Bd. 3 S. 115f. geht freilich noch weiter, er schliesst auch Gewohnheitsrecht vom Beweise aus.

32) Von Kries a. O.

hängig. Vorher genügte eine solche in den Amtsblättern der einzelnen Regierungen.[33]) Es kann also sehr wohl vorkommen, dass ein Gericht der Rheinprovinz festzustellen hat, ob eine Cabinetsordre vor sechzig Jahren in Königsberg veröffentlicht worden sei. Warum ihm dazu der normale Weg der amtlichen Anfrage bei der betr. Regierung und der späteren Verlesung der Auskunft verschlossen werden sollte, ist mir schlechthin unerfindlich. Wenn also das Reichsgericht[34]) sich diesen Satz gelegentlich angeeignet hat, so war es unvorsichtig im Ausdrucke, während seine Entscheidung selbst sich sogleich als zutreffend erweisen wird.

Es ist nämlich bisher immer von dem Gericht als einem einheitlichen Collegium rechtsgelehrter Männer ausgegangen worden. Nun werden aber sowohl zur Civil- als zur Strafrechtspflege auch solche Personen zugezogen, deren Rechtskenntniss schlechthin unerheblich ist, und denen sie so regelmässig fehlt, dass man thatsächlich richtig, wenn auch juristisch nicht genau, von Laien redet.[35])

Sofern sie als Handelsrichter oder Schöffen mit dem gelehrten Richter auf einer Bank sitzen, ist es ein innerer Vorgang des Gerichts, wie sie mit der nöthigen Rechtskunde versehen werden, um über die Rechtsfragen mit abstimmen zu können. Mancher Schöffenrichter kann ein Lied davon singen, wie viel Mühe es ihn gelegentlich kostete, einem hartnäckigen Schöffen klarzumachen, dass zwar der Dieb drei Monate Gefängniss, der Landstreicher aber nicht mehr als sechs Wochen Haft bekommen könne. Ja, es kann vorkommen, dass die Laien den gelehrten Richter in Bezug auf Fragen der Existenz des Rechtes überstimmen: die Handelsrichter glauben einfach seiner Versicherung nicht, dass ein Gewohnheitsrecht bestimmten Inhaltes bestehe oder nicht bestehe. Dadurch entsteht aber prozessualisch keine Schwierigkeit. Die Mehrheit des Collegiums kennt das Recht nicht, es wird also wie sonst der (unnöthige) Beweis darüber erhoben. Oder die Mehrheit verneint die Existenz des Rechtssatzes. Dann kommt ein falsches Urtheil in fehlerlosem Verfahren zu Stande.

---

33) Vgl. RG. II. Str.S. 11. VI. 80 Strafs. Bd. 2 S. 101 f.

34) II. Str.S. 5. IV. 87 Rspr. Bd. 9 S. 231.

35) Ueber den Gegensatz beamteter und nicht beamteter Richter einerseits, gelehrter und Laienrichter andererseits s. bes. Binding, Drei Grundfragen, Leipzig 1876, S. 9 f.

Wohl aber bestehen Schwierigkeiten im Schwurgericht. Da bei uns die Geschworenen über jede auch noch so verwickelte Rechtsfrage zu entscheiden haben, so liegt ihnen selbstverständlich auch die Entscheidung über das Dasein von Rechtssätzen ob, welche in dem Thatbestande des anzuwendenden Strafgesetzes eine Rolle spielen und daher die Voraussetzung ihrer Entscheidung der Schuldfrage bilden, also etwa Civilrechtssätze über fremde Sachen bei Brandstiftung u. dgl. m.[36]) Wenn sie — wie gewöhnlich — dieses Dasein nicht kennen, so muss es ihnen natürlich bewiesen werden. Es ist also an sich nicht undenkbar, dass vor dem Schwurgerichte weitergehende Beweisaufnahmen über Rechtssätze stattfinden, als sonst.

Hier werden nun ganz allgemein zwei Dinge nicht getrennt: die Belehrung der Geschworenen über ihnen unbekannte Rechtssätze, deren Dasein und Wortlaut dem Gericht bekannt und von keiner Seite in Zweifel gezogen ist, und die Feststellung eines seinem Dasein nach ungewissen oder bestrittenen Rechtssatzes.

Die Erstere ist dem Vorsitzenden zugewiesen (§ 300 St. P. O.) und nicht Theil der Beweisaufnahme. Das Reichsgericht hat es also mit vollem Recht gebilligt, dass der Antrag auf Verlesung eines Paragraphen des preussischen Eigenthums-Erwerbs-Gesetzes in einem preussischen Schwurgericht abgelehnt worden ist.[37]) Das ist Theil der Rechtsbelehrung, bezw. der Schlussvorträge, die auch die rechtliche Seite der Sache umfassen.

Dagegen ist es eine vollständige Verkennung der Aufgabe jener Rechtsbelehrung, wenn man geglaubt hat[38]), der Vorsitzende habe den Geschworenen dabei — wo möglich gar in bindender Weise[39]) — auch die Frage der Existenz des Rechtssatzes zu lösen, wenn dieselbe zweifelhaft ist. Kommt es im Schwurgericht auf die dem Gericht selbst nicht sicher bekannte ordnungsmässige Veröffentlichung einer Cabinetsordre oder auf gewohnheitsrechtliche oder ausländische Rechtsnormen an, und sind die Geschworenen berufen dieselben anzuwenden, so muss ihnen die Existenz bewiesen werden. Da nun ein formloser Verkehr zwischen Gericht und Geschworenen oder eine formlose Information der Letzteren vom Gesetze nicht vorgesehen

36) Ebenso selbstverständlich haben die Geschworenen über die Existenz des Strafgesetzes selbst, aus dem die Schuldfrage gestellt wird, keine Entscheidung. So auch Stenglein a. O. S. 293.

37) II. Str.S. oben Anm. 34.

38) John Bd. 3 S. 116.

39) Dagegen ebenso scharf als treffend Stenglein a. O. S. 294f.

ist, so bleibt die förmliche Beweisaufnahme durch Vernehmung von Zeugen, Verlesung von Urkunden, insbesondere gedruckten, d. h. Büchern, der einzige Weg dazu, und der Vorsitzende hat diesem Beweise gegenüber keine andere Stellung als sonst. Er kann den Geschworenen darlegen, welches die Erfordernisse eines Gewohnheitsrechts seien, wann man aus thatsächlicher Uebung auf ein solches schliessen könne, — aber der Schluss selbst ist Sache der Geschworenen.[40])

Neben der Ermittlung des Daseins der Rechtssätze steht als weitere Aufgabe ihre Auslegung, welche, wie selbstverständlich, reine Verstandesoperation von gegebenen Prämissen aus und schon deshalb von jedem prozessualischen Beweise i. e. S. ausgeschlossen, lediglich Gegenstand eines dialektischen, logischen Beweises ist.[41]) Fraglich sein kann nur, ob der Richter, dem hierbei selbstverständlich die Benutzung von literarischen Hilfsmitteln, eingereichten Rechtsgutachten, Präjudizien u. s. w. freisteht, auch Sachverständige heranziehen, d. h. den gesetzlichen Zwang zum Gutachten ausüben darf. Ich stehe nicht an diese Frage, zunächst, soweit Laien ausser Betracht bleiben, zu verneinen. Ganz abgesehen von der unerträglichen Folge, dass jeder Amtsrichter in der Lage wäre, die Mitglieder des Reichsgerichts oder berühmte Gelehrte zum Gutachten in seinen Prozessen zu zwingen[42]), kommt hier in Betracht, dass in diesem Punkte unsere Richter wirklich von Gesetzes wegen den nöthigen Sachverstand haben müssen. Die Auslegung als Denkthätigkeit rein juristischer Art muss jeder durch die beiden Prüfungen gegangene Jurist selbst üben können. Die Aufhebung des Aktenversendungsrechtes zeigt, dass unsere Gesetzgebung diese Aufgabe als die allereigenste des Richters ansieht.[43])

---

40) Z. Th. abw. Stenglein a. O. S. 292 ff., welcher dem Vorsitzenden hier auch die Würdigung zuspricht.

41) So auch Heusler S. 222 f, Fitting S. 340, vgl. Wetzell S. 179 und Bonnier p. 3, sowie oben S. 40 f., vgl. S. 69 und 106.

42) Es ist vor einigen Jahren thatsächlich vorgekommen, dass der verewigte Stobbe von einem Leipziger Amtsrichter als Sachverständiger über eine Frage des internationalen Privatrechts in einem Alimentenprozess vernommen worden ist. Ob ihm auch die üblichen sechs Mark dafür angeboten worden sind, weiss ich freilich nicht zu berichten.

43) Wie hier von Wilmowski-Levy vor § 367, Stenglein a. O. S. 285, Hellmann S. 560 u. A. Weitere Literatur aus älterer Zeit bei Obermeyer S. 46. John Bd. 1 S. 663 f. will die Einholung von Rechtsgutachten zwar ge-

Das Gleiche muss aber auch für Schöffengerichte und Kammern für Handelssachen gelten, wo in der Person des gelehrten Richters der berufene Sachverständige im Collegium sitzt. Auch diese Art der Rechtsbelehrung gehört bekanntlich nicht immer zu den erfreulichsten Obliegenheiten des Schöffenrichters.

Im Schwurgericht endlich ist der Vorsitzende durch § 300 St. P. O. ausdrücklich und schlechthin ausschliesslich berufen, den Geschworenen die nöthige Anleitung zur Auslegung des Gesetzes zu geben. Da die Letztere im Uebrigen frei ist, und da es immer noch besser ist, dass die Geschworenen selbst der falschen Ansicht eines Juristen folgen, als dass sie derjenigen des erstbesten Laien unter ihnen nachgeben, der seine Meinung mit der nöthigen Beredtsamkeit klar zu machen versteht, so wird man die Ergänzung der Rechtsbelehrung durch Mitgabe von juristischen Büchern in das Berathungszimmer, die gesetzlich nicht verboten ist[44]), mindestens in verwickelten Fällen nicht einmal unangemessen finden können.

Zu einem Sachverständigen-Beweise über den Inhalt von Rechtssätzen ist also nirgends Raum gegeben.

Dass es die Aufgabe des Revisionsrichters[45]) ist, die Rechtsnormen zu erforschen, über deren Anwendung oder Nichtanwendung er befinden soll, liegt im Wesen eines auf die Nachprüfung im Rechtspunkte beschränkten Rechtsmittels und erleidet eine Ausnahme nur durch § 525 C. P. O., wonach sowohl die Feststellung als die Auslegung nicht revisibler Rechtsnormen dieser Nachprüfung entzogen ist, soweit nicht, ähnlich wie bei Thatsachenfeststellungen, das Verfahren ein mangelhaftes war oder durch die Feststellung zugleich revisibles Recht verletzt ist.[46])

---

statten, aber nur als formlose Information des Gerichts, nicht im Wege ordentlicher Beweisaufnahme. — In Frankreich würde nach Garsonnet t. II p. 554 ein Urtheil, welches sich auf eine consultation d'avocats ou de professeurs de droit gründete, wegen Pflichtwidrigkeit vernichtet werden.

44) So auch RG. II. Str. S. 20. IV. 86 Rspr. Bd. 8 S. 301, I. Str. S. 29. XI. 86 ebenda S. 721. Auf entgegengesetzter Grundlage steht III. Str. S. 11. I. 86 Strafs. Bd. 13 S. 248.

45) Die Feststellung der Rechtssätze in der Berufungsinstanz bietet keine Besonderheiten dar.

46) Wenn die Verbürgung der Gegenseitigkeit in § 661 Nr. 5 verneint ist, kommt § 525 nicht zur Anwendung, weil hier das ausländische Recht als Thatbestandsmoment, nicht als Obersatz verwerthet ist. Aber auch die Bindung des § 524 gilt nicht, denn es handelt sich nicht um die Verbürgung der Gegenseitig-

Von dieser Schranke abgesehen, kann man nun zwar denkbarer Weise zweifeln, ob die Feststellung thatsächlicher Grundlagen für die Annahme des Daseins eines Rechtssatzes eine „thatsächliche Feststellung" sei, welche den Revisionsrichter bindet. Aber man muss sich dann auch darüber klar sein, dass es nur ein Entweder — Oder giebt.

Wenn nämlich die Thatsachen, aus denen der Schluss auf das Dasein eines Rechtssatzes gezogen wird, vom Unterrichter bindend festgestellt werden, so muss es gleichgiltig sein, ob es sich um die Veröffentlichung eines in- oder ausländischen Gesetzes oder um die Uebungsfälle eines Gewohnheitsrechtes handelt. Die Beweiswürdigung, ob die thatsächliche Uebung erwiesen, ob ein bestimmter Wortlaut veröffentlicht worden sei, entfällt dann dem Revisionsrichter, und wenn ein Gewohnheitsrecht durch Missverständniss von Schriftstellern oder früheren Entscheidungen, vielleicht gar des Reichsgerichts selbst, festgestellt wird, so muss, da es sich um die Auslegung von Zeugniss-(Beweis-)Urkunden handelt, auch diese Feststellung bindend sein.[47])

Es muss aber ferner gleichgiltig sein, ob die Uebungsfälle im Wege der ordnungsmässigen Beweisaufnahme festgestellt oder aus der Literatur entnommen, ob sie für erwiesen oder für nicht erwiesen erachtet sind, ob das Gewohnheitsrecht ein allgemeines oder — vorbehaltlich § 525 C.P.O. — ein rein örtliches ist, ob der Erlass eines Gesetzes bejaht oder verneint wird.

Wir kommen dann zu dem Ergebniss, dass z. B. eine Strafkammer erklärt, ihr seien Uebungsfälle für ein angebliches Gewohnheitsrecht weder erwiesen noch bekannt, es werde also „thatsächlich festgestellt", dass eine Uebung nicht bestehe, oder dass ein neueres Gesetz im Auslande nicht ergangen sei. Soll dann wirklich das Reichsgericht, welchem dieses selbe Gewohnheitsrecht als ein über

keit in *diesem* Falle, sondern nur um die allgemeine. Vgl. auch oben S. 179 und die Literatur zu St. G. B. § 102 f., wo das gleiche Thatbestandsmoment allseitig richtig als Bedingung der Strafbarkeit, also als Theil des Untersatzes, anerkannt wird.

47) Eine Mittelmeinung scheint *Stenglein* a. O. S. 290 f. zu vertreten. Er will die Thatsachen (Uebungsfälle) als unanfechtbar (und ohne Zulässigkeit der Ergänzung, unten Anm. 52) thatsächlich festgestellt ansehen, aber nicht nur den „rechtlichen" Schluss auf das Bestehen des Gewohnheitsrechtes der Nachprüfung unterbreiten, sondern auch den thatsächlichen. Ich muss freilich bekennen diesen Unterschied nicht ganz zu verstehen. Der Schluss auf das Bestehen des Gewohnheitsrechtes (nicht der Uebung als solcher) ist m. E. *stets* ein juristischer.

grosse Rechtsgebiete verbreitetes oder das neue ausländische Gesetz aus zahlreichen Anwendungsfällen wohl bekannt ist, die Waffen strecken? Ich meine, wenn das Gesetz dem Reichsgericht eine solche Zumuthung stellte, hätten Beide ihren Beruf gründlich verfehlt.[48])

Dass Derartiges je im Ernste geübt worden sei, ist natürlich ausgeschlossen, und das Reichsgericht thäte deshalb wohl, in seinen Gründen eine Phrase über die bindende Kraft solcher Feststellungen zu vermeiden, die mit seiner wirklichen praktisch bethätigten Stellungnahme zu dieser Frage im schroffsten Widerspruche steht.[49]) Denn in Wirklichkeit hat das Reichsgericht nicht nur die falsche Auslegung von (gedruckten) Zeugnissen einfach berichtigt[50]), sondern auch sowohl bei inländischem Gewohnheitsrecht als bei ausländischem Recht alle Ermittlungen angestellt, die nur je ein Gericht zu diesem Zwecke vornehmen konnte.[51]) Es hat die fremde Literatur ausgenützt, Präjudizien herangezogen, ja es ist sogar, wie es sein gutes Recht ist[52]), zu Beweisaufnahmen über die Uebungsfälle verschritten, und wenn es dabei keine Zeugenvernehmung angeordnet, sondern sich mit der amtlichen Auskunft eines Gerichts begnügt hat[53]), so entspricht dies nur seiner sonstigen Gepflogenheit bei der ihm obliegenden Thatsachenfeststellung, wie sie oben (S. 105) geschildert worden ist. Allerdings wird, namentlich bei localen Gewohnheiten, die thatsächliche Feststellung von Uebungsfällen durch das untere

---

48) Annähernd ist dies die wie immer unpraktische Ansicht von John Bd. 3 S. 117.

49) Diese irreführende Wendung findet sich z. B. in RG. IV. C. S. 8. XII. 84 Civils. Bd. 12 S. 293, 14. X. 86 Gruchot Bd. 31 S. 892 f., und in ganz besonders drastischem Widerspruch mit dem wirklich Gethanen in dem Urtheil der folgendem Anm. auf S. 302 a. E. — Richtig dagegen II. Str. S. 21. II. 84 Strafs. Bd. 10 S. 288 oben.

50) III. Str. S. 5. XI. 83 Strafs. Bd. 9 S. 299 f. Da das Urtheil angeblich keine thatsächliche Feststellung vornehmen will, so bleibt unaufgeklärt, warum sonst die Urkundenauslegung als eine solche behandelt wird (oben S. 134 f.).

51) Vgl. z. B. III. C. S. 2. III. 80 Civils. Bd. 1 S. 326, 8. XI. 81 Civils. Bd. 6 S. 130, I. Hilfs-Senat 5. V. 82 Civils. Bd. 7 S. 236, ferner I. C. S. 29. I. 83 Civils. Bd. 8 S. 390, III. Str. S. 21. II. 84 Strafs. Bd. 10 S. 289 f., wo die englische Markenschutzgesetzgebung Schritt um Schritt verfolgt wird. Die Zahl der Beispiele ist Legion.

52) Motive zur C.P.O. S. 318, Wach, That- und Rechtsfrage S. 9 f., vgl. Stahl S. 95 f. A. M. Stenglein a. O. S. 290, John Bd. 3 S. 117 Anm. 1.

53) III. Str. S. 26. VI. 88 Strafs. Bd. 18 S. 69.

Gericht für das Reichsgericht von der allergrössten Wichtigkeit sein, sofern ihm nämlich andere Erkenntnissquellen nicht offen stehen. Dann liegt die Sache aber genau ebenso, wie wenn das Berufungsgericht im Urtheil erster Instanz eine Thatsache als beim letzteren Gericht offenkundig festgestellt findet (oben S. 171): wie dabei die Bekundung des Unterrichters, so ist hier seine Feststellung oder Bekundung ein Zeugniss von hohem Werthe, — mehr nicht.

A. Sachregister.

B. Gesetzesregister.

(Enthält nur die ausführlicher behandelten §§.)

Druck von J. B. Hirschfeld in Leipzig.

Made in United States
Troutdale, OR
11/03/2026

56844526R00116